Christian Büttner, Cornelius Crans,
Joachim von Gottberg, Verena Metze-Mangold (Hg.)

Jugendmedienschutz in Europa

Reihe »edition psychosozial«

Christian Büttner, Cornelius Crans,
Joachim von Gottberg, Verena Metze-Mangold (Hg.)

Jugendmedienschutz in Europa

Psychosozial-Verlag

Die Deutsche Bibliothek - CIP-Einheitsaufnahme
Jugendmedienschutz in Europa / Christian Büttner ... (Hg.)
- Gießen : Psychosozial-Verl., 2000
(Reihe „edition psychosozial“)
ISBN 978-3-932133-92-3

E-Mail: info@psychosozial-verlag.de
www.psychosozial-verlag.de

Redaktion/Lektorat: Simone Neteler
Umschlagabbildung: © Topor, danger mortel, 1972
Umschlaggestaltung: Atelier Warminski, Büdingen
Printed in Germany
ISBN 978-3-932133-92-3

Harmonisierung oder Leben mit Vielfalt?

Jugend und Medien in Europa – Perspektiven europäischer Vielfalt

Editorial

Der wissenschaftliche Arbeitskreis "Europäischer Jugendmedienschutz"

Es ist sicherlich nicht alltäglich, dass sich eine wissenschaftspolitische Einrichtung der Friedens- und Konfliktforschung, eine Filmprüfstelle und eine Selbstkontrolleinrichtung der privaten Fernsehanbieter zusammentun, um Gewalt in den Medien und den Jugendmedienschutz zu diskutieren. Die Arbeitsstelle Friedensforschung Bonn (AFB), die Nederlandse Filmkeuring (NFK) und die Berliner Freiwillige Selbstkontrolle Fernsehen (FSF)[1] haben dies 1998 in Zusammenarbeit mit der Deutschen UNESCO-Kommission unter wissenschaftlicher Federführung der Hessischen Stiftung Friedens- und Konfliktforschung (HSFK) getan, um interkulturelle Fragen eines europäischen Jugendmedienschutzes zu erörtern. Gemeinsam wurde ein internationaler Arbeitskreis gegründet, der erstmals versuchte, in der Zusammenarbeit von Wissenschaftlern, Jugendschutzpraktikern und Behörden das Bild von Kindheit und Jugend in den einzelnen Ländern zu beschreiben, um sich auf diese Weise dem unterschiedlichen Umgang mit Jugend und Jugendschutz anzunähern.

Die Vorträge und Diskussionen der ersten beiden Sitzungen des Arbeitskreises kennzeichneten Kindheit und Jugend als gesellschaftliche Konstrukte – aus der Perspektive des Jugendschutzes: als Lebensphasen, in denen bestimmte Erscheinungen ausgesperrt werden, die den Erwachsenen vorbehalten bleiben sollen. Die kulturell unterschiedlichen Auffassungen darüber, was als gefährdend bzw. zumutbar anzusehen ist, zeigen sich dabei in vielen Bereichen: In Schweden dürfen Jugendliche Pornographie sehen, in den USA Waffen tragen, in beiden Ländern aber keinen Alkohol trinken. In den Niederlanden wird eher die Gefährdung durch Gewalt-, in England

---

[1] Die Berührungspunkte für die Friedensforschung – und damit auch für die Friedenspädagogik – mit dem Thema ergeben sich aus ihrem zentralen Untersuchungsgegenstand, nämlich der Gewalt. Das Selbstverständnis der Friedensforschung bleibt nicht darauf beschränkt, Konflikte und Gewalt in den internationalen Beziehungen zu analysieren, sondern wendet sich auch dem "Innenbereich" von Gesellschaften und ihren Gewaltverhältnissen zu. Der Bezugspunkt für die Nederlandse Filmkeuring und die Freiwillige Selbstkontrolle Fernsehen ergibt sich aus ihrem programmatischen Selbstverständnis.

durch Sexualdarstellungen und "bad language" diskutiert, während die aktuelle Debatte in Deutschland um Talkshows kreist. Ist es in Österreich der Zusammenhang zwischen propagierter Schadenfreude und entsprechenden Defiziten im kindlichen Sozialverhalten, stehen in Frankreich als Gefährdungsmomente die Kommerzialisierung und zunehmende Konsumorientierung durch Werbung sowie die Einflüsse des US-dominierten Filmmarktes auf die französische Kultur zur Debatte.

Der Arbeitskreis, der ein- bis zweimal im Jahr zusammentritt, stellte sich zunächst die Frage, wie diese unterschiedlichen Jugendschutzregelungen im kulturell-historischen Kontext und in den entsprechenden Sozialsationsverhältnissen begründet werden. Welches Verständnis von Kindheit und Jugend existiert in den verschiedenen europäischen Ländern? Welche kulturellen Wurzeln bestimmen den Blick auf Kinder und Jugendliche und die Beurteilung dessen, was für sie als gefährdend anzusehen ist?

Die aktuelle Situation

Während die europäische Einigung in Politik und Wirtschaft bereits fortgeschritten ist, bewegt sich der Jugendschutz in den Medien nach wie vor innerhalb nationaler Grenzen. Die Unterschiede zwischen den einzelnen Ländern sind groß. Abgesehen von den verschiedenen Institutionen und ihrer jeweiligen Organisationsform als Selbstkontrollinstanz oder staatliche Behörde ist der Umgang mit Film, Video und Fernsehen von Land zu Land anders geregelt. Daneben existieren länderspezifische Auffassungen darüber, welcher Film Kindern und Jugendlichen welchen Alters zugemutet werden kann, die Freigaben liegen häufig weit auseinander.

Obwohl die europäischen Prüfstellen von ähnlichen Wirkungsvermutungen ausgehen, werden diese am konkreten Fall anders interpretiert und gewichtet. Dahinter steht zum einen die unterschiedliche Bedeutung des Freiheits- und des Schutzgedankens in den einzelnen Ländern. Während in Frankreich fast 70 % aller Kinofilme ohne Altersbeschränkung freigegeben werden, sind es in Deutschland weniger als 10 %. Hierzulande gelten Schnittauflagen als legitimes Mittel, um "Gewaltspitzen" eines Films zu kappen, in den Niederlanden und vor allem in Frankreich werden sie als

Eingriff in die Kunstfreiheit abgelehnt. In nahezu allen EU-Ländern werden strengere Alterskennzeichnungen gefordert, in Dänemark darüber diskutiert, die gesetzlichen Altersgrenzen ganz abzuschaffen.

Aber auch die Frage, welche Gefährdungsmomente ein Film enthält, wird von Land zu Land anders beantwortet. In den meisten europäischen Ländern wird etwa bei Gewaltdarstellungen die Kombination von Action und Humor als entlastend gewertet, während man in Norwegen annimmt, der humoristische Kontext verharmlose die dargestellte Gewalt. Viele amerikanische Actionfilme werden in Deutschland erst ab 16 oder 18 Jahren freigegeben, weil davon ausgegangen wird, dass eine Vielzahl von Gewaltszenen, die durch die Handlung nicht hinreichend motiviert sind, dazu führt, Gewalt als normales und geeignetes Mittel zur Konfliktlösung erscheinen zu lassen. Dieselben Filme erhalten in Frankreich oftmals eine Freigabe ab 12 Jahren, weil argumentiert wird, die Handlung sei eindeutig als Fiktion erkennbar und auf die Wirklichkeit der in Frankreich lebenden Jugendlichen nicht zu übertragen.

Der kulturelle Kontext lässt die Unterschiede in den formalen Jugendschutzkriterien in einem anderen Licht erscheinen. So wird man den liberalen Umgang mit Darstellungen von Sexualität in den Niederlanden anders bewerten, wenn man weiß, dass dort sexuelle Handlungen zwischen Erwachsenen und Zwölfjährigen nicht strafbar sind. Um zu einem europäischen Jugendschutz zu gelangen, muss der interkulturelle Austausch daher fortgeführt werden.

Handlungsalternativen

Dabei kreist die Diskussion um das Spannungsfeld "Harmonisierung und Nivellierung versus kulturelle Identität". Auf der einen Seite ist schnelles Handeln gefordert. Angesichts der technischen Entwicklung und der Globalisierung des Medienmarktes wird auf politischer Ebene zunehmend gefragt, wie ein einheitliches europäisches Kriteriensystem aussehen könnte, zumal es mehr und mehr darum gehen wird, einem US-amerikanischen System, z. B. für das Internet mit Klassifikationen von Filmen und gewissen Beschränkungen, einen alternativen europäischen Zugang entgegenzusetzen.

Gewisse Grundstandards und eine Angleichung der Jugendschutzkriterien sind daher notwendig.

Auf der anderen Seite können kulturelle Unterschiede nicht übergangen werden. Eine Angleichung muss auf der Grundlage gegenseitiger Anerkennung und Akzeptanz erfolgen. Dafür ist es notwendig, die unterschiedlichen Sichtweisen und die Hintergründe zu verstehen. Welche Prüfkriterien wie auszulegen sind, kann letztlich nicht entschieden werden, die Antwort beruht auf einem Konglomerat aus Spruchpraxis, Traditionen und Standards.

Mit der Vielfalt umzugehen, heißt daher zunächst, nach Gemeinsamkeiten zu suchen, Unterschiede aber bestehen zu lassen und zu akzeptieren. Entsprechend werden in dem vorliegenden Band Informationen aus den verschiedenen europäischen Ländern zusammengeführt – ein erster Schritt hin zu einem "cross-cultural picture", das über die kulturellen Hintergründe von Jugendschutz Aufschluss gibt. Auch eine gemeinsame europäische Jugendschutzregelung könnte beiden Aspekten – Gemeinsamkeiten und Unterschieden – Rechnung tragen, z. B. durch eine doppelte Kennzeichnung, sowohl durch die entsprechende Stelle des jeweiligen Landes als auch durch ein internationales Gremium, das gesamteuropäische Freigaben erteilt.

Über dieses Buch

Der wissenschaftliche Arbeitskreis "Europäischer Jugendmedienschutz" hat sich in einer ersten Annäherung an sein Thema mit der Frage befasst: Wie sieht Jugend in verschiedenen europäischen Ländern aus? Wie lässt sie sich auf der Grundlage sozialwissenschaftlicher Erkenntnisse beschreiben? Und was gibt eine solche Beschreibung für Erklärungen zur Unterschiedlichkeit der Bewertung von Jugend und Medienprodukten her, wie sie sich u. a. auch in den unterschiedlichen Altersfreigaben von medialen Produkten spiegelt. Mit anderen Worten: Wie kann man verstehen, dass Jugend in dem einen Land durch ein bestimmtes Medienthema als gefährdet gilt, in einem anderen Land dagegen nicht?

Ein erster Antwortversuch darauf besteht in der Sichtung vorhandener Interpretationen von Jugend, hier Texte aus fünf europäischen Ländern. Diese Texte sind weder auf eine bestimmte sozialwissenschaftlich-methodische

Darstellungsform festgelegt, noch stammen sie von Wissenschaftlern gleicher Disziplinen. Sie charakterisieren deshalb nicht nur eine europäische Vielfalt, sondern auch die Vielfalt wissenschaftlich-literarischer Zugänge (D: Hans-Jürgen Wirth, Christian Palentien; A: Ingrid Kromer/Heide Tebbich, Bernhard Natschläger/Wilfried Datler; UK: Jack Sanger, Paul Heeswyk; F: Régine Boyer, Sophie Jehel; NL: Stan Meuwese/Thea Meinema/Sharon Detrick).

Die Auswahl der in dem Band behandelten europäischen Länder Deutschland, England, Frankreich, den Niederlanden und Österreich ist eher zufällig als systematisch entstanden. Es ist nicht nur eine Herausforderung, europäische Wissenschaftler "an einen Tisch zu bekommen", sondern auch, sie für ein Thema zu begeistern, das im Augenblick für Sozialwissenschaftler nur von bedingtem Interesse ist: Europa. Zu wenig ist transparent, wohin sich der europäische Einigungsprozess bewegt, ob und wie Sozialwissenschaften an solchen Prozessen systematisch beteiligt sind oder werden.

Wir haben uns bemüht, zu jedem Land zwei Beiträge anzubieten, es ist uns, nicht zuletzt aufgrund der genannten Herausforderungen, nicht in allen Fällen gelungen. Wir verstehen die Beiträge keinesfalls als repräsentativ für ein bestimmtes Land. Man wird in allen europäischen Ländern eine Vielfalt der Beschreibungen von Jugend vorfinden, und es ist eine der spannenden Erfahrungsmöglichkeiten dieses Buches, die nationalen Gemeinsamkeiten und die internationalen Unterschiede eher zu erspüren als definitiv dingfest machen zu können. Der europäische Diskussionsprozess hat sich bisher zu wenig mit solchen Fragen beschäftigt, als dass sich bereits verlässliche Aussagen über solche Differenzen und Übereinstimmungen machen ließen. Dieses Buch ist dazu ein erster "Anlauf".

Neben den Beschreibungen der Vielfalt europäischer Jugend haben wir Texte zusammengestellt, die den Rahmen aufzeigen, in dem sich eine solche Diskussion bewegt. Da wären zunächst die globalen Verhältnisse und die "Schaltzentralen der Macht" sowie die lokal begrenzten Lebensbedingungen der Jugendlichen und ihrer Familien. Die Spannbreite dessen, was auf "höchster Ebene" verhandelt wird, und den Problemen, die die Jugendlichen und ihre Familien vor Ort mit der Europäisierung im Medienbereich haben, wird nicht zuletzt sinnlich erfahrbar durch die zwei Teile des gemeinsamen Beitrags von Christian Büttner und Verena Metze-Mangold.

Welche Organisationsformen mit welchen Aufgaben (nicht?) betraut sind, um in Europa einen sinnvollen Jugendmedienschutz zu gewährleisten, zeigt der Beitrag von Joachim von Gottberg und Cornelius Crans. Hier wird vor allem der Spagat zwischen Pragmatismus, Handlungszwang und theoriegeleitetem Handeln in einem Feld beschrieben, das nur bedingt auf die politischen Entscheidungsprozesse bezogen ist.

Im Anschluss an den Hauptteil des Buches, der die länderspezifischen Beschreibungen von Jugend enthält, geht Frithjof Berger auf die aktuellen europäischen Regelungen des Jugendmedienschutzes sowie deren Entwicklung ein. Er zeigt auf, welchen Stellenwert sozialwissenschaftliche Forschung in den europäischen Debatten hatte und wie sich die nationalen Unterschiede im Hinblick auf die jeweiligen Vorstellungen zum Verhältnis Jugendliche/Erwachsene in den Details der Regelwerke niederschlagen. Anja Bundschuh schließlich gibt aus Sicht der Medienwirtschaft einen Überblick über "Europa".

Dem Leser verlangt dieses Buch nicht weniger ab, als Europa selbst: Der "Flickenteppich" des europäischen Jugendmedienschutzes wird schon fleißig gewebt, ohne dass das Ende der Fäden in den jeweiligen Ländern so recht sichtbar wäre. Wo liegt der Sinn in etwas, was sich als nicht vorhandenes Staatengebilde einer demokratischen Entwicklung und Kontrolle bisher noch nicht stellt bzw. stellen kann? Wie soll etwas zusammengebracht werden, was politisch noch gar keine Grundlage gemeinsamer demokratischer Entscheidungen hergibt? Wir hoffen, mit diesem Buch auch ein wenig Begeisterung für ein (sozialwissenschaftliches) Abenteuer zu wecken, dessen Ausgang noch ziemlich offen ist.

Christian Büttner (HSFK)
Cornelius Crans (NFK)
Joachim von Gottberg (FSF)
Regine Mehl (AFB)
Verena Metze-Mangold (UNESCO)
Claudia Mikat (FSF)

Harmonisierung oder Leben mit Vielfalt?

Christian Büttner und Verena Metze-Mangold

Harmonisierung oder Leben mit Vielfalt? – Auf dem Weg zur Globalisierung

Wie es weitergeht, wie es weitergehen könnte, beschäftigt die Menschen am Ende eines Jahrhunderts naturgemäß ganz besonders. Prognosen aber, so der Physiker Nils Bohr, "Prognosen sind schwierig. Zumal, wenn sie die Zukunft betreffen". Unsere Kultur basiert mehr als jede andere zuvor auf Wissen. Künftiges Wissen aber kann man nach Sir Karl Popper prinzipiell nicht prognostizieren, sonst wüssten wir es ja schon heute. Die Zunahme an Wissen schwächt ihrerseits, wie wir täglich selbst erfahren, die Orientierungskraft von Traditionen und Common Sense. Die wachsende Informationsflut und das Auseinanderbrechen von Herkunft und Zukunft aber können gerade in ihr Gegenteil umschlagen: in das Festhalten an der Konstanz der Lebenswelt. Der neue Moralismus mag ein Indiz dafür sein, in welch' hohem Maße gesellschaftliche Entwicklungen bestimmt werden durch die jeweilige Kultur und ihre Werte. Bei Prognosen für die Zukunft Europas ist das wohl nicht anders.

Die Metapher "Europa" erinnert daran, dass es seit mehr als zweitausend Jahren in dieser Region einen gemeinsamen geistig-kulturellen Ursprung gibt. Der Begriff "Europa" beinhaltet bereits seit dem Mittelalter, seit dem karolingischen Reich, die Spannung zwischen den gesellschaftlichen Kräften, die den territorialen Aspekt im Vordergrund sahen (von den mächtigen Fürsten- und Königshäusern bis hin zu den heutigen Großkonzernen) und der Vision eines europäischen Staatengebildes, in dem sich die Menschen einem gemeinsamen kulturellen Raum, einer kulturellen Idee verbunden fühlten, und zwar unabhängig von ihren örtlichen, regionalen und sehr viel später auch nationalen Abhängigkeiten (vgl. Münkler 1995, S. 12 ff.). In der Bevölkerung spiegelte sich diese Spannung möglicherweise in den entsprechenden konkreten Lebensbedingungen (damals Abhängigkeiten von Lehensverhältnissen, heute Abhängigkeit von Warenverhältnissen) und den verschiedenen Formen des Aufbegehrens gegen diese Verhältnisse einerseits und der Affirmation über die Träume von einer glücklicheren Welt, wie sie in der Trivialliteratur und in aktuellen Soap-Operas immer wieder angeboten werden, andererseits.

Auch in dem folgenden Beitrag wird diese Spannung erfahrbar. Er nimmt zwei unterschiedliche Blickwinkel ein, beobachtet Europa von einer institutionellen bzw. organisatorischen Perspektive aus, und beschreibt – im Gegenschnitt dazu – die alltäglichen Lebensempfindungen und -erfahrungen mit der Europäisierung, die durch den Alltag der Bevölkerung und dessen Widrigkeiten gleichsam abgebremst werden. Mit den unterschiedlichen Perspektiven gehen zwangsläufig auch unterschiedliche textliche Darstellungsformen einher. Wir beginnen mit der europäischen Vision.

Europa – Visionen

In den letzten Jahren des 19. Jahrhunderts schwankte Europa zwischen der Vorstellung eines massendemokratischen Aufbruchs in ein Säkulum des Friedens und des Wohlstands und dem Konzept des "Fin de Siècle", das 1888 in Paris als Theaterstück auf die Bühne kam und eine Stimmung dekadenten Niedergangs unter den sensibleren Geistern verbreitete. Während die "naughty nineties", wie der Spitzname die neunziger Jahre des 19. Jahrhunderts überliefert, aufsässig mit Traditionen brachen und im Gefühl eigener Überlegenheit frechen Impulsen als modische Attitüde frönten, wurde, wie Historiker beobachteten, das Ticken der Bombe schon unüberhörbar. Ein Lebensgefühl, das sich hundert Jahre später, am Ende des 20. Jahrhunderts, in seiner Ambivalenz ganz ähnlich über Europa legte.

Die Beschreibung der globalen sozialen Wirklichkeit scheint auch jetzt nur in krasser Polarisierung möglich. Für den heiter-postmodernen Philosophen Norbert Bolz ändert sich nichts Wesentliches mehr in der Grundstruktur der westlichen Gesellschaft, der Rest der Welt habe kaum eine andere Option als die, sich an die westliche Grundstruktur anzupassen.

Bolz – "everything goes!" – beschreibt die Schau der öffentlichen Moden mit ihren gewaltträchtigen und sexuellen Provokationen bis tief in die Welt des "bad taste" hinein amüsiert als "kunstvoll inszenierte Aggressivität des dummen Kindes" und als die eigentliche Darstellungstechnik gekonnter Fernsehunterhaltung. Popkultur ist die Königskunst der Masse, die schöne

Schwester der Technik, das Gewand des siegreichen Marktes. Ihr entspricht "die Angst in der Pop-Moderne", die der junge deutsche Autor Thomas Oberender für die heutige mentale Form der Bürgerlichkeit hält: "Auf den Wagen der Love-Parade tanzen derweil die künftigen Menschen".

Auch die Kritik hat sich gespalten. Die einen stellen einen vulgären Wirtschaftsliberalismus fest (Richard Sennett, Noam Chomsky) und nennen ihn umstandslos beim Namen: ein neuer Kapitalismus, der auf ökonomische Gegebenheiten wie auf Naturgesetze verweist. Er verteile nach oben um, verschärfe soziale Ungerechtigkeit und verlange nach dem "flexiblen Menschen", dem System angepassten und unterworfenen Individuum. Die anderen lächeln. Sie halten das nicht für Kritik, sondern für Selbststilisierung, die der Einbildung erliege, soziale Systeme ließen einen externen Beobachterstandpunkt überhaupt zu. "Entwicklungen finden statt" (Niklas Luhmann), alles ist, wie es ist, und läuft, wie es läuft, nur immer schneller, die Technik vorneweg, die Fragen nach Subjekt und Vernunft prallen ab an den neuen Verhältnissen. Und irgendwie hat diese gelassene Selbstbescheidung der Affirmation gegenüber der Anmaßung der Kritik derzeit einfach mehr Sexappeal.

Das Europa des Jahres 2006 zeichnet der amerikanische Analytiker Marten van Heuven (1996) als Kontinent, der die aus Überalterung, Einwanderungen, Arbeitslosigkeit und Umweltproblemen erwachsenden Spannungen kaum meistere und sich für die globalen Herausforderungen nicht vorbereitet fühle. Die NATO werde an Profil gewonnen haben, die Europäische Union aber unvollkommen geblieben sein – eine Spekulation, die seiner Meinung nach drei Strukturmodelle für die künftige Entwicklung Europas eröffnet: Eine "atlantische Union" von NATO und EU als große Freihandelszone unter Einschluss Mittelosteuropas und Nordamerikas, in der die Europäer freilich auf ihre föderalen politischen Ziele verzichteten; eine durch das französisch-deutsche Zentrum angeführte Währungsunion, in der die strategische Verbindung Amerikas mit Europa durch ein "Forum NATO – Russland" sichergestellt würde; oder, ganz anders, eine "Westliche Gemeinschaft" der Vereinigten Staaten, Kanadas, Großbritanniens und Frankreichs im Kern, mit der man den Herausforderungen, die vom vereinten Deutschland, von Mittelosteuropa und Russland ausgehen, begegnen könne.

Der ungarisch-amerikanische Finanzmagnat George Soros (1997) hat für das Jahr 2007, nur ein Jahr später also, eine völlig andere Prognose parat. Europa, vereinigt mit Staaten Mitteleuropas und den drei baltischen Republiken, blühe im Wohlstand. Die gemeinsame Währung wird um eine gemeinsame Steuerpolitik ergänzt worden sein, mit der Konjunkturschwankungen und Entwicklungsunterschiede harmonisiert würden. Neben einer gemeinsamen Außen- und Sicherheitspolitik habe Europa eine Verfassung, und damit sei die Europäische Kommission nicht mehr gegenüber dem Europäischen Rat, sondern gegenüber dem Europäischen Parlament verantwortlich, dem der frühere Europäische Rat als zweite Kammer, als Oberhaus angehöre. Unterdessen werde das Subsidiaritätsprinzip zum Leitmotiv europäischer Politik geworden sein, was bedeute, dass jede Gesetzgebung, die nationale Souveränität berühre, einer Zweidrittelmehrheit in beiden europäischen Kammern bedürfe. Die "Allianz NATO – Russland" sei aus der NATO-Osterweiterung entstanden und garantiere nun als Teil eines globalen Allianzsystems Frieden und Stabilität in der Welt. Möglich, so spekuliert Soros weiter, sei diese Entwicklung aufgrund der Einsicht in die Interdependenz europäischer Staaten geworden und weil wenige Persönlichkeiten mit dieser Einsicht eine Debatte über Europa und einen Europäischen Kongress vor den Europäischen Parlamentswahlen 1999 angezettelt hätten.

Heute wissen wir: Der Kongress fand nicht statt, und die Wahlbeteiligung 1999 war die niedrigste in der Geschichte der europäischen Wahlen.

Europäisierung

Wie das Lebensgefühl des Jahres 2000 in Europa tatsächlich beschaffen war, welche Vorstellungen über die Zukunft bei uns, den Zeitzeugen des Aufbruchs in ein neues Jahrtausend herrschten und welche Realität wurden, werden spätere Generationen entscheiden. Fest steht, die siegreichen Demokratien des Westens sind sich ihrer selbst nicht mehr so sicher wie noch 1989, als zweihundert Jahre nach dem Sturm auf die Bastille die Grenze der politischen Systeme und das Symbol des Kalten Krieges, die Berliner Mauer fiel:

- Europa fällt es bis heute schwer, die Grenzen seiner selbst zu bestimmen, das gilt sowohl für die politisch-geographische Einheit – ist Europa das der 15 Staaten der Europäischen Union oder das der 40 des Europarats? – als auch für die politisch-kulturelle Idee wie die damit verbundenen Erwartungen und Hoffnungen seiner Völker. Wie immer aber diese Bestimmung auch ausfällt,
- der Kontinent kann sich längst nicht mehr, wie noch in den Jahrhunderten zuvor, losgelöst von anderen Wirklichkeiten der Welt definieren. Dies betrifft Russland ebenso wie das transatlantische Bündnis. Europa ist ohne dieses Bündnis kaum zu denken, und doch sind es die Volkswirtschaften Nordamerikas und namentlich die der Vereinigten Staaten, mit denen Europa in einem harten ökonomischen Wettbewerb steht;
- konstitutiv ist die Erfahrung der Spannung zwischen Einheit und Vielfalt im Verlauf der mehr als zweitausendjährigen Geschichte Europas. Keine der jeweiligen institutionellen Formen der Epochen, die Europa durchlief, hat es bislang vermocht, einen dauerhaften Ort für den Ausgleich dieser Spannung zu errichten – eine Erfahrung, die heute eingebettet ist in jene andere einer globalen sozialen Wirklichkeit (Kühnhardt).

Und dennoch: Der institutionelle Grad an supranationaler Integration, den die Europäische Union im Übergang zum dritten Millennium erreicht hat, ist in der Geschichte Europas beispiellos. Am 1. Mai 1999 trat der Amsterdamer Vertrag in Kraft, mit dem die Union auf völkerrechtlicher Basis erstmals über einen zwischenstaatlichen Verbund hinauswächst. Am selben Tag wurde in Köln der Entwurf einer "Europäischen Grundrechtscharta" vorgestellt – Ausdruck der Überzeugung, dass aus der Wirtschaftsunion eine Bürgerunion werden muss, und das heißt schließlich: eine Wertegemeinschaft, in der das Gemeinschaftsrecht dem Bürger unmittelbare Rechte gegenüber dem Staat und der EU-Administration verleiht.

Europa war immer das Ergebnis einer Kombination von kultureller Idee und politischer Wirklichkeit. Darauf weisen Historiker immer wieder hin. Ohne einen Wertbegriff seiner Eigenart konnte Europa niemals politische oder kulturelle Kraft entfalten. Wie die Geschichte belegt, haben diese kulturellen Kräfte und Epochen Europa definiert, ohne dass die Vielfalt der Traditionen eingeebnet wurde. Was sich ereignet, ist eben immer auch Teil einer sozialen und kulturellen Selbstdeutung. Europa bedarf einer Idee von sich und vom Ziel seiner Einigung, es bedarf für die kontinentale Kooperation und Integration aber auch der Institutionen und Mechanismen, die imstande sind, die Eigenarten der Nationen zu versöhnen.

Globalisierung

Einer hat es vorausgesehen. Keiner aber seiner Zeitgenossen verstand damals, was Albert Einstein in den fünfziger Jahren damit meinte, als er sagte, nach der Atombombe komme die zweite Bombe über die Menschheit, die Informatik. Den Unterschied zwischen dem Atom- und dem Informationszeitalter, den der geniale Physiker so früh ahnte, bezeichneten seine Nachfolger in den neunziger Jahren als Zeitenwende. Der Unterschied zwischen morgen und heute liege im Unterschied zwischen "Bits" und "Atomen". Noch dächten wir zu viel in Atomen, sprich in fester Materie, so sagten sie, die Welt aber werde künftig von immateriellen Dingen, von Bits beherrscht. "Alle Inhalte sind Bits, die sich vermischen und in ein und derselben Leitung transportiert werden" (Nicholas Negroponte), ob Massenmedien, ob Datenströme, gleichviel. Zukunftsforscher wie Wirtschaftsanalysten zogen aus diesem Umstand rasch eine politische Schlussfolgerung: Nicht Schutz, nur Aussetzen helfe alten Industrien zu sterben und den elektronischen Zukunftsbranchen der Informationsgesellschaft Platz zu bereiten. Und diese Gesellschaft schöpft ihr Bruttosozialprodukt aus etwas ganz Immateriellem, dem Erfassen, Bearbeiten, Speichern und dem Verkauf von Daten.

Um Strukturanpassung und Standortvorteil ringende Ministerpräsidenten sprechen Ende des Jahrhunderts vom "synaptischen Prinzip des Multimedia-Zeitalters", den "Synapsen als den Verbindungsbrücken zwischen den Bauelementen des Nervensystems" (Wolfgang Clement), von Beschleunigung, wachsender Konvergenz und "Cross over media"– was den Journalisten Roger Willemsen kurz vor dem neuen Millennium zu der Bemerkung veranlasste, das klinge wie "Roll over Beethoven".

Manager und Minister, Berater und Analysten aber lassen bei den jährlichen Schauen der Branche keinen Zweifel daran, worum es geht: einen Markt von 326 Milliarden US-Dollar weltweit im elektronischen Handel des

Jahres 2002, eine konservative Schätzung der "Fidelity Investments" (1999). Wie stark das Marktpotential zumindest potentiell ist, rechnet die OECD vor: 90 % der Netzkommunikation sind zur Jahrtausendwende "Business to business-Kommunikation", erst 10 % Kommunikation zwischen Endver-braucher und Anbieter. Das neue Millennium, daran besteht für Sozialwissenschaftler ebenso wenig Zweifel wie für die Vorstände der Konzerne, wird von den großen Konglomeraten beherrscht.

Die längst transnationalen Konzerne konnten in der Phase rasanter Übernahmen und internationaler Konsortialbeteiligungen neue Geschäftsfelder und neues Wissen erschließen. Vertikal integriert wurde die ganze Kette medialer Produktion und Verwertung, horizontal und transnational die Medienbranchen verschiedener Länder, die so genannten Senderfamilien – verschachtelt bis auf die lokale Ebene. Die Dynamik im Medienprozess fungiert dabei wie eine Zentrifuge, die die Großen von den Kleinen scheidet. Ganze fünf Anbieter, vermutete das amerikanische Branchenmagazin "Variety", werden es sein, die im Jahre 2006 mehr als die Hälfte aller Programme in das digitale Weltnetz einspeisen.

Dazu aber müsste die klassische Regel angelsächsischen Wettbewerbs, "first come – first serve" (auf gut Deutsch etwa: Wer zuerst kommt, mahlt zuerst!) möglichst global gelten. Als Grundkonflikt der Epoche hatte IBM-Präsident Jaques Maisonrouge schon vor 30 Jahren jenen Konflikt zwischen der Suche der Konzerne nach weltweiter Optimierung der Ressourcen und der Unabhängigkeit von Nationalstaaten bezeichnet. Von den Rahmenbedingungen hängt nicht unwesentlich ab, wer die Großen sein werden, die Software-Importeure, die Wertesysteme schaffen. Fünf Prinzipien einer "Global Information Infrastructure" (Al Gore) sind es, die das von Gore so bezeichnete "Neue Athenische Zeitalter" herbeiführen sollen. Regel vier besagt: "Stelle den offenen Marktzugang für ausländische Investitionen her." 1995 haben die G7-Staaten, die asiatischen APEC-Staaten, die Südafrikanische Konferenz und der gesamtamerikanische Gipfel die Prinzipien angenommen (Verena Metze-Mangold). Politische Siege sind immer auch rhetorische Siege.

Die global agierenden Machtinstitutionen, die selbst zu Akteuren wurden, haben nun mit dem institutionalisierten Prinzip bürgerlicher Öffentlichkeit: mit einem Medium, immer weniger gemein. An gesellschaftliche Normen und Wertvorstellungen sind sie nicht mehr gebunden. Sie sind nicht mehr

",Werkzeug' politischer Organisationen und immer weniger eine allgemeine Öffentlichkeit herstellende Vermittlungsinstanz" (Ottfried Jarren). Finanziell bedeutender als mancher Nationalstaat agieren die Konzerne nach eigenen Regeln im Diskurs mit dem zahlenden Publikum, oder genauer: den immer diverseren "Publika". Irgendwo auf dem Weg dorthin wandelte sich auch der Sprachgebrauch und damit das Verständnis von Gesellschaft, "Individuum" und "Markt" lösten die Begriffe "Bürger" und "Staat" ab.

Dass die Massenmedien von zentraler Bedeutung für das Funktionieren moderner Gesellschaften sind, ist unbestritten. Die Industrialisierung dieses elementaren Gesellschaftsbereichs, der sich vermutlich zu 90 % nicht mehr mit Journalismus befasst, hat, so wird vermutet, weitreichende Folgen für die Zukunft der Demokratie. Aber welche das sind, darüber diskutieren weltweit die streitbaren Verfechter des endlich vom Staat und institutionellen Zwängen befreiten Individuums, das seine Verantwortung als Konsument ausübt, mit den Diagnostikern eines fragmentierten und zerfallenden Gemeinwesens.

Harmonisierung oder Leben in Vielfalt?

"Verschwommene Thesen, aber jede Menge Wirkung" bescheinigt der Philosoph Jürgen Habermas der "Großmetapher" der Globalisierung. Die lähmende Aussicht, dass sich die nationale Politik in Zukunft auf das mehr oder weniger intelligente Management internationaler Vorgaben reduziere, gipfle in der programmatischen Entleerung von Politik, die auf den Politikwechsel an sich zusammenschrumpfe. Dabei käme es auf den Entwurf einer Politik "des Einholens und Einhegens globaler Netze" auch jenseits der Grenzen des Nationalstaats an – statt perspektivloser Anpassung an Imperative der Standortkonkurrenz. Habermas beharrt darauf: Der Politik sei etwas Normatives zurückzugeben. "Sie darf von der Idee nicht lassen, dass eine Gesellschaft demokratisch auf sich einwirken kann." Ein kühner Satz, denn schon sind die Vorstände der hundert größten Medienkonzerne dabei, sich auf globale Kommunikationsregeln zu einigen.

Keine Frage, es ist die Aufgabe politischer Systeme, kollektiv verbindliche Spielregeln zu schaffen. Aber können sie es noch? Dass der Staat seine

Kompetenzen als Garant und Kontrolleur des Internets keineswegs gänzlich eingebüßt hat, ist das Ergebnis einer politischen Analyse von Claus Leggewie. Nationalstaaten seien erstens als Akteure in den transnationalen Verhandlungsarenen präsent, zweitens könnten nationale Staatsapparate und lokale Gemeinschaften partikulare Regelungen treffen. Das Festhalten an der Persistenz nationaler Staatlichkeit dürfte damit ebenso falsch sein wie die Vision eines sich selbst steuernden Kommunikationsmarktes.

Ähnlich wie im Fall der globalen Finanz- und Wertpapierregulierung behalten staatliche Agenturen einen Handlungsspielraum, so Leggewies These, und das gilt auch bei der Bereitstellung, Modellierung und Weiterentwicklung der Kommunikationstechnologien. Nationale Staaten, allen voran die "imperiale Republik" USA, seien mit anderen Worten "global players". "Damit wird sich regulative Politik weit mehr auf supra- und transnationale Ebenen verschieben, auf denen sie, neben den privaten Oligopolen und – in weit geringerem Maße – digitalen Bürgerinitiativen und Nicht-Regierungsorganisationen, als ein Verhandlungspartner unter anderen", allerdings kaum als Primus inter Pares, auftritt. Im Kommunikationsmarkt entsteht so ein Mehr-Ebenen-System, in dem Staatsapparate nach innen als Supervisoren, nach außen aber als Wettbewerber auftreten (Claus Leggewie/Christa Maar).

Diese widersprüchlich anmutenden Rollen stoßen sich im internationalen Wettbewerb mitunter hart im Raum. Und kaum ein Studienobjekt scheint für die Beobachtung dieses Vorgangs geeigneter als das der Medien. Hier stehen sich zudem mindestens zwei verschiedene Konzeptionen gegenüber, das angelsächsische Konzept, das die Freiheit des Individuums und des individuellen Austauschs über alles stellt ("Jefferson-Prinzip") und das anderer europäischer Nationen, die aus Gründen der Kultur und der öffentlichen Ordnung die Garantie einer gewissen Kontrolle über Inhalte für unerlässlich halten: Vielfalt und Unabhängigkeit seien nicht selbst-evident in einer digitalen Umwelt der Konvergenz und Konzentration.

Das gilt in Europa ganz besonders. Denn das, was den Charme Europas ausmacht, die Vielfalt seiner Sprachen und Kulturräume, ist ob der Kleinteiligkeit seiner Werbe- und Absatzmärkte das Elend der Branche. Europa leidet an einer Produktions- und Vertriebsschwäche, die ihm zunehmend zum Verhängnis wird. Der Druck wird immer unausweichlicher, so genannte Handelshemmnisse auf den internationalen Märkten zu beseitigen, und in der Sprache der Regelungsinstanz "World Trade Organization" (WTO) sind die Bilder unserer Kulturen eben Güter und Dienstleistungen. Die Verhandlungen über Telekommunikation wurden 1997 geführt, die Verhandlungen über Audiovision beginnen im Jahr 2000.

Hellsichtig hatte Thomas Jefferson die Rolle, die Amerika dabei spielen wird, vorausgeahnt: "Das alte Europa wird sich auf unsere Schultern stützen, um, so gut es kann, neben uns herzuhumpeln." Jefferson wusste, Amerika würde "mehr sein als eine Groß-, eine Weltmacht, ein Imperium: eine Zivilisation, die – nach römischem Beispiel – jeden Winkel des Erdkreises durchdringen sollte". Ein gutes Jahrhundert später konnte das ein gereizter Thomas Mann in seinen "Betrachtungen eines Unpolitischen" nur noch bestätigen, der "römische Westen" sei schon fast überall: "Der Imperialismus westlicher Zivilisation ist die letzte Form römischer Vereinigungsgedanken". Die Geschichte der Verlustängste ist lang. Verloren aber wird, die Handelsbilanz ist unmissverständlich, zunächst einmal und vor allem Kapital, das in Europa abfließt und die amerikanische Weltmarktposition nachhaltig stabilisiert.

Erst über Kommunikation bilden sich überhaupt soziale Systeme, wir kennen Luhmanns These. Gibt es den europäischen Raum als Erfahrungshorizont? Ein Verständnis für kulturelle Konzepte herbeizuführen, setzte auch eine europäische Öffentlichkeit voraus. Wir haben transnationale Konzerne und grenzüberschreitende Medien in Europa, aber eine europäische Öffentlichkeit existiert faktisch bisher nicht (Gerd G. Kopper). Nach wie vor scheint es nationale Medientraditionen und verschiedene journalistische Kulturen zu geben, auch wenn mit den direkten Kommunikationen im Netz die horizontalen Beziehungen über die Grenzen hinaus wachsen dürften.

Unsere europäischen Instanzen können in der Politik wenigstens ihre Aufgaben benennen, im Feld der Kulturen und Mentalitäten scheint dieser Zustand nicht erreicht. Wenn er es noch einmal zu tun hätte, so soll der große europäische Architekt Jean Monnet gesagt haben, würde er mit der Kultur beginnen. Kulturen und die Beziehungen zwischen ihnen sind Teil des komplexen Prozesses der Moderne. Sie können heute nicht mehr als schlichtes Arrangement von Zentrum und Peripherie begriffen werden, sondern als dialektisches Verhältnis. Wir selbst sind ja längst "global citizens", Europäer und lokale Bürger. Und natürlich sind wir Konsumenten.

Von den Visionen zum europäischen Alltag

Im Bereich der Industrie, des Handels und der Wirtschaft gibt es kaum nennenswerte Widerstände gegen eine die marktwirtschaftlichen (kapitalistischen) Verhältnisse vorantreibende Entwicklung. Anders sieht dies im politischen Bereich und noch wieder anders in den sozialen Bereichen des europäischen Gesellschaftslebens aus. Hier gibt es wenig Tendenzen zu einer Angleichung etwa des Bildungs- oder Sozialwesens. Lediglich eine kleine intellektuelle Elite versucht – wie immer im Verlauf der historischen Europäisierungsversuche seit dem Humanismus schon –, die Idee Europa auf den Weg zu bringen (vgl. Münkler 1995), ohne jedoch auf größere Resonanz in den Bevölkerungsmehrheiten der heutigen jeweiligen Nationalstaaten zu stoßen. Und die Bevölkerungsmehrheiten? Die noch vor einigen Jahren in vielen Nationalstaaten spürbare Begeisterung für ein gemeinsames Europa ist einer großen Skepsis gewichen, die sich 1999 u. a. auch in der überall schlechtesten Wahlbeteiligung seit Beginn der Wahlen zum Europäischen Parlament zeigte. Die letzten Europawahlen haben deutlich gezeigt, dass mit und für Europa (noch) keine Politik zu machen ist (durchschnittliche Wahlbeteiligung unter 50 %).

Das "Volk" spielt in Europa wahrscheinlich erst seit den Referenden in Dänemark und Frankreich wirklich eine Rolle. Dort wurde sichtbar, dass – so attraktiv die Idee "Europa" für Intellektuelle sein mag – hinter dieser Idee nur hauchdünne Mehrheiten stehen. In der BRD fühlen sich nach einer 1994 veröffentlichten Studie von Elisabeth Noelle-Neumann mindestens 75 % der Bürger eher als Deutsche denn als Europäer (Noelle-Neumann 1994, S. 40). Die Diskussion um den Europäisierungsprozess wird von Walter Hornstein und Gerd Mutz folgendermaßen charakterisiert:

- "Das ‚Wesen‘ des Europäischen und das Charakteristische der europäischen Kultur wird – in welcher Form auch immer – stets als Spannungsverhältnis von Vielfalt und Einheit bzw. als Einheit in der Vielfalt gesehen;
- durch Besinnung und Rückblick auf das Vergangene wird versucht, Orientierung für die Zukunft zu gewinnen;

- sie hat ihren Gegenstandsbereich weitgehend im Bereich der Hochkultur und bezieht Alltagskultur, Lebenswelt und Lebensformen der ‚kleinen Leute' kaum mit ein;
- sie reflektiert kaum den Zusammenhang von ökonomischen Entwicklungen, Modernisierungsprozessen und kulturellen Wandlungsvorgängen;
- die Diskussion gibt kaum Antwort oder Hinweise auf die Frage, wie die soziale und kulturelle Einigung aussehen könnte und ob sie überhaupt wünschenswert wäre" (Hornstein/Mutz 1993, S. 21).

Versucht man, dies zu interpretieren, so bleibt außer den leicht nachvollziehbaren wirtschaftlichen Gründen vor allem der großen Konzerne und natürlich der Medienindustrie kaum eine Aussicht auf eine Annäherung im Europa des Alltagslebens, es sei denn, sie wäre "von oben" verordnet. Man konnte jedoch an der Frage, wie die Bevölkerung Englands oder Dänemarks auf den Beitritt reagieren würde, gut sehen, welcher Balanceakt zwischen dem Wählerwillen und den etablierten proeuropäischen Kräften notwendig ist, um dem europäischen Entwicklungsprozess zu folgen. In den Bevölkerungen aber stehen die wenigsten vor dem Problem, eine solche Entscheidung treffen zu müssen. Noch gestalten sich die meisten Lebens- und Berufsentscheidungen national. Europa ist lediglich mit dem Euro ein Stück konkreter geworden. Die Erleichterung wird sich (neben den Vorteilen für Handel und Wirtschaft) vor allem positiv auf die Tourismusindustrie auswirken.

Anders sieht dies bei den Menschen aus, die sich bereits – aus welchem Engagement heraus auch immer – auf den Weg nach Europa gemacht haben. In einer der ältesten und größten Organisationen des Jugendaustauschs, die zumindest für die zwei europäischen Länder Deutschland und Frankreich (vor noch nicht allzu langer Zeit extrem verfeindet) einen systematischen Austausch für Jugendliche und junge Erwachsene unterstützt, dem Deutsch-Französischen Jugendwerk, gibt es mittlerweile fundierte Erfahrungen, was pädagogische Programme betrifft, mit denen man sich in Richtung Europa auf der Ebene des Alltagslebens bewegt.

Christoph Wulf z. B. fasst den meist langjährigen Prozess der Annäherung an Fremdheit in drei Dimensionen zusammen:

"In der ersten Dimension geht es um Werturteile über den Anderen. Wie schätze ich den Angehörigen der fremden Kultur ein? Fühle ich mich angezogen oder abgestoßen? In der zweiten Dimension steht die Annäherung an den Anderen im Mittelpunkt. Hier ist die Fähigkeit zu kommunikativem Handeln gefragt. Suche ich den Anderen, wünsche ich seine Nähe, identifiziere ich mich mit ihm, assimiliere ich ihn, oder unterwerfe ich mich ihm in der Euphorie für das Fremde? Schließlich geht es in der dritten Dimension darum, ob und wieweit ich den Anderen kenne und wie substantiell meine Kenntnis des Anderen ist. Dabei geht es nicht immer um ein unmittelbares Verhalten zum Anderen" (Wulf 1999, S. 67; vgl. auch Hess/Wulf 1999).

Man sollte meinen, dass es nicht allzu schwer sein dürfte, sich im Rahmen von speziellen Begegnungsprogrammen anzunähern, Gemeinsames und Trennendes zu entdecken und schließlich eine gemeinsame neue, eine europäische Identität zu entwickeln. Es mag für die meisten Jugendlichen auch eine wichtige und weitreichende Erfahrung gewesen sein, bei solchen Veranstaltungen (wie in vergleichbaren Begegnungsprogrammen anderer Organisationen und Länder auch) zu erleben, wie Fremdheit sich in Vertrautheit wandelt und sich ein nicht nur touristisches Interesse an den Menschen hinter der Grenze entwickelt. Die Arbeit beginnt aber nicht mit der Planung solcher Veranstaltungen und der eigentlichen Animation, sie beginnt mit der Kreation von grenzüberschreitenden Organisationen, Programmen und verbindlichen Kooperationen – bevor sich überhaupt Menschen aus verschiedenen Staaten zu gemeinsamen Aktivitäten treffen können. Es sind in den seltensten Fällen die Jugendlichen selbst, die solche Arbeit leisten können und sollten, es sind die Erwachsenen, vor allem die, die neben ihren nationalen Verpflichtungen die Zeit und Energie haben (wenn sie nicht von Berufs wegen "Brücken bauen"), Europa zu institutionalisieren.

Genau hier zeigt sich, dass in dem Versuch verbindlicher Kooperation (der nicht von den Gesetzen des Marktes bestimmt wird) die konkrete Erfahrung von Fremdheit des jeweils anderen Landes einen sehr viel schwerwiegenderen Einfluss auf die Annäherung in Europa hat, als allgemein angenommen wird. Selbst wenn man die Sprachbarriere genommen zu haben glaubt, erweist sich die Kommunikation über die kulturellen Kontexte, die in Sprache mitgeführt werden, als ein neues Hindernis (die "mit der Muttermilch" vermittelte Kultur). Es ist eine Erfahrung, die sich bei europäischen Treffen im Bildungsbereich oft wiederholt: Wenn die Kenntnisse in der fremden Sprache nicht reichen oder jemand eine der vorhandenen Sprachen nicht spricht, sucht man die Lösung in "Euroenglisch", einer Kunstsprache, in der sich ein Spanier und ein Däne besser zu verstehen glauben, als wenn beide mit einem Engländer sprechen. Oder man macht von vornherein "Englisch" zur offiziellen Sprache.

Die Vertrautheit der aus dem Englischunterricht der Schule bekannten Worte kann eine solche Erleichterung bieten, dass man schnell geneigt ist, die Tatsache zu ignorieren, über die Komplexität der Welt nicht ausreichend differenziert mit den Wörtern, die man in der Schule gelernt hat, kommunizieren zu können. Die meisten Wendungen, die ganz allgemein in den Sprachen zur Umschreibung von Tatbeständen, Prozessen oder Verhältnissen benutzt werden, sind Metaphern, bei denen die wörtliche Übersetzung keinen rechten Sinn ergibt. Nicht umsonst sind gute Simultandolmetscher hoch bezahlte Arbeitskräfte.

Es reicht also nicht aus zu glauben, wenn man nur Englisch, Französisch, Italienisch, Portugiesisch, Holländisch, Griechisch... könne, dann werde es mit der Kommunikation schon funktionieren. Vor vielen Jahren gab es Menschen, die mit der Idee einer Kunstsprache, dem Esperanto, hofften, die babylonischen Verhältnisse aufzulösen. Diese Idee scheiterte – genauso wie die Hoffnung, im Rahmen der Bildung (sekundäre Sozialisation) die Voraussetzungen für Vielsprachlichkeit schaffen zu können.

Sprache und Identität

Hinter dem Problem der sprachlichen Verständigung verbirgt sich das Problem der Unterschiede in der primären und sekundären Sozialisation. An den sprachlichen Problemen Europas macht sich weit mehr fest als die Schwierigkeit der Wort-zu-Wort-Übersetzung. Sprache ist von ihrer Entwicklung her verknüpft mit den ersten Erfahrungen von Vater, Mutter und Geschwistern, den Erfahrungen mit den Generationen, mit dem öffentlichen Raum, mit den Bildungsinstitutionen. Die einzelne Mutter und der einzelne Vater in Europa bleiben mit ihren gedanklichen Bezugsrahmen und ihrem Werthorizont bei aller Fremdenfreundlichkeit letztlich durch diese Wurzeln begrenzt.

Der familiäre Nahraum lässt für die Bevölkerungsmassen in diesem Sinne "Europa" kaum mehr als eine Urlaubsphantasie erscheinen, sieht man einmal von der Umstellung auf die europäische Währung ab. Wenngleich auch der Tourismus Chancen bietet, sich kulturell anzunähern, so hat er als Feld der Vermarktung individueller Wünsche doch eher die Tendenz, in temporären Kolonialisierungen ("Ballermann" auf Mallorca) oder voyeuristischen Ausflügen in die Exotik (der kanarische Traum) zu enden. Die Utopie Europa, also das verheißungsvolle eigene Land, ist letztlich (noch) nicht in Sicht.

Die feinen Nuancen, die unterschiedliche Sozialisationserfahrungen ausmachen können, zeigen sich besonders deutlich am jeweiligen Verhältnis der Kinder zu Vater und Mutter. Vergleicht man z. B. allein per Augenschein das Verhalten einer deutschen und einer französischen Familie in einem Restaurant, wird einem gleich auffallen, dass Franzosen offenbar viel deutlicher zwischen Erwachsenen und Kindern trennen, von letzteren auch der entsprechende Respekt erwartet wird: Während die französischen Kinder am Tisch ruhig und sitzend gehalten werden, einerlei, wie lange das Essen dauert, springen die deutschen Kinder bereits nach kurzer Zeit im Restaurant umher, ohne ernsthaft ermahnt oder gar bestraft zu werden. Es ist noch nicht so lange her, dass französische Kinder ihre Eltern siezen mussten. Viel stärker (oder anders?) als in Deutschland scheinen auf den ersten Blick in den Familien die traditionellen Rollenbilder von Mann und Frau gelebt zu werden: Der Patron geht jagen, die Frau macht die "menage" (Haushalt), ist aber trotzdem häufiger berufstätig als die deutschen Frauen. Die Menschen aus bikulturellen Ehen und Partnerschaften können ein Lied von den alltäglichen Anstrengungen der Annäherung und des Aushaltens der Andersartigkeit singen (vgl. z. B. Varro/Gebauer 1997).

Nachdenken über Andersartigkeit

Vergleiche der Lebensverhältnisse im Detail sind nur vereinzelt zu finden (vgl. Büchner u. a. 1998; Silbereisen u. a. 1996; Vaskovic 1997). Es ist offenbar bisher niemand sonderlich an ihnen interessiert gewesen. Wozu sollten sie auch gut sein, gab und gibt es doch bislang kein europäisches Politikfeld, in dem sie im Hinblick auf konkrete Entscheidungen gebraucht würden! Gleichwohl sind die Konsequenzen dieser Unterschiede gravierend: Die Erfahrung von Fremdheit über die Sprache hinaus lässt die eigenen Ideen von Familie und unmittelbarer Lebenswelt als das einzig sinnvoll Lebbare erscheinen. Die Idee von Koexistenz geht schnell mit einer Bedrohung der eigenen Identität einher.

Deutsche Erzieherinnen bekamen von der Erfahrung während der Hospitation in einer französischen "école maternelle" einen solchen Schock, dass es lange dauerte, bis sie erkannten, dass hinter der als äußerst autoritär und reglementiert wahrgenommenen Erziehung eine Haltung steckt, die für französische Verhältnisse durchaus die richtige ist. Die Angst und die Abwehr des Fremden begründete sich aus der Vorstellung, man sollte morgen selbst diesen Erziehungsstil praktizieren (vgl. Büttner 1997).

Die wissenschaftliche Verständigung über diese Unterschiede ist nicht unproblematisch. Soziologie, Psychologie und andere humanwissenschaftliche Disziplinen haben ihre je eigenen nationalen Traditionen und stehen kaum in einem europäischen Dialog. Der ohnehin schon schwierige wissenschaftliche Diskurs zwischen den verschiedenen Richtungen im eigenen Land wird hier zu einer noch größeren Hürde der Verständigung. Ein wenig davon wird man auch im Vergleich der Texte zur Jugend in Österreich, Deutschland, England, Holland und Frankreich erspüren können. Lediglich die Medientheorien haben europaweit den gleichen Bezugspunkt: An die amerikanischen Untersuchungen wird immer noch angeknüpft, sie geben auch den Stil vor, in dem man vorzugsweise publiziert.

Ein weiterer Bereich, in dem eine Harmonisierung auf heftigen Widerstand aus dem kulturellen Kontext der Menschen stammt, ist die Religion. Man kann traurigerweise immer noch erleben, wie gerade die Religion in Irland, also in Europa, als Motiv herhalten muss, sich blutig zu bekriegen. Die Religion und die Auseinandersetzung mit ihren kirchlichen Organisationsformen hat die europäischen Landschaften in ihren Lebensverhältnissen so nachhaltig und z. T. so unterschiedlich geprägt, dass Spannungen zwischen und innerhalb von Staaten auf die vielfältigste Weise nach wie vor existieren. Vergleicht man z. B. Frankreich und Deutschland im Hinblick auf die Bildungsinstitutionen, so ist in Frankreich seit dem vorigen Jahrhundert eine Trennung von Kirche und Staat vollzogen worden (Laizismus), während in Deutschland heftig darüber gestritten wird, ob Kruzifixe in Klassenzimmern hängen dürfen oder gar islamischer Religionsunterricht in den Schulen eingeführt wird.

Der Säkularisierungsprozess ist in den Ländern des europäischen Kontinents höchst unterschiedlich, gleichwohl z. T. extrem gewaltförmig verlaufen. Die Wurzeln der heutigen nationalstaatlichen Gesellschaftswelten gründen zwar auf eine gemeinsame christliche Religionslehre. Die Erfahrungen, die die Menschen mit den jeweiligen Amtskirchen gemacht haben, haben sie aber in ihren differierenden Haltungen gegenüber sich selbst und gegenüber anderen höchst unterschiedlich geprägt. Man kann sich gut vorstellen, dass diese Unterschiede ganz erhebliche Auswirkungen auf das haben, was in den Familien der jeweiligen Länder für richtig und was für falsch gehalten wird. In all‘ dem gilt als besonders problematisch das Leben mit der Vielfalt (der Religionen, Lebensstile oder Rassen).

Harmonisierung der Vielfalt – Harmonisierung in Vielfalt?

So sind die bisherigen und die folgenden Überlegungen aus der Tradition deutscher Denkweisen entstanden und können aus der Perspektive von Franzosen oder Holländern durchaus anders dargestellt werden. Die sich darin zeigende nationale Identität kann jedoch sehr schnell in den Hintergrund treten, wenn man die Lebensverhältnisse der einzelnen Bevölkerungsteile oder die Identitäten der einzelnen Regionen innerhalb der Nationalstaaten in den Blickpunkt rückt. Einzelne Bereiche des Alltagslebens können für Bayern und Schleswig Holsteiner wechselseitig ebenso fremd erscheinen wie die der Bretagne und des Roussillon. An der Länderpolitik in der BRD kann man im Bereich Bildung sehr eindrucksvoll sehen, wie schwer sich z. B. die Kultusministerkonferenz mit einer Harmonisierung tut – abgesehen von der Einigkeit in Sachen Rechtschreibreform.

Die Brüsseler oder Straßburger Entscheidungen und Kommentierungen der politischen Eliten vollziehen sich weitab von dem unmittelbaren Alltag der Menschen, wie die Entwicklungsprozesse in den Konzernzentralen. Nicht einmal im eigenen Land gelingt es ja dem "einfachen Mann auf der Straße", die Verhältnisse zwischen Industrie, Handel und Politik zu durchschauen. Außer der Möglichkeit, zwischen verschiedenen Parteien und Personen zu wählen, oder dem eigenen politischen Engagement in den demokratischen Institutionen hat die verfasste Demokratie bisher wenig zu bieten, was an Mitbestimmung und -verantwortung über den engsten Lebensumkreis hinausginge. Diese Mitarbeit aber setzt wieder eine wirtschaftliche Unabhängigkeit voraus, die letztlich eher der Elite in den Nationalstaaten vorbehalten ist.

So ist zu erwarten, dass die Harmonisierung im Medienbereich die Harmonisierung im Sozialisationsbereich, d. h. im Bereich der konkreten Lebensverhältnisse, erzwingen wird. Eine neuere Studie von Jo Groebel hat deutlich gemacht, dass die die Jugend begleitenden medialen Identifikationsfiguren sogar weltweit auf dem Wege zu einer Vereinheitlichung (in Richtung Amerikanisierung) sind.

Eliten konnten schon immer flexibel mit Andersartigkeit umgehen. So bleibt nach wie vor die Frage, wie demokratische Vielfalt national und europäisch auch von der "normalen" Bevölkerung, besonders aber von den Jugendlichen gelebt werden kann, ohne dass sich allein die einen von ihnen weiterhin in Austauschprogramme mit europäischen Jugendlichen begeben, während die anderen den Fremden mit Baseballschlägern zu Leibe rücken. So bleibt auch zu untersuchen, ob und wie die Jugend auf dem Weg zu einer europäischen Identität ebenso unterstützt werden könnte, wie sie in den Nationalstaaten Europas die Unterstützung auf ihrem Lebensweg in die Welt der Erwachsenen braucht.

Literatur

Bhabha, H. K.: Kulturen der Welt. Festansprache. Zehn Jahre Haus der Kulturen der Welt. 4. September 1999. Berlin 1999

Büchner, P./du Bois-Reymond, M./Ecarius, J./Fuhs, B./Krüger, H.-H.: Teenie-Welten. Aufwachsen in drei europäischen Regionen. Opladen 1998

Büttner, C. (Hg.): Erziehung für Europa. Kindergärten auf dem Weg in die multikulturelle Gesellschaft. Weinheim 1997

Hess, R./Wulf, C. (Hg.): Grenzgänge. Über den Umgang mit dem Eigenen und dem Fremden. Frankfurt/Main 1999

Hofmann, G.: Der Philopolitiker Jürgen Habermas meldet sich mit einem wohlüberlegten Plädoyer für den Machtwechsel zurück. In: Die Zeit, Nr. 25, 10. Juni 1998, S. 2; vgl. auch Frankfurter Rundschau, 6. Juni 1998

Hornstein, W./Mutz, G.: Die europäische Einigung als gesellschaftlicher Prozeß. Baden-Baden 1993

Kühnhardt, L./Pöttering, H.-G.: Kontinent Europa. Kern, Übergänge, Grenzen. Zürich 1998

Leggewie, C./Maar, Chr. (Hg.): Internet Politik. Von der Zuschauer- zur Beteiligungsdemokratie. Köln 1998

Metze-Mangold, V.: Das Athenische Zeitalter oder: L'horreur économique. In: Dies.: Auf Leben und Tod. Die Macht der Gewalt in den Medien. Berlin 1997

Silbereisen, R. K./Vaskovic, L. A./Zinnecker, J. (Hg.): Jungsein in Deutschland. Opladen 1996

United Nations/United Nations Educational Scientific and Cultural Organization: Independent and Pluralistic Media. European Seminar. Report. Keynote address of CSA President Hervé Bourges. Sophia 1997

Varro, G./Gebauer, G. (Hg.): Zwei Kulturen – eine Familie. Paare aus verschiedenen Kulturen und ihre Kinder am Beispiel Frankreichs und Deutschlands. Opladen 1997

Vaskovic, L. A. (Hg.): Familienleitbilder und Familienrealitäten. Opladen 1997

Wulf, C.: Der Andere: Perspektiven zur interkulturellen Bildung. In: Dibie, P./Wulf, C. (Hg.): Vom Verstehen des Nichtverstehens. Ethnosoziologie interkultureller Begegnungen. Frankfurt/Main 1999

Cornelius Crans und Joachim von Gottberg

Pragmatischer Druck gegen kulturellen Widerstand – Unterschiedliche Traditionen und der Weg zu einheitlichen Jugendschutzkriterien

Spätestens seit der Satellitentechnik machen Fernseh- und Radioprogramme vor nationalen Grenzen nicht mehr Halt. Doch die gesetzlichen Jugendschutzbestimmungen sind weiterhin national orientiert und ignorieren so bisher diese technische und kulturelle Globalisierung. Zwar gibt es seit 1995 regelmäßige Treffen der europäischen Filmprüfstellen, allerdings treten dort die unterschiedlichen Sichtweisen über Jugend und die damit verbundenen divergierenden Jugendschutzkriterien mehr hervor als die Bereitschaft, sich zu einigen und zumindest auf fachlicher Ebene ein gemeinsames europäisches Kriterienkonzept zu vereinbaren. Strukturelle und kulturelle Unterschiede scheinen unüberwindlich, die angesichts der technischen Globalisierung und der politischen Einheit Europas auf der Hand liegende Frage, ob nicht die Einrichtung einer gemeinsamen europäischen Film-, Video- und Fernsehprüfstelle sinnvoll wäre, ist für die meisten Länder Europas noch tabu.

Grenzen nationaler Gesetzgebung

Nationaler Jugendschutz funktioniert eigentlich nur noch im Bereich des Kinos, denn ein 16-Jähriger wird kaum von Köln nach Frankreich fahren, um dort im Kino einen Film sehen zu können, der in Deutschland für ihn noch nicht freigegeben ist. Abgesehen von der relativ weiten Reise würde ihn das Sprachproblem daran hindern: Er ist es gewohnt, Filme in deutschsynchronisierter Fassung zu sehen, so dass er kaum in der Lage wäre, einer Handlung auf Französisch oder Englisch zu folgen. Auch der Videovertrieb beschränkt sich weitgehend noch auf einen nationalen Markt. Die deutschen Videovertriebsfirmen legen ihre Produkte gemäß § 7 des Gesetzes zum Schutze der Jugend in der Öffentlichkeit (JÖSchG) der Freiwilligen Selbstkontrolle der Filmwirtschaft (FSK) vor und erhalten dort eine Alterskennzeichnung.

Aber bereits hier zeichnen sich erste Brüche in der nationalen Gesetzgebung ab: In Deutschland ist der Versandhandel für Filme, die der FSK nicht vorgelegen oder nur eine Freigabe "nicht unter 18 Jahren" erhalten haben, verboten. Da es eine solche Regelung in keinem anderen europäischen Land gibt, kann der Versandhandel für nicht jugendfreie Videos von Holland oder Belgien aus betrieben werden, ohne gegen gesetzliche Vorschriften zu verstoßen. Ganz neue Probleme kündigen sich bei der Entwicklung des Marktes für die Digital Videodisc (DVD) an, die in einigen Jahren die Videokassette als Trägermedium ersetzen soll. Aus Kostengründen wird die DVD nicht mehr allein für den nationalen, sondern für den europäischen Markt produziert. Da nach dem Gesetz das Kennzeichen fest mit dem Bildträger und der Bildhülle verbunden sein muss, werden in Kürze auf der relativ kleinen DVD die englische, deutsche und holländische Kennzeichnung nebeneinander aufgedruckt sein müssen. Ein deutscher Jugendlicher wird sich spätestens dann fragen, warum derselbe Film in Großbritannien erst ab 18, in Deutschland ab 16 Jahren und in Holland ohne Altersbeschränkung angesehen werden darf.

Fernsehprogramme werden (noch) für den nationalen Markt produziert. Aber wenn Programme über Satellit ausgestrahlt werden, sind sie in allen europäischen Ländern zu empfangen. Auch in den Kabelnetzen werden nicht nur nationale Programme verbreitet. Beispielsweise sind in Österreich und grenznahen belgischen Regionen fast alle deutschen Programme zu empfangen, auch in den deutschen Grenzgebieten findet man in den Kabelkanälen die Programme der Nachbarländer. Bisher scheitert eine quantitativ relevante Rezeption ausländischer Programme nach wie vor an der Sprache. Das betrifft aber die europäischen Länder keineswegs gleichermaßen. Während die Zuschauer in Großbritannien, Deutschland sowie weitgehend auch in Frankreich es gewohnt sind, Fernsehprogramme und Filme jeweils in der Landessprache zu sehen, ist es in den Niederlanden, in Dänemark, Schweden und in Belgien üblich, Filme im Kino und im Fernsehen in Originalsprache mit Untertiteln zu zeigen. Für die Jugendlichen dieser Länder ist es kein Problem, fremdsprachige Fernsehprogramme zu verstehen.

Im Bereich des digitalen Fernsehens werden sich diese Sprachbarrieren möglicherweise in naher Zukunft reduzieren. Technisch wird es ohne weiteres möglich sein, Filme mehrsprachig auszustrahlen, jeder Zuschauer kann dann die von ihm gewünschte Sprache wählen. Vor allem Spielfilmkanäle im Bereich des Pay-TV könnten bald ihre Programme für ganz Europa anbieten, so dass sich hier ein Fernsehprogramm entwickeln wird, das bewusst nicht mehr für einen nationalen, sondern für einen internationalen Markt hergestellt wird. Bisher scheitern solche europäischen Fernsehprogramme unter anderem daran, dass die Filmrechte in der Regel für einen bestimmten Sprachbereich verkauft werden. Ein deutscher Fernsehveranstalter besitzt also die Rechte für den deutschsprachigen Raum und darf sein Programm deshalb nicht ohne weiteres in verschiedenen Sprachen für andere Länder ausstrahlen. Es ist aber zu vermuten, dass sich in absehbarer Zeit der Lizenzmarkt an die neuen technischen Möglichkeiten anpassen wird. Sollte ein für Europa produziertes Fernsehprogramm Wirklichkeit werden, machen nationale Jugendschutzbestimmungen überhaupt keinen Sinn mehr.

Ein weiteres Problem besteht darin, dass ausländische Fernsehprogramme demnächst auch über das Internet zu empfangen sein werden. Voraussetzung dafür ist allerdings eine verbesserte Übertragungskapazität der Telefonleitungen, alternativ dazu könnten Internetzugänge über das Breitbandkabel oder über Satelliten realisiert werden. Damit würde das in vielen Staaten geltende Sendezeitprinzip (jugendbeeinträchtigende Sendungen nur im Nachtprogramm) schon allein deshalb nicht mehr aufrechtzuerhalten sein, weil aufgrund der Zeitverschiebung das Nachtprogramm des einen Landes für andere Länder das Tagesprogramm bedeutet und umgekehrt. Wird also alles technisch Machbare erst umgesetzt sein, werden die bisherigen nationalen Regelungen immer weniger funktionieren.

Überall in Europa: Altersfreigaben für das Kino

Wir sehen also, dass der Zwang zu einheitlichen Kriterien und Freigaben die unterschiedlichen Vertriebswege von Filmen nicht in der gleichen Weise betrifft. Der Kinobereich ist am wenigsten betroffen, aber der Jugendmedienschutz hat sich in den einzelnen Ländern weitgehend aus dem Jugendschutz für öffentliche Filmvorführungen entwickelt. Hinzu kommt, dass in den meisten europäischen Ländern die Auffassung herrscht, dass die Regelung für Jugendschutz im Bereich Video und Fernsehen eher Aufgabe der Eltern ist, da die Rezeption nicht in der Öffentlichkeit, sondern in den Elternhäusern stattfindet. Allerdings würde der Sinn des Jugendschutzes in Frage gestellt, wenn ein Film, der in der Bundesrepublik keine Jugendfreigabe erhalten hat, im Fernsehprogramm eines ausländischen Senders am Tage zu sehen sein sollte. Wenn das, was für das Kino nur differenziert nach Altersstufen zugänglich ist, im Fernsehen ohne jede Beschränkung gesehen werden kann, wird man niemandem mehr klarmachen können, dass der für das Kino betriebene Aufwand weiterhin sinnvoll ist. Wenn es nicht gelingt, die Jugendschutzbestimmungen zwischen den Ländern und zwischen den verschiedenen Vertriebswegen zu synchronisieren, könnte dies zu einer Kapitulation gegenüber einer dominanten Medienwelt führen, was letztlich früher oder später zur Einstellung aller Jugendschutzbemühungen führen würde.

Bei allem Verständnis für die kulturellen Traditionen der Mitgliedsländer erscheint es im Hinblick auf die zukünftige Entwicklung unumgänglich, zumindest in Europa eine neue gemeinsame Grundlage für gesetzliche Bestimmungen und Prüfkriterien zu erarbeiten. Ob dabei am Ende dieses Prozesses eine für ganz Europa zuständige Institution stehen wird, die unter Einbeziehung aller europäischen Länder und deren kultureller Traditionen tätig ist, lässt sich bisher noch nicht absehen. Zunächst wollen wir einen Blick auf einige Länder werfen und die Gemeinsamkeiten sowie die Unterschiede vorstellen.

Jugendschutz in den europäischen Ländern

Kaum ein Land in Europa verfügt über so unübersichtliche Jugendschutzbestimmungen wie die Bundesrepublik. Bei uns gelten für den Jugendschutz derzeit folgende Regelungen:

1. Das Strafgesetzbuch:
   § 131 StGB verbietet die Herstellung und die Verbreitung von Medien, die Gewalt in grausamer oder sonst unmenschlicher Weise schildern und damit die Gewalt verherrlichen, verharmlosen oder in der Art und Weise der Darstellung gegen die Menschenwürde verstoßen.

§ 184 StGB beschränkt den Vertrieb von pornographischen Medien mit dem Ziel, dass sie Kindern und Jugendlichen nicht zugänglich gemacht werden, während sie für Erwachsene erlaubt sind. Pornographische Darbietungen sind im Rundfunk verboten. Pornographie darf nicht über den Versandhandel vertrieben werden, die Vermietung von pornographischen Videos ist nur in Ladengeschäften erlaubt, zu denen Kinder und Jugendliche keinen Zutritt haben. Völlig verboten sind pornographische Darstellungen mit Kindern, mit Tieren und mit Gewalt. Im Gegensatz zu allen anderen Medien ist bei der Kinderpornographie bereits der Besitz strafbar.

2. Das Gesetz über die Verbreitung jugendgefährdender Schriften (GjS):
Auf Antrag eines Jugendamtes oder einer Obersten Landesjugendbehörde kann die Bundesprüfstelle für jugendgefährdende Schriften (BPjS) Medien in die Liste der jugendgefährdenden Filme aufnehmen (Indizierung). Ähnlich wie Pornographie dürfen indizierte Medien Kindern und Jugendlichen nicht zugänglich gemacht werden, während sie für Erwachsene erlaubt sind. Indizierte Filme dürfen nach § 3, Abs. 3 Rundfunkstaatsvertrag im Fernsehen nur dann ausgestrahlt werden, wenn die von ihnen ausgehende Jugendgefährdung nicht als schwer anzusehen ist. Eine der Indizierung vergleichbare Regelung gibt es übrigens in keinem anderen Land der EU.
3. Das Gesetz zum Schutze der Jugend in der Öffentlichkeit (JÖSchG):
Nach § 6 JÖSchG dürfen Jugendliche zu öffentlichen Filmvorführungen nur zugelassen werden, wenn der Film von den Obersten Landesjugendbehörden eine Freigabe ohne Altersbeschränkung, ab 6 Jahren, ab 12 Jahren, ab 16 Jahren oder nicht freigegeben unter 18 Jahren erhalten hat. Aufgrund einer Ländervereinbarung wird diese Prüfung von der Freiwilligen Selbstkontrolle der Filmwirtschaft (FSK) durchgeführt. Nach § 7 JÖSchG gilt eine vergleichbare Regelung auch für bespielte Videoträger.
4. Jugendschutz im Rundfunkstaatsvertrag:
Generell verboten ist die Ausstrahlung von Pornographie (§ 184 StGB) und gewaltverherrlichenden Sendungen (§ 131 StGB). Spielfilme, die nach § 6 und § 7 JÖSchG eine Freigabe ab 16 erhalten haben, dürfen im Fernsehen erst ab 22.00 Uhr, solche, die eine Freigabe nicht unter 18 Jahren erhalten haben, erst nach 23.00 Uhr ausgestrahlt werden. Für TV-

Movies, für Serien und für Spielfilme, die vorher nicht im Kino oder auf Video erschienen sind, gelten zwar im Prinzip die gleichen Kriterien, für deren Überprüfung ist aber auf dem Wege der Vorkontrolle der Sender selbst verantwortlich, die Nachkontrolle erfolgt durch die für die Lizenzierung und Kontrolle der privaten Sender zuständigen Landesmedienanstalten. Um die Begutachtung im Vorhinein durch eine allgemein anerkannte und über die Interessen der Sender hinausgehende Institution zu gewährleisten, haben die privaten Sender die Freiwillige Selbstkontrolle Fernsehen (FSF) gegründet. Sie prüft jugendschutzrelevante Programme auf freiwilligem Wege vor der Ausstrahlung.

5. Das Informations- und Kommunikationsdienstegesetz (IuKDG) und der Mediendienstestaatsvertrag:
Für Online-Dienste bzw. das Internet gelten gleich zwei Gesetze, die in wesentlichen Punkten Jugendschutz sehr unterschiedlich regeln. Das IuKDG gilt für Teledienste, die nach dem GjS indiziert werden können. Indizierte oder pornographische Angebote dürfen verschlüsselt zugänglich gemacht werden. So genannte Mediendienste unterliegen nach dem Mediendienstestaatsvertrag der Kontrolle durch die Obersten Landesjugendbehörden, die eigens dafür die Stelle Jugendschutz.net geschaffen haben. In Mediendiensten ist Pornographie generell unzulässig. Der Mediendienst unterscheidet sich vom Teledienst vor allem dadurch, dass er zum einen über ein redaktionelles Konzept und zum anderen über Meinungsrelevanz verfügt.

Ähnlichkeiten und Unterschiede

In allen europäischen Ländern existiert eine Institution, die, der FSK vergleichbar, Filme mit Altersfreigaben für das Kino versieht. In der Regel sind diese Stellen – abgesehen von Deutschland und Großbritannien – bei den für Jugendfragen zuständigen Ministerien untergebracht. Außer Schweden, wo die Altersfreigaben durch Beamte des jeweiligen Ministeriums erteilt werden, verfügen alle Prüfstellen über Kommissionen, in denen Fachvertreter aus verschiedenen gesellschaftlichen Bereichen mitwirken. In Frankreich, Deutschland und Österreich sind in diesen Kommissionen neben Pädagogen oder Vertretern kirchlicher Organisationen auch von der Filmwirtschaft entsandte Personen beteiligt. Während die Prüfer in der Regel von Verbänden in die Ausschüsse geschickt werden, wird in den Niederlanden durch Zeitungsanzeigen für die Mitarbeit geworben. Die Interessenten werden dann vom Vorstand der Nederlandse Filmkeuring auf ihre Eignung als Prüfer getestet und danach vom Minister für Volksgesundheit, Wohlfahrt und Sport benannt. In ihren Prüfergebnissen ist die Filmkeuring allerdings vom Minister unabhängig. In Großbritannien sind beim British Board of Filmclassification (BBFC) 40 hauptamtliche Prüfer beschäftigt, die im Bereich der Jugendpsychologie oder der Pädagogik sachkundig sind.

Die Größe der Prüfausschüsse variiert zwischen zwei (Großbritannien, Schweden, Dänemark) bis zu fünfzehn Personen in Frankreich.

Als nicht staatliche Institutionen stellen die FSK und die BBFC in Europa einen Sonderfall dar. Die FSK wird von der Spitzenorganisation der Filmwirtschaft (SPIO) organisiert, die Prüfungen werden allerdings mehrheitlich von Personen durchgeführt, die von Ministerien, den Kirchen oder den Jugendverbänden entsandt werden (öffentliche Hand). Den Vorsitz führt der Ständige Vertreter der Obersten Landesjugendbehörden bei der FSK.

Die BBFC hingegen ist eine eigenständige Institution, an deren Spitze ein Präsident steht, der über eine hohe gesellschaftliche Akzeptanz verfügt und finanziell unabhängig ist. Er stellt in Absprache mit dem zuständigen Ministerium und mit der Filmwirtschaft einen Direktor ein, der für die Führung der Geschäfte zuständig ist. Das Votum der Prüfausschüsse kann dabei nach einem hierarchischen System abgeändert werden: Zwei Prüfer schreiben zu einem Film ein Gutachten, ein stellvertretender Direktor schließt sich dem Votum an oder nicht. Kommt es zu Konflikten, urteilt der Direktor. Die endgültige Entscheidung liegt jedoch beim Präsidenten, der sich theoretisch über alle Gutachten der Vorinstanz hinwegsetzen kann.

Die BBFC finanziert sich über Prüfgebühren, offiziell hat aber die Film- oder die Videowirtschaft auf die Ergebnisse und auf die Konstruktionen der BBFC keinen Einfluss.

Abgesehen von den Niederlanden haben die Filmprüfkommissionen in den anderen Ländern keineswegs immer das letzte Wort. In der Bundesrepublik z. B. kann jede Oberste Landesjugendbehörde für ihren Geltungsbereich von der FSK-Freigabe abweichen, was allerdings bisher noch nie geschehen ist. In den anderen Ländern liegt die letzte Entscheidung beim zuständigen Minister, der in der Regel jedoch davon keinen Gebrauch macht. Lediglich in Frankreich korrigiert der Minister hin und wieder das Ergebnis der Prüfkommission – fast immer zugunsten der antragstellenden Filmfirma. In Deutschland und Österreich sind die Filmfreigaben Ländersache. Das JÖSchG ist zwar ein Bundesgesetz, die Prüfkompetenzen werden aber an die Länder übertragen. Diese übernehmen aufgrund einer Ländervereinbarung die Prüfvoten der FSK, die den Länderinteressen dadurch Rechnung trägt, dass die im Ausschuss für den Jugendschutz verantwortlichen Sachverständigen im Wechsel direkt von den jeweiligen Obersten Landesjugendbehörden der einzelnen Länder benannt werden.

In Österreich dagegen gibt es in jedem Bundesland ein einzelnes Gesetz, z. T. sind auch die Altersstufen in den Ländern unterschiedlich. Zwar gibt es in Wien die Österreichische Bundesfilmkommission, die aber für die Länder nur einen empfehlenden Charakter hat. Jedes Bundesland hat also die Möglichkeit, eigene Kommissionen einzusetzen.

Gesetzliche Grundlagen

Mit Ausnahme Großbritanniens wird in jedem Land die Prüfung von Kinofilmen gesetzlich geregelt. In Großbritannien gibt es kein spezielles Jugendschutzgesetz, zuständig für die Altersfreigaben in den Kinos sind die Kommunen, die den Filmtheatern unter ordnungspolitischen Gesichtspunkten eine Lizenz erteilen müssen. Die Prüfung durch die BBFC im Filmbereich hat also nur empfehlenden Charakter, im Regelfall wird dieses Ergebnis allerdings von den Kommunen akzeptiert. Bei umstrittenen Filmen kommt es aber durchaus vor, dass ein Bürgermeister von der Entscheidung der BBFC abweicht.

Im Gegensatz zu Kinoprüfungen wird die Videoprüfung in Großbritannien aufgrund eines Gesetzes durchgeführt. Zuständig ist das Innenministerium, das aber infolge einer vertraglichen Vereinbarung die Prüfergebnisse der BBFC akzeptiert. Dabei wird in Großbritannien für die Videofreigabe nicht automatisch die Kinofreigabe übernommen, sondern ein Film wird neu geprüft, wenn er als Video erscheint. Vor allem die Furcht, Jugendliche könnten sich bestimmte gefährdende Sequenzen immer wieder ansehen und dadurch den negativen Lerneffekt erhöhen, führt dazu, dass die Prüfungen im Videobereich meist strenger durchgeführt werden als bei Kinofilmen. In Deutschland gelten aus pragmatischen Erwägungen heraus für den Kino- bzw. den Videobereich dieselben Freigaben.

In den Niederlanden existiert eine Vereinbarung, nach der Videokassetten mit Altersfreigaben versehen werden, diese erteilt jedoch der Einkäufer der Firma selbst. Die Kinofilmfreigaben der Niederländischen Filmkeuring werden dabei in der Regel berücksichtigt, allerdings ist die Industrie daran nicht gebunden und weicht schon einmal davon ab, wenn es aus kommerziellen Gründen opportun erscheint. In Österreich müssen zwar Videokassetten nach dem Gesetz gekennzeichnet sein, wenn sie an Jugendliche abgegeben werden sollen, es gibt dort aber keine eigene Stelle, die eine Freigabe erteilen kann – deshalb werden in Österreich die Freigaben der FSK übernommen. In Schweden existiert für den Videomarkt zwar keine gesetzliche Bestimmung, einige Videofirmen beantragen jedoch beim Statens Biograph Büro eine Kinofreigabe und kennzeichnen damit ihre Videokassetten. Sie wollen auf diese Weise dem Handel mehr Sicherheit für solche Produkte geben, die im Grenzbereich zur strafrechtlichen Relevanz liegen. In Frankreich gibt es ebenfalls eine gesetzliche Bestimmung, nach der Videos einer Prüfung unterzogen werden müssen, allerdings ist die geplante Kommission bisher noch nicht eingesetzt, es existieren keine Erfahrungen. In den anderen europäischen Ländern gibt es für den Videobereich keinerlei Prüfungen, es gelten dort lediglich mögliche strafrechtliche Beschränkungen, z. B. im Bereich der Pornographie.

Unterschiedliche Altersstufen

Die Altersstufen in Deutschland sind wohl diejenigen, die zwischen den unterschiedlichen Entwicklungsschritten von Kindern und Jugendlichen am stärksten differenzieren. Eine Altersfreigabe ab 6 Jahren gibt es beispielsweise in Großbritannien, Frankreich und den Niederlanden nicht; allerdings wird von der BBFC und der Filmkeuring für Filme, die von kleinen Kindern nicht ohne Begleitung Erwachsener gesehen werden sollen, als Warnhinweis ein PG (Parental Guidance) vergeben. In Belgien gibt es überhaupt keine Unterscheidung nach Altersstufen: Wird ein Film freigegeben, so wird er für alle freigegeben, wird er nicht freigegeben, so darf ihn jeder ab 16 Jahren sehen. Überhaupt scheint sich in Europa zunehmend die Altersgrenze "frei ab 16 Jahren" als Höchstgrenze im gesetzlichen Jugendmedienschutz durchzusetzen. Nur in Deutschland, Großbritannien und einigen österreichischen Bundesländern ist die Freigabe ab 18 Jahren die Höchststufe im Jugendschutz. In Schweden liegt sie mit einer Freigabe ab 15 Jahren in Europa am niedrigsten.

Die von den Prüfstellen festgelegten Altersgrenzen sind, mit Ausnahme Spaniens, in allen europäischen Ländern bindend. In Spanien hingegen haben Altersfreigaben einen empfehlenden Charakter, sie dienen quasi als Information für die Jugendlichen oder die Eltern, aber sie können gesetzlich nicht durchgesetzt bzw. kontrolliert werden. Lediglich eine besondere Erwachsenenfreigabe hat zur Folge, dass dieser Film nur in besonderen Kinos für Zuschauer über 18 Jahren vorgeführt werden darf. Eine solche Freigabe ist aber, abgesehen von pornographischen Filmen, sehr selten.

Auch in anderen Ländern wird darüber diskutiert, ob die Freigabe zu einer Empfehlung für Eltern oder Jugendliche umgewandelt werden soll. In Dänemark gelten die Altersfreigaben nur, wenn ein Minderjähriger allein ins Kino will; sobald er von einem Erwachsenen begleitet wird, kann er jeden Film besuchen.

Vorlage meistens nur bei angestrebter Jugendfreigabe erforderlich

In vielen europäischen Ländern ist die Vorlage von Kinospielfilmen zum Zwecke der Alterseinstufung keine gesetzliche Pflicht. In den Niederlanden, Belgien, Österreich und Deutschland müssen Filme nur dann vorgelegt werden, wenn die Aufführung vor Kindern oder Jugendlichen geplant ist. Soll der Film von vornherein nur Erwachsenen (bzw. Zuschauern, die älter als die höchste Freigabestufe sind) zugänglich gemacht werden, so ist keine Prüfung erforderlich.

In Großbritannien, Frankreich und Schweden muss hingegen jeder Film geprüft werden, auch wenn er sich nur an Erwachsene richtet.

Obwohl es in Deutschland keine gesetzliche Pflicht für die Prüfung von Filmen gibt, die sich ausschließlich an Erwachsene richten, werden bis auf wenige Ausnahmen alle Kinofilme der FSK zur Prüfung vorgelegt. Geht es allerdings um eine Freigabe für Erwachsene, so entscheiden die Ausschüsse nicht mehr in ihrer Jugendbesetzung, sondern nur noch mit den Vertretern der Filmwirtschaft. Geprüft wird zum einen nach strafrechtlichen Kriterien, zum anderen wird festgestellt, ob die Prüfgrundsätze für Erwachsene, die sich die Institutionen der Filmwirtschaft selbst gesetzt haben, eingehalten werden.

In Großbritannien gibt es diese Differenzierung nicht. Sowohl Kino- als auch Videospielfilme kann die BBFC die Freigabe für Erwachsene verweigern, auch Erwachsenenfreigaben werden mit Schnittauflagen versehen. In Schweden wird ebenfalls für Erwachsene geschnitten, allerdings nur selten.

Obwohl in Frankreich für Kinospielfilme eine generelle Vorlage vorgeschrieben ist, gelten bei einer Freigabe ab 16 Jahren keinerlei Beschränkungen mehr. Zwar gibt es nach dem Gesetz die Möglichkeit für die zuständige Kommission, Filme ganz zu verbieten, was aber aufgrund eines Ministererlasses nicht mehr geschieht.

In den Niederlanden, in Belgien und den meisten Bundesländern Österreichs sind Filme, die der Filmprüfstelle nicht vorgelegen haben, automatisch ab 16 Jahren frei. Deshalb werden in den Niederlanden für gewöhnlich nur 80 % der Kinospielfilme bei der Niederländischen Filmkeuring vorgelegt, da sich die Filmverleiher für einen Teil ihres Angebots ohnehin keine Jugendfreigabe versprechen. Ähnliches gilt für Belgien und Österreich.

Jugendschutz im Fernsehen

Im Gegensatz zum Kino- und Videomarkt werden für den Jugendschutz im Fernsehen durch die Europäische Fernsehrichtlinie bestimmte gemeinsame Eckwerte gesetzt. Danach ist im europäischen Fernsehen die Darstellung von grundloser Gewalt und von Pornographie generell verboten. Bei TV-Beiträgen, die das geistige, körperliche oder seelische Wohl von Kindern und Jugendlichen beeinträchtigen, müssen die Sender durch die Wahl der Sendezeit oder durch andere Maßnahmen sicherstellen, das Kinder und Jugendliche dieses Programmangebot üblicherweise nicht wahrnehmen. Die Mitgliedstaaten der EU sind verpflichtet, die Europäische Fernsehrichtlinie innerhalb einer bestimmten Frist in nationales Recht umzusetzen.

Trotz der Europäischen Fernsehrichtlinie zeigen sich jedoch in den nationalen Gesetzgebungen und Fernsehrealitäten sehr große Unterschiede. Sowohl im Bereich der Gewaltdarstellungen als auch im Bereich der Pornographie sind die Kriterien in den einzelnen Mitgliedstaaten sehr unterschiedlich. Auch die in vielen europäischen Ländern geltenden Sendezeitbeschränkungen reichen für Erwachsenenprogramme von 21.00 Uhr in Großbritannien bis 23.00 Uhr in Deutschland. Für Deutschland und die Niederlande sind die Sendezeitbeschränkungen im Rundfunkstaatsvertrag bzw. im Niederländischen Mediengesetz festgeschrieben. In Großbritannien und Frankreich hingegen werden die Sendezeitgrenzen von den für das Fernsehen zuständigen Aufsichtsbehörden festgelegt. In einigen europäischen Ländern wird die Fernsehrichtlinie zwar ordnungsgemäß in nationales Recht umgesetzt, die Einhaltung der Bestimmungen allerdings nicht kontrolliert (so in Spanien und Portugal).

Gerade bei der Umsetzung von Sendezeitbeschränkungen zeigt sich aber auch, dass die Lebensgewohnheiten in den einzelnen Ländern sehr unterschiedlich sind und dass es sehr schwer ist, eine für alle Länder gleichermaßen sinnvolle Sendezeitbeschränkung zu finden. In Deutschland sitzen z. B. gegen 20.00 Uhr die meisten Zuschauer vor dem Fernseher. Nach 22.00 Uhr sinkt die Sehbeteiligung kontinuierlich ab. In den südlichen Ländern findet das familiäre Abendessen später statt, so dass sich die Hauptsendezeit nach hinten verschiebt.

In Frankreich scheinen die Sendezeitbeschränkungen auf den ersten Blick besonders streng zu sein. Nur die Kinospielfilme, die eine Freigabe ohne Altersbeschränkung erhalten haben, können unbegrenzt eingesetzt werden. Filme mit einer Altersbeschränkung ab 12 oder ab 16 Jahren dürfen erst nach 22.30 Uhr gezeigt werden. Diese scheinbar strenge Regelung erweist sich in der Praxis jedoch als äußerst liberal, da in Frankreich fast 70 % aller Spielfilme keinerlei Altersbeschränkungen unterliegen. Filme wie *Rambo*, die in Deutschland eine Freigabe nicht unter 18 Jahren erhalten haben und die darüber hinaus indiziert sind, sind in Frankreich ohne Altersbeschränkung frei. Auch *Starship Troopers*, in Deutschland indiziert und von der Freiwilligen Selbstkontrolle Fernsehen (FSF) in der ungeschnittenen Fassung für die Ausstrahlung im Fernsehen nicht zugelassen, ist in Frankreich für alle Altersgruppen zu sehen.

Neben den Jugendschutzbedenken beschäftigt die Behörden in Frankreich noch ein anderes Problem, was sich aber indirekt auf die Jugendschutzfragen auswirkt. Es herrscht eine große Angst vor dem Einfluss amerikanischer Filme auf die französische Kultur. Französische Radiostationen dürfen daher nur einen bestimmten Prozentanteil ihres Programms mit englischsprachigen Titeln bestücken, auch der Anteil von amerikanischen Spielfilmen im Programm des französischen Fernsehens unterliegt einer strikten Quotenregelung. Dadurch gibt es im französischen Fernsehen sehr viel weniger Spielfilme zu sehen als in Deutschland. Die Sender müssen mit der Ausstrahlung von Spielfilmen haushalten, so dass aus pragmatischen Gründen während der Woche im Tagesprogramm kaum ein Spielfilm zu sehen ist. Da in der Praxis bei amerikanischen Spielfilmen die meisten Jugendschutzprobleme auftreten, wird durch die Quotenregelung indirekt eine gewisse Regulierung zugunsten des Jugendschutzes geschaffen.

Jugendschutz im Fernsehen: Sache der Eltern?

In fast allen europäischen Ländern ist man der Meinung, dass die Kontrolle des Fernsehkonsums von Kindern und Jugendlichen Sache der Eltern und der Familie ist. Vor allem in Deutschland geht man jedoch davon aus, dass der Jugendschutz auch sehr stark in den Verantwortungsbereich der Sender fällt. Daher ist die Sendezeitgrenze für Programme, die sich an Erwachsene richten, in Deutschland mit 23.00 Uhr besonders streng.

In Frankreich setzt man statt auf Sendezeitbeschränkungen mehr auf Elterninformation. Der Conseil Superieur de l'Audiovisuel (CSA) hat in einem Erlass alle Sender dazu verpflichtet, ihre Programme auf dem Wege der Selbsteinschätzung hinsichtlich der Tauglichkeit für Jugendliche zu untersuchen. Wird ein Programm für Jugendliche als problematisch und riskant eingeschätzt, so wird dies durch ein optisches Symbol während der Sendung gekennzeichnet. Nur in Extremfällen sind damit auch Sendezeitbeschränkungen verbunden. Wenn Eltern wissen, dass ein Programm für ihre Kinder nicht geeignet ist, dann fällt die Entscheidung in ihren Verantwortungsbereich, ob das Kind diese Sendung sehen darf oder nicht.

Freigabekriterien in Europa

Generell verfolgen die Jugendschutzinstitutionen in den europäischen Ländern das Ziel, Jugendliche vor schädlichen Einflüssen der Medien, vor allem der audiovisuellen Medien, zu schützen. Die Vorstellungen darüber, welche mögliche Wirkung als schädlich anzusehen ist bzw. welcher Film geeignet ist, eine solche Wirkung zu erzeugen, gehen in Europa allerdings sehr weit auseinander.

In Deutschland verfolgt der Jugendschutz insbesondere folgende Ziele:

1. Gewalt darf nicht als normales, akzeptiertes Mittel zur Durchsetzung von Interessen und zur Lösung von Konflikten eingesetzt werden. Filme dürfen nicht den Krieg verherrlichen oder verharmlosen, sie dürfen Menschen nicht wegen ihrer Rasse, ihrer Religion oder Kultur herabsetzen.
2. Filme dürfen insbesondere mit ihren Gewaltdarstellungen Kinder und Jugendliche nicht übermäßig verängstigen oder traumatisieren.
3. Filme mit sexuellen Inhalten dürfen Sexualität nicht verabsolutieren, sie sollten Sexualität verbinden mit zwischenmenschlichen Bezügen, mit Gefühlen und mit der Verantwortung gegenüber dem Partner. Darüber hinaus muss die Gleichheit der Geschlechter beachtet werden.

Filme, die eine solche Wirkung auf eine der im Gesetz festgelegten Altersgruppen ausüben können, dürfen für die Altersgruppe nicht freigegeben werden. Es wird davon ausgegangen, dass das Wirkungsrisiko mit zunehmendem Alter abnimmt, dass sich im Laufe der Zeit eine höhere intellektuelle Verstehensfähigkeit entwickelt. Darüber hinaus wird vermutet, dass sich der Einfluss eines Films auf das Wertesystem eines Jugendlichen dann reduziert, wenn er bereits sein eigenes Wertesystem entwickelt hat. Die Fähigkeit, zwischen Realität und Fiktion zu unterscheiden, nimmt im Alter zu, genauso wie die Lebenserfahrungen, die es ermöglichen, Filme im Hinblick auf die Relevanz für das eigene Leben zu überprüfen.

Diese drei hier genannten Schutzzwecke gelten im Wesentlichen auch für die anderen europäischen Länder. Differenzen gibt es allerdings hinsichtlich der traumatisierenden Angst, die ein Film erzeugen kann. Dies spielt beispielsweise in Frankreich eine eher untergeordnete Rolle.

Wie auch immer, die Kriterien und Prüfergebnisse sind in den einzelnen Ländern sehr unterschiedlich. Vor allem in der Gewichtung des Freiheits- und des Schutzgedankens kommen sehr divergierende Entscheidungen zustande. In Großbritannien und Deutschland steht der Schutzgedanke eindeutig an erster Stelle, in Großbritannien gilt das auch für Erwachsene, in Deutschland bezieht sich der Schutzgedanke im Wesentlichen auf die Jugendfreigabe. In beiden Ländern werden aber Filme für die unteren Altersgruppen nur freigegeben, wenn man mit einiger Sicherheit annehmen kann, dass diese durch einen Film nicht beeinträchtigt oder gar gefährdet werden. In Frankreich hingegen gilt jeder Film erst einmal als Kunstwerk. Es ist Sache des Drehbuchautors und des Regisseurs, welches Thema er wählt und wie er es umsetzt. Nur wenn mit hoher Wahrscheinlichkeit einiges dafür spricht, dass der Film für die jüngeren Altersgruppen beeinträchtigend oder gefährdend wirken könnte, wird eine Freigabe unter 12 Jahren bzw. unter 16 Jahren verweigert.

Sehr unterschiedlich sind auch die Ansichten darüber, was Jugendliche verstehen und verkraften können und was nicht. In Frankreich vertritt man die Meinung, dass amerikanische Actionfilme französische Jugendliche kaum negativ beeinflussen können. Die Lebensrealität, die sich in diesen Filmen widerspiegelt, hat mit dem Leben in Paris oder Bordeaux nichts zu tun. Bereits Kinder können dies nach französischer Auffassung erkennen, sie können darüber hinaus den Film als Show und Theater identifizieren, da ihre Lebensrealität in diesen Filmen nicht gespiegelt wird. Viel vorsichtiger ist man dagegen bei Filmen, die einen konkreten Bezug zur Lebenswirklichkeit französischer Jugendlicher aufweisen, indem sie Jugendkriminalität in Vororten von Großstädten thematisieren. Dies könnten auch Jugendliche aus entsprechenden Gegenden von Paris oder Marseille auf ihre Lebenswirklichkeit übertragen. Ebenfalls kritisch wird es, wenn Filme den Selbstmord von Jugendlichen zeigen. In Frankreich scheint dies ein überproportional hohes Problem zu sein – wie in allen Ländern gibt es auch hier eine gewisse

Tendenz, zwischen realen gesellschaftlichen Phänomenen und den Vorbildern in Medien einen Zusammenhang herzustellen.

Das trifft, wenn auch zu einem anderen Thema, auf Großbritannien genauso zu. Dort sieht man die Gefahr, dass Kinder oder Jugendliche durch das Anschauen von gewalthaltigen Filmen direkt lernen können, wie man Verbrechen begeht und wie man eigene Interessen mit dem Einsatz von Gewalt durchsetzt. Ähnliche Befürchtungen hat man auch in den Niederlanden, dennoch traut man dort den Jugendlichen mehr Verstehensfähigkeit zu und ist deshalb in den Freigaben großzügiger.

In Großbritannien besteht zudem die Sorge, dass durch Stimulation von erotischen Darstellungen die Gefahr von sexuellem Missbrauch, von Vergewaltigung oder sexueller Gewalt mit anschließender Tötung des Opfers ausgeht. Die Angst der BBFC, Filme könnten direkt als Vorbild für Verbrechen dienen, hängt sicherlich nicht zuletzt damit zusammen, dass der Anteil von Jugendlichen, die im Laufe ihres Lebens wegen krimineller Delikte schon einmal im Gefängnis waren, überproportional hoch ist. Bei Filmen hingegen, in denen die Gewalt nicht unmittelbar von Menschen ausgeht und nicht im Rahmen eines kriminellen Verbrechens geschieht, ist man erheblich großzügiger. Der Film *Jurassic Park* und sein Nachfolger *Lost World* wurden in Großbritannien und in den Niederlanden ohne Altersbeschränkung (allerdings mit dem Warnhinweis PG) freigegeben, während in Deutschland die Freigabe ab 12 Jahren zu z. T. erheblichen Protesten geführt hat. Aber der Kampf von Dinosauriern gegen die Menschen scheint kein Vorbild für Verbrechen zu sein, insofern hält sich die Angst vor einer Beeinträchtigung oder Gefährdung in Grenzen.

Ähnlich wie in Deutschland wird dem Jugendschutz in der englischen Öffentlichkeit und in der Politik eine große Bedeutung beigemessen. Die Freigaben der BBFC werden regelmäßig kommentiert, bei Verbrechen, die in der Öffentlichkeit Aufsehen erregen, wird oft ohne Kenntnis der tatsächlichen Zusammenhänge eine Beziehung zu Filmvorbildern hergestellt. Gerade weil es sich bei der BBFC nicht um eine staatliche Institution handelt, ist der Anpassungsdruck an die öffentliche Meinung sehr hoch, nicht zuletzt auch aus der Sorge heraus, die Akzeptanz der Entscheidungen könnte bei den Kommunen (für das Kino) oder beim Innenministerium (für Videos) leiden.

Solche Probleme kennen die Institutionen, die direkt oder indirekt innerhalb eines Ministeriums untergebracht oder angesiedelt sind, nicht. Die französische Commission de Classification des Œuvres Cinématographiques hat selten mit Auflehnung der Bevölkerung gegen zu liberale Freigaben zu kämpfen. Zwar gab es auch in Frankreich vor einigen Jahren Proteste gegen die zu freizügige Ausstrahlung von Gewalt im Fernsehen, diese sind aber nach Einführung der Jugendschutzsymbole weitgehend abgeebbt.

Die Niederländische Filmkeuring hingegen muss sich mit ganz anderen Problemen auseinander setzen. Zwar sind die Niederländer weniger liberal als die Franzosen, aber doch erheblich großzügiger als die Briten und die Deutschen. Trotzdem gerät die Filmkeuring in der Öffentlichkeit und in der Politik häufig unter Beschuss, weil man dort im gesetzlichen Jugendschutz eine indirekte Form der Zensur sieht. In den letzten Jahren gab es im Parlament immer wieder Überlegungen, die Einstufungen der staatlichen Filmkeuring durch die Selbsteinschätzung der Anbieter zu ersetzen.

In den Niederlanden wird der Freiheitsgedanke besonders hoch geschätzt. Für über 16-Jährige existieren keine gesetzlichen Jugendschutzbeschränkungen mehr, strafrechtliche Reglementierungen von Gewaltdarstellungen oder von Pornographie gibt es nicht. Lediglich die Kinderpornographie ist verboten. Doch trotz oder gerade wegen dieser Liberalität kennt man dort den Kunstvorbehalt nicht. Während in den meisten europäischen Ländern bei Filmen, denen künstlerische Qualität zugeschrieben werden kann, die Interessen der Kunst gegen die des Jugendschutzes abgewogen werden müssen, spielt dieser Aspekt in den Niederlanden eine geringere Rolle. Bei *Romeo und Julia*, der selbst in Großbritannien und Deutschland eine Freigabe ab 12 erhalten hat, zeigte man sich in den Niederlanden hart und erteilte eine Freigabe ab 16 Jahren. Das gleiche Schicksal erlitt *Saving Private Ryan* von Steven Spielberg, ein Film, der trotz detaillierter Darstellungen von Kriegsgräueln in Deutschland eine Freigabe ab 12 Jahren erhielt mit der Begründung: Die dargestellte Grausamkeit schrecke ab und erzeuge eher eine Antihaltung gegenüber dem Krieg. In den Niederlanden erhielt der Film dagegen die Freigabe ab 16 Jahren.

Im Nachbarland Belgien sah man das anders. Dort erhielt er eine großzügige Freigabe ohne Altersbeschränkungen. In Belgien kann die uneingeschränkte Jugendfreigabe nur verhindert werden, wenn die Aussage eines

Films als unmoralisch gilt. Ein Film jedoch, der einen geschichtlichen Prozess einigermaßen realistisch darstellt, kann keine unmoralische Aussage treffen. Ob der 5-Jährige, der sich rein zufällig in diesen Film verirrt, die Kriegsgräuel psychisch verkraften kann oder nicht, spielt dabei keine Rolle. Schwierigkeiten bereitet den Belgiern vor allem, dass sie mangels Differenzierungsmöglichkeiten den Film nur ganz oder gar nicht freigeben können. Aber obwohl die Fachleute hier seit langem eine Nachbesserung anmahnen, ist bisher nichts geschehen. George Renier, Mitglied der Belgischen Filmkommission und hauptberuflich Jugendrichter in Brüssel, bekennt in einem Interview ganz offen: "Die Belgier haben diesbezüglich das schlechteste Gesetz in ganz Europa." Der Film *Snake Eyes*, der in den meisten europäischen Ländern eine ziemlich hohe Alterseinstufung erhielt, wurde in Belgien in der Berufungsinstanz ohne Altersbeschränkung freigegeben. Dagegen erhielt die Comicverfilmung *Batman I* (in Deutschland ab 12) keine Freigabe für die unter 16-Jährigen. Begründung: Der Film sei in seiner Wirkung unmoralisch, weil Batman als der Gute selbst oft zu kriminellen und illegalen Handlungen neige. Probleme hatten die Belgier auch mit dem Film *Das Leben ist schön*. Begründung: Das KZ sei kein Hintergrund für eine Komödie, das sei Geschichtsverfälschung.

Insgesamt gehen die Ansichten darüber, ob Krieg oder Gewaltkonflikte als Hintergrund für eine Komödie dienen dürfen, in Europa weit auseinander. In den Niederlanden ist man der Meinung, eine komödiantische Einbettung könne die Wirkung der Gewalt reduzieren. So wurden *Kevin allein zu Haus* und *Kevin allein in New York* trotz einiger Gewaltdarstellungen ohne Altersbeschränkungen freigegeben. In Norwegen hingegen ist man der Überzeugung, dass im Zusammenhang mit Gewaltdarstellungen kein Spaß erlaubt sei. Wenn man über Gewaltdarstellungen lachen könne, nähme man die Gewalt nicht ernst, was sie verharmlosen würde. In Deutschland liegt man etwa in der Mitte: Kinder unter 12 Jahren, so die gängige Spruchpraxis der FSK, seien kaum in der Lage, Ironie als Gestaltungsmittel zu verstehen.

Sehr unterschiedlich: Die Bewertung sexueller Darstellungen

Wenn es auch bei der Beurteilung von Gewaltdarstellungen sehr große Unterschiede gibt, so ist man sich doch letztlich in allen europäischen Ländern darüber einig, dass von Gewaltdarstellungen eine sozialschädliche Wirkung ausgehen kann. Geht es jedoch um die Beurteilung der Frage, welche Gefährdungen durch sexuelle Darstellungen entstehen können, erscheinen die Unterschiede fast unüberwindbar. Allein die Darstellung von nackten Menschen ist in Großbritannien ein Grund, einen Film nicht mehr ohne Altersbeschränkung freizugeben. Wie in keinem anderen Land Europas wird in Großbritannien besonders auf vulgäre Sprache ("bad language") geachtet. "One single fuck", so der langjährige Direktor der BBFC, James Ferman, reiche aus, um einem Film die generelle Jugendfreigabe zu verweigern. Die Filmwirtschaft macht sich das auf ihre Weise zunutze. Denn manchmal ist es für das Marketing eines Films gar nicht schlecht, wenn er erst ab 12 Jahren freigegeben wird – und unter diesem Gesichtspunkt betrachtet, lässt man durchaus gerne einmal jemanden fluchen.

Selbstverständlich sind pornographische Filme in britischen Kinos nicht erlaubt. Bei Videos kann die BBFC die Erwachsenenfreigabe davon abhängig machen, dass die Kassetten nur in besonders gekennzeichneten Sexshops zugänglich gemacht werden, die Kinder und Jugendliche nicht betreten dürfen. Aber dem Innenministerium erscheint die Freigabepraxis der BBFC zu liberal. Im letzten Jahr wurden einige Kassetten, deren Verbreitung in Sexshops von der BBFC erlaubt worden war, polizeilich beschlagnahmt. Das Innenministerium gab der Beurteilung der Polizisten Recht. Inzwischen ist die BBFC vorsichtiger geworden und gibt auch für Erwachsene und Sexshops keine Erotikfilme frei, in denen Geschlechtsteile zu sehen sind.

In Schweden hat man für so viel Angst vor erotischen Darstellungen kein Verständnis. Dort legt man den Schwerpunkt des Jugendschutzes eindeutig auf die Darstellung von Gewalt, in der Stimulans durch Geschlechtsverkehr kann man hingegen keinerlei Gefährdung erkennen. Ab 15 Jahren ist in Schweden alles erlaubt, was man sich an sexuellen Darstellungen vorstellen kann. "Solange die Leute nett zueinander sind, handelt es sich nicht um Pornographie", so Erik Wallander, stellvertretender Direktor des Statens Biograph Büro in Stockholm. Gemeint ist damit, dass man in Schweden sexuelle Beziehungen als Privatsache ansieht. Solange Menschen sich im gegenseitigen Einvernehmen auf bestimmte Sexualpraktiken einigen, wird dies akzeptiert. Auch wenn Sexualität ohne jeden Beziehungszusammenhang dargestellt wird, spricht man nicht von Pornographie. Erst wenn diese Ebene der Verhandlungsmoral verlassen wird und die sexuelle Befriedigung des einen durch die Unterdrückung des anderen (vor allem mit Gewalt) erreicht wird, hört die Liberalität auf. Wird das Prinzip der Gleichberechtigung und der Freiwilligkeit beider Partner verlassen, dann wird auch in Schweden der Film verboten.

In Dänemark und in den Niederlanden hält man ebenfalls eine Gefährdung Jugendlicher durch das Ansehen von erotischen oder pornographischen Filmen nicht für besonders wahrscheinlich. Die Neugierde von Kindern an sexuellen Darstellungen wird als etwas Natürliches angesehen. Die Angst der Briten und Deutschen, Jugendliche könnten von ausschließlich auf sexuelle Stimulation ausgerichteten Filmen zu einem beziehungs- und auch verantwortungslosen Sexualverhalten erzogen werden, wird in den Niederlanden nicht geteilt. Denn Pornographie sei ja nicht die einzige Informationsquelle über die Integration von Sexualität in verantwortliches Handeln, das sich Jugendlichen bietet.

Auch in Frankreich geht man mit der Darstellung von Sexualität im Film verhältnismäßig großzügig um. Obwohl die Ausstrahlung von Pornographie im Fernsehen aufgrund der Europäischen Fernsehrichtlinie grundsätzlich verboten ist, erlaubt der CSA dem Pay-TV-Sender Canal + einmal in der Woche nach 24.00 Uhr die Ausstrahlung eines Hardcore-Pornos. Auch mit der Definition von Pornographie ist man in Frankreich großzügig. Solange ein Film irgendeine Form von Handlung aufweist, gilt er nicht als pornographisch. Die Darstellung von Geschlechtsteilen in Großaufnahme allein ist noch kein Kriterium, einen Film als pornographisch einzustufen.

Auf einer Veranstaltung der Landesmedienanstalten ("Fernsehen ohne Grenzen", 1990) führte eine Vertreterin des öffentlich-rechtlichen Fernsehens in Dänemark eine Aufklärungsserie für Pubertierende vor, in der über mehrere Minuten die Masturbation eines etwa 14-jährigen Mädchens unter der Dusche gezeigt wurde. Der Film war in Dänemark im Nachmittagsprogramm ausgestrahlt worden, bei den britischen Kollegen herrschte Einigkeit darüber, dass in Großbritannien eine Ausstrahlung dieses Films nicht einmal im Nachtprogramm in Frage käme.

In Deutschland hat die Diskussion über die Kriterien zur Pornographie in den letzten Jahren wieder zugenommen. Während seit der Strafrechtsreform 1971 in der Rechtspraxis Erotikfilme von pornographischen Filmen vor allem dadurch unterschieden wurden, dass erstere keine Geschlechtsteile abbildeten, wird heute vor allem bei den für das private Fernsehen zuständigen Aufsichtsbehörden die Meinung vertreten, Filme seien dann bereits pornographisch, wenn sie Sexualität losgelöst von einer außersexuellen Handlung zeigen, wenn die handelnden Personen ausschließlich sexuell agieren, ohne dass eine zwischenmenschliche Beziehung festzustellen ist –, wenn die Partner also austauschbar sind. Grund für diese neuerliche Diskussion war die Ausstrahlung von Filmen im Pay-TV, die im Grenzbereich zwischen Erotikfilmen und Pornographie lagen. Es ist abzusehen, dass die Frage der Definition von Pornographie demnächst die Gerichte beschäftigen wird. Das Ergebnis könnte sowohl eine Verschärfung als auch eine Liberalisierung der gegenwärtigen Rechtspraxis bedeuten.

Ist eine Harmonisierung möglich?

Die hier dargestellten Vergleiche zeigen, dass sowohl die gesetzlichen Voraussetzungen, die Organisationsformen der Prüfinstitutionen als auch die Alterskategorien und die Kriterien in den europäischen Ländern weit auseinander gehen. Das jeweilige System ist in den meisten Ländern tief im kulturellen und traditionellen Kontext verwurzelt, und deshalb ist nicht zu erwarten, dass ohne Druck von außen eine Bereitschaft zur Harmonisierung besteht. Vor allem liberal denkende Länder wie Frankreich fürchten, von anderen europäischen Ländern strengere Jugendschutzbestimmungen vorgeschrieben zu bekommen; auf der anderen Seite sorgen sich Länder wie Großbritannien und Deutschland, dass durch eine Harmonisierung die strengen Kriterien liberalisiert werden könnten. Hinter diesem Streit der Institutionen verbirgt sich ein Gegensatz der Kulturen und der damit verbundenen Einstellung der jeweiligen Bevölkerung: Das Interesse an Jugendschutz ist in der Öffentlichkeit der Länder sehr unterschiedlich, die Befürchtung, reale Gewalt könne mit medialer Gewalt zusammenhängen, wird in Deutschland und Großbritannien sehr häufig, in Frankreich oder Portugal praktisch gar nicht öffentlich vertreten.

So könnten sich die Fachleute der Prüfinstitutionen wohl eher auf gemeinsame Kriterien einigen, als dass die jeweiligen Bevölkerungen dies akzeptieren würden. Zwischen der Niederländischen Filmkeuring und der deutschen FSK und der für das Fernsehen zuständigen FSF besteht seit etwa zehn Jahren ein regelmäßiger Prüferaustausch, und obwohl zu Beginn dieser Zusammenarbeit die Kriterien weit auseinander lagen, haben sich die Freigabeentscheidungen immer mehr angeglichen. Dieses Beispiel macht Hoffnung, dass durch regelmäßige Kontakte und Kooperation eine Harmonisierung selbst bei unterschiedlichen Ausgangspositionen möglich ist. Dazu braucht es allerdings Zeit, zumal die sich dadurch verändernden Kriterien auch der Öffentlichkeit vermittelt werden müssen. Das scheint in den Niederlanden und Deutschland gelungen zu sein. Seit einiger Zeit gibt es eine solche Zusammenarbeit auch mit der Österreichischen Bundesfilmkommission – die Erfahrungen sind ähnlich. Nur durch langfristige Annäherungsprozesse kann eine solche Kooperation erreicht werden, nicht aber durch zentrale, synthetische europäische Vorgaben.

Trotzdem ist eine, auf die direkte Prüfung bezogene Zusammenarbeit mit anderen europäischen Ländern bisher noch nicht etabliert. Problematisch sind hier vor allem die hohen Kosten, die mit einem regelmäßigen Prüferaustausch verbunden sind. Es wäre hilfreich, wenn solche Aktivitäten von der Europäischen Kommission stärker unterstützt würden.

Die DVD zwingt uns in der gegenwärtigen Situation besonders, darüber nachzudenken, welche Folgen die europäische Herstellung und Vermarktung eines Mediums unter Beibehaltung der nationalen Jugendschutzkompetenzen haben: die nationale Herstellung der DVD ist nicht wirtschaftlich, und so wird sie mehrsprachig in einem Land für den gesamten europäischen Markt produziert. Da derzeit weitgehend bereits im Kino oder auf Video veröffentlichte Filme auf DVD herausgebracht werden, ist bei der Produktion die Freigabe aller relevanten Länder (bei denen eine Videoprüfung vorgeschrieben ist) bekannt. So kann sich ein 15-jähriger Jugendlicher in London davon überzeugen, dass er einen Film auf DVD nicht erwerben oder mieten darf, obwohl dies in Frankreich oder den Niederlanden theoretisch bereits einem 3-jährigen Kind erlaubt ist. Darunter wird die Glaubwürdigkeit des Jugendschutzes aller Wahrscheinlichkeit nach leiden. Noch schwieriger aber wird es, wenn neue, noch nicht in allen Ländern klassifizierte

Filme auf DVD herausgebracht werden. Denn dann muss die Produktion so lange warten, bis der Film in jedem Land eine Videofreigabe erhalten hat.

Grundsätzlich macht es also Sinn, über ein europäisches Modell nachzudenken – besonders für die Medien, die grenzüberschreitend vermarktet werden. Dies würde, bei allem Vorbehalt, den tatsächlichen Entwicklungen des Marktes und der Technik in naher Zukunft wohl am ehesten gerecht, kann aber nur im Rahmen eines längeren Prozesses verwirklicht werden. Dazu müssten die nationalen Filmprüfstellen noch für eine gewisse Zeit ihre Funktion behalten, um von europäischen Entscheidungen abweichen zu können. Harmonisierung ist perspektivisch möglich, aber sie lässt sich nicht erzwingen.

Jugend und Medien in Europa – Perspektiven europäischer Vielfalt

Hans-Jürgen Wirth

Die Jugend schützen: Zum kulturell definierten Verhältnis von Kindern, Jugendlichen und Erwachsenen

Vorbemerkung

Bei den allgegenwärtigen Diskussionen über die Probleme in und mit der Jugend pflegen häufig zwei Parteien gegeneinander anzutreten: Die einen betrachten die Jugendlichen als schutzbedürftige Wesen, die vor den schädigenden Einflüssen der bösen Gesellschaft bewahrt werden müssen und betonen mit Anna Freud (1936, S. 125) voll Respekt die Weite und Uneingeschränktheit des jugendlichen Denkens, (...) das Maß an Einfühlung und Verständnis, die scheinbare Überlegenheit und gelegentlich fast Weisheit in der Behandlung schwieriger Probleme, die den jugendlichen Menschen auszeichne. Sie fordern Schonräume und psychosoziale Moratorien (Erikson 1959), damit Kinder und Jugendliche sich ungehindert entwickeln und reifen können. Die andere, entgegengesetzte Auffassung sieht ihrerseits im ungezügelten Wesen der Kinder und Jugendlichen eine potentielle Gefährdung der älteren Generation, der öffentlichen Ordnung und der Gesellschaft schlechthin. Man fühlt sich durch steigende Jugendkriminalität, permissive Sexualmoral, jugendkulturelle Ausdrucksweisen, materielle Ansprüchlichkeit etc. bedroht und fordert, die Gesellschaft und die Kultur vor der ungezügelten Triebhaftigkeit der Jugend zu schützen durch mehr Konsequenz in der Erziehung und härtere Gesetze.

Die eine Seite neigt zur Idealisierung von Jugend, während die andere im Stil der Sündenbock-Suche ihre eigene negative Identität auf die Jugend projiziert (vgl. Wirth 1989). Beide Haltungen werden der Realität von Jugendlichen nicht gerecht. Gleichwohl muss man sich darauf gefasst machen, dass es bei Diskussionen über die Jugend zu einer Polarisierung zwischen diesen Positionen kommt. In dieser Dynamik spielt eine wichtige Rolle, dass die Erwachsenen – seien es nun Pädagogen, Sozialarbeiter, Jugendforscher, Politiker oder Medienfachleute – durch den Kontakt mit ihrem jugendlichen Klientel an ihre eigene Jugend erinnert und mit der Frage konfrontiert wer den, wie sie selbst mit den Konflikten ihrer eigenen Adoleszenz fertig geworden sind, speziell, welchen Kompromiss zwischen Trieb- und Affektdynamik einerseits und der Anpassung und der Verinnerlichung gesellschaftlicher Normen andererseits sie gefunden haben. Insofern müssen wir uns als Jugendschützer auch immer selbstkritisch fragen, ob wir nicht einer Projektion eigener kindlicher Schutzbedürfnisse auf die Jugend oder auch einer Idealisierung jugendlicher Unschuld erliegen, wenn wir glauben, die Jugend vor dem Bösen in Schutz nehmen zu müssen.

Ich werde im Folgenden zunächst einige allgemeine Aspekte zur Psychodynamik der Adoleszenz unter psychoanalytischer Perspektive ausführen, danach einen Überblick geben über das Bild von Jugend, wie es sich in einigen empirischen sozialwissenschaftlichen Studien der letzten Jahrzehnte darstellt und schließlich zu den besonderen Risiken der Adoleszenz Stellung nehmen.

Zur Psychodynamik der Adoleszenz

Dichter und Wissenschaftler, aber auch Jugendliche selbst haben immer wieder in bunten Farben die tief greifenden Veränderungen im seelischen und sozialen Leben ausgemalt, die mit der Pubertät und der Adoleszenz in Gang gesetzt werden. Mit der biologisch bedingten krisenhaften Veränderung seiner Persönlichkeit, der Ablösung von seinen Eltern und der in Aussicht stehenden Teilhabe an der Erwachsenenwelt geht für den Adoleszenten eine Verflüssigung seiner Persönlichkeitsstrukturen einher, die als eine zweite Chance zur Individuation verstanden werden kann (vgl. Eissler 1958; Blos 1967; Erdheim 1982, 1983; Wirth 1984, 1996).

Das labile adoleszente Ich erträgt keine Grautöne. Es will scharf unterscheiden zwischen gut und böse, schwarz und weiß, Liebe und Hass, Freund und Feind. Dies verleiht der adoleszenten Kritik an gesellschaftlichen Missständen zwar oft eine hellsichtige, häufig aber auch einseitige und holzschnittartige Qualität (vgl. Leuzinger-Bohleber/Mahler 1993, S. 25). Zu dieser adoleszenten Radikalität des Denkens und Fühlens gehören typischerweise ausgeprägte Omnipotenzphantasien. Der Jugendliche wehrt sich mit ihrer Hilfe gegen schwere Minderwertigkeitsgefühle, die daher rühren, dass er die elterlichen Wertesysteme und sein bisheriges von den Eltern übernommenes Ich-Ideal hinterfragt und teilweise aufgibt, jedoch noch um eine eigene persönliche Welt- und Selbst-Interpretation ringen muss. Er erlebt sich in dieser Phase des Übergangs als labil, geschwächt und unsicher. Hier helfen ihm die Größenphantasien, in denen sich der Adoleszente als der Größte, der Klügste und als Retter der Menschheit phantasiert. Für den adoleszenten Entwicklungsprozess sind diese Tagträume wichtig, geben sie ihm doch den Elan und den Mut, alles Bisherige in Frage zu stellen. Wichtig ist, dass es zu einem spielerisch-kreativen Umgang mit solchen Omnipotenzphantasien kommt. So können sie als eine Art Probehandeln, in dem der Adoleszente neue Rollen und Identitäten ausprobiert, genutzt werden. Besteht wenig innerer oder äußerer Spielraum zum Entwickeln solcher Omnipotenzphantasien oder erfolgt eine zu schnelle Desillusionierung, so kommt es zu Enttäuschungsreaktionen und narzisstischer Wut.

Zu den zentralen entwicklungspsychologischen Aufgaben, die jeder Jugendliche in der Adoleszenz bewältigen muss, gehören:

1. die Integration narzisstischer Vorstellungen von der eigenen Größe in ein realitätsgerechtes Selbstbild und die Integration in die soziale Gemeinschaft,
2. die Lösung der libidinösen Bindungen an die Eltern, der Umgang mit Sexualität und die Erprobung von Partnerschaften,
3. die psychische Integration aggressiver Impulse und
4. die Entwicklung einer eigenen Identität.

In der Adoleszenz besteht fraglos eine besondere Empfänglichkeit für die in den Medien angebotenen Produkte, insbesondere auch für diejenigen, die viele Pädagogen als problematisch ansehen. Die Medien bieten zahllose Identifikationsangebote und kommen dem Bedürfnis des Adoleszenten nach Idealisierung von Helden-Figuren entgegen. Die Identifikationsangebote der Medien können dem Jugendlichen einerseits als Vorbilder, die seine Phantasie anregen, aber andererseits auch als Illusionen und als Angebot zur verkürzten Identitätsbildung dienen.

Jugend im Spiegel sozialwissenschaftlicher Studien

Ich komme nun unter soziologischen Gesichtspunkten zu den gesellschaftlichen Bedingungen, die die Adoleszenz in der heutigen Gesellschaft strukturieren, wobei ich einschränkend betonen muss, dass ich mich ausschließlich auf die Verhältnisse in der Bundesrepublik beziehe.

Wie soziologische Untersuchungen zeigen, hat seit den sechziger Jahren in der Bundesrepublik ein Wandel der Familienstrukturen stattgefunden: Es wird seltener und später geheiratet. Zugleich werden Ehen häufiger geschieden, inzwischen nahezu jede dritte Ehe, in Großstädten bereits jede zweite (vgl. Beck 1986, S. 163). Immer mehr Erwachsene leben als Singles, der Anteil allein erziehender Eltern ist erheblich gewachsen. Außerdem sind die Familien kleiner als früher: Ein- und Zwei-Kind-Familien überwiegen bei weitem (vgl. Nave-Herz 1988, S. 73 ff.).

Wenn man sich jedoch aufgrund dieser Entwicklungstendenzen die Vorstellung von einer sich langsam auflösenden traditionellen Familie macht, wird man durch die Ergebnisse der Jugendforschung der achtziger und neunziger Jahre einigermaßen überrascht sein: Wie verschiedene repräsentative Studien zeigen, lebt der übergroße Teil der Jugendlichen auch heute noch in der elterlichen Familie. Die meisten Jugendlichen leben mit Vater und Mutter in einer Familie, wobei der Anteil der vollständigen Ursprungsfamilien unerwartet hoch ist. Die Familienverhältnisse der Jugendlichen sind normaler als gemeinhin angenommen wird: 90 % der heute 14- bis 24-Jährigen haben bis zum 14. Lebensjahr immer mit beiden Eltern zusammengelebt (Utzmann-Krombholz 1994, S. 11).

Diese Ergebnisse sind zumindest eine Warnung davor, allzu kulturpessimistischen Einschätzungen über den Zerfall der Familie, den Verlust an familiärer Geborgenheit und der bis in die Primärbeziehungen hineinreichenden emotionalen Kälte vorschnell Glauben zu schenken. Ganz abgesehen davon dürfen Scheidung und Alleinerziehung nicht umstandslos mit dem Verlust an Geborgenheit und mit kindlichem Unglück gleichgesetzt werden (vgl. Steffens 1994, S. 489).

Gleichwohl hat seit den sechziger Jahren ein tief gehender Strukturwandel der Jugendphase stattgefunden, der sich durch folgende Stichpunkte charakterisieren lässt:

1. Verstärkte Übernahme von Erziehungsfunktionen durch außerfamiliäre Institutionen,
2. Wandel der familiären Machtbalance zwischen Männern und Frauen,
3. Verlängerung der Ausbildungsphase verbunden mit der Anforderung zur Individualisierung,
4. Pluralisierung von Lebensstilen und Lebensentwürfen und
5. Destandardisierung und Biographisierung der Jugendphase.

Auf einige dieser Stichpunkte will ich jetzt genauer eingehen und jeweils einige Gedanken anschließen, die den Umgang mit den Medien betreffen.

Außerfamiliäre Sozialisation

Die Sozialisation der Jugendlichen wird mehr und mehr aus der unmittelbaren Lebenswelt der Familie, der Nachbarschaft, der Arbeit verlagert in eigens geschaffene Institutionen, Kindergärten, Schulen, Hochschulen usw. (vgl. Baethge 1988). Diese Entwicklung hat zwei Seiten: Einerseits wird die Autorität der Eltern geschwächt. Insbesondere das Orientierungswissen des Vaters wird durch die Konkurrenz der außerfamilialen Sozialisationsagenturen, insbesondere auch durch die Medien, entwertet und ersetzt.

Die andere Seite dieses Prozesses wird dabei leicht unterschlagen: Diese Entwicklung bewirkt nämlich auch, dass die Eltern von Erziehungsaufgaben und den damit verbundenen Disziplinierungsmaßnahmen entlastet werden. Die Eltern müssen sich nicht mehr als Stellvertreter übergeordneter Kontrollinstanzen verstehen (vgl. Zinnecker 1985, S. 254). Der Weg wird frei für partnerschaftlich orientierte Beziehungen zwischen Eltern und Kindern und damit verbundenen liberaleren Umgangsformen (Neuhäuser 1993, S. 23).

Medien – insbesondere Fernsehen – schaffen gemeinsame Bezugspunkte. Der partnerschaftliche Umgang zwischen Eltern und Kindern, das Eindringen jugendspezifischer Werte und Ausdrucksformen in die Kultur der Erwachsenen lässt gemeinsame Bezugspunkte von Jung und Alt entstehen.

Aktuelles Beispiel: Die Konzerte der Rolling Stones werden gemeinsam von 68er-Eltern und ihren Kindern besucht. Oder: Die *Harald-Schmidt-Show* ist für Jung und Alt interessant. Überhaupt ist das Fernsehen ein mächtiger kultureller Gleichmacher. Er schafft alters-, schicht-, milieu-, kultur- und gesellschaftsübergreifende kulturelle Standards und Bezugspunkte. Das hat sowohl positive als auch negative Aspekte.

Wandel familiärer Strukturen

Der Mann hat seine unbestrittene Position als Autoritäts- und Respektsperson und auch als alleiniger Ernährer der Familie verloren. Die Frau hat eine bis dahin nie gekannte Selbständigkeit erreicht und gleichzeitig an innerfamiliärer Autorität gewonnen. Das Bildungsniveau der jungen Frauen ist enorm gestiegen. Seit Beginn der fünfziger Jahre hat sich die Zahl derer, die eine höhere Schulausbildung absolviert haben, bei den Jungen fast verdoppelt und bei den Mädchen fast verdreifacht (vgl. Beck 1986, S. 128). Die Bildungsexpansion war im Wesentlichen auch eine Bildungsexpansion für die Frauen (ebd.). Ulrich Beck spricht sogar von einer Feminisierung der Bildung (ebd.).

Von der Entwicklungspsychologie wurde in den letzten Jahren die Bedeutung des Vaters neu entdeckt. Schon in den ersten Lebensjahren besteht ein Vater-Hunger (Mertens 1992, S. 149). Söhne unternehmen alles Mögliche, um sich der Aufmerksamkeit, Liebe und Anerkennung ihres Vaters zu versichern, ein Thema, das in dem Film *Denn sie wissen nicht, was sie tun* mit James Dean ausdrucksvoll dargestellt wird (vgl. Wirth 1984, S. 86).

Bleibt die Vater-Sehnsucht und das Identifizierungsbedürfnis ungestillt, weil der Vater real abwesend oder emotional nicht verfügbar ist, identifizieren sich Kinder und Jugendliche mit den Heldenfiguren, die ihnen die Medien anbieten. Ein emotional schwacher oder abwesender Vater verweist den Sohn an die Mutter zurück, von der sich der kleine Junge gerade abzulösen bemüht (vgl. Mertens 1992, S. 150). Um der symbiotischen Verstrickung mit der Mutter zu entfliehen, identifiziert sich der Junge mit den Supermann-Figuren, die für ihn Männlichkeit, Dominanz, Überlegenheit, Autonomie und aggressive Rivalität symbolisieren.

Gelingt es der Familie – aus welchen Gründen auch immer – nicht, emotionale Stabilität und Reifung des Jugendlichen zu gewährleisten, sucht sich der Jugendliche häufig im Medienkonsum sowohl Orientierung als auch emotionalen Halt und affektive Abfuhr für seine unbewältigten Konflikte. Familienserien können beispielsweise die Funktion haben, eine virtuelle Ersatzfamilie zu bilden, gewalthaltige Filme können benutzt werden, um eigene Ohnmachtserfahrungen zu kompensieren, und pornographische Filme können ein Ventil sein, um sich von eigenen unbewältigten sexuellen Konflikten und Erlebnissen zu entlasten.

Individualisierung und Verschulung der Jugendphase

Individualisierung ist nicht nur eine Freiheit, sondern stellt auch eine Anforderung an das Individuum dar. Individualität zu entwickeln, ist ein durch die Gesellschaft erzwungener Anspruch an die einzelnen Gesellschaftsmitglieder. Die Individualisierungsprozesse lösen den Einzelnen aus traditionellen Bindungen und Versorgungsbezügen heraus, konfrontieren ihn aber stattdessen mit den Zwängen gesellschaftlicher Institutionen, die er selbst nur wenig beeinflussen kann. Er ist vor allem mit den Anforderungen des Arbeitsmarktes, aber auch denen, die das Bildungssystem und die sozialpolitischen Versorgungssysteme an ihn stellen, konfrontiert. Der gesellschaftliche Status und der soziale Erfolg werden vom Individuum einzig und allein als Resultat der eigenen Leistung interpretiert. Damit wird Leistung zu einem entscheidenden Kriterium für die Identität und das Selbstwertgefühl (vgl. Engel/Hurrelmann 1990, S. 45 ff.). Leistungskonflikte werden somit zu einer Schwachstelle jugendlicher Identitätsbildung.

Hier sind insbesondere zwei Gefahren zu nennen: Einerseits die Ausbildung einer rein leistungsbezogenen Pseudoidentität, bei der die emotionale und soziale Identitätsbildung auf der Strecke bleibt. Beispiel sind die psychosomatischen Störungsbilder der Magersucht und der Bulimie bei Mädchen und der sozial isolierte, naturwissenschaftlich erfolgreiche Computer-Freak bei Jungen. Die zweite Gefahr besteht andererseits in der verkürzten

Identitätsbildung über die illusionäre Identifikation mit Heldengestalten aus den Medien.

Risiken der Adoleszenz

Wenn es tatsächlich so ist, dass Individualisierung, dass Bildung und Ausbildung eine ganz zentrale Bedeutung zukommt bei der Frage, welche Stellung ein Individuum in der Gesellschaft einnimmt, dann sind zum einen die Zugangsvoraussetzungen zu den Bildungsinstitutionen und zum anderen die tatsächlich erreichten Leistungserfolge in der gewählten Schulform entscheidende Kriterien sowohl für die Zuteilung von gesellschaftlichen Chancen als auch für das psychische Befinden, das Selbstwertgefühl usw. Ich will das beispielhaft an einem Problemkreis verdeutlichen, der für die Gesundheitswissenschaften relevant ist: Es gehört zu den gesicherten Grundlagen der Gesundheitswissenschaften, dass Rauchen, Übergewicht, Bewegungsmangel und übermäßiger Alkoholgenuss als Verhaltensweisen einzuordnen sind, die das Risiko dramatisch erhöhen, an einer der so genannten Zivilisationskrankheiten zu erkranken. Diese meist chronisch verlaufenden Krankheiten entwickeln sich über Jahre hinweg, werden häufig erst im Erwachsenenalter manifest, ihre Grundlagen werden aber bereits im Kindes- und Jugendalter durch gesundheitsriskante Verhaltens- und Lebensweisen ausgebildet und verfestigt. Insofern ist es interessant, wie Jugendliche mit solchen Risiken umgehen.

In einer Studie von Fend (1990) ist der Zeitpunkt des Einstiegs in den Nikotingenuss in hohem Maße vom Bildungsniveau abhängig: Von den 13-jährigen Hauptschülern rauchen ca. 15 % täglich drei und mehr Zigaretten, von den Gymnasiasten nur 2,5 %. Mädchen beginnen zwar etwas später zu rauchen, sie überholen die Jungen aber ab dem 14. Lebensjahr (Fend 1990, S. 156). In die gleiche Richtung gehen auch die Ergebnisse bzgl. des Alkoholkonsums: Gymnasiasten trinken deutlich seltener regelmäßig Alkohol als Hauptschüler. Übrigens besteht in beiden Punkten eine Tendenz zur Angleichung der Geschlechter, während die Bildungsunterschiede über die Zeit immer deutlicher hervortreten. Eine Problemgruppe zeichnet sich ganz deutlich ab: Männliche Hauptschüler auf dem Lande. Sie sind im Alter von

15 Jahren zu 26 % regelmäßige Raucher, 23 % trinken täglich alkoholische Getränke (vgl. Fend 1990, S. 159).

Zieht man neben soziographischen auch noch psychosoziale Kriterien mit heran, wird das Bild noch differenzierter: Regelmäßiges Rauchen ist im Jugendalter vor allem mit einer Distanzierung von schulischen Leistungsanforderungen, mit größerem Absentismus und größerer Distanz gegenüber den Lehrern verbunden (ebd., S. 163). Im Persönlichkeitsprofil zeichnen sich die jugendlichen Raucher vor allem durch geringere Leistungsorientierung und geringerer Ich-Stärke aus. Die Beziehung zu den Eltern wird als problematischer geschildert als bei den nicht rauchenden Altersgenossen.

Mehrere Indikatoren verweisen darauf, dass Raucher einen anderen Weg der eigenen Selbststabilisierung als den über die Bewährung im schulischen Erfolgssystem und im Rahmen der familiären Situation suchen. Sie sind stärker an der Altersgruppe orientiert, ihre soziale Geltung und ihre Beliebtheit ist ihnen wichtiger, sie beteiligen sich häufiger an Aktivitäten, die ihnen Ansehen verschaffen sollen (ebd., S. 175). Jugendliches Risikoverhalten kann insofern als Versuch interpretiert werden, angesichts versperrter Erfolgswege andere Formen der symbolischen Selbsterhöhung und Selbstbestätigung zu suchen (ebd., S. 176).

Das ganze Problem ist allerdings noch komplexer als bislang dargestellt. Die Gruppe der Raucher ist nämlich nicht homogen. Sie setzt sich einmal aus Heranwachsenden mit einem ausgeprägten Kompensationsbedürfnis für ihre persönlichen Probleme zusammen und zum anderen aus intellektuellen Jugendlichen, die das Bedürfnis haben, sich demonstrativ von der offiziellen Kultur zu distanzieren (ebd., S. 165). Das zeigt sich unter anderem daran, dass Schüler, die sich an schulischen Mitbestimmungsmöglichkeiten beteiligen, häufiger rauchen. Diese Jugendlichen verbinden mit dem Rauchen eine Distanzierungssymbolik von einer kritisierten offiziellen Kultur (ebd., S. 165 f.). Trotz gleichen manifesten Verhaltens zeigt sich bei der einen Gruppe mehr das Risiko, bei der anderen Gruppe von Jugendlichen mehr der Möglichkeitsraum der Adoleszenz.

Der Adoleszente sucht das Risiko, die Grenzerfahrung, das Abenteuer. Er will auch die Negativ-Erfahrung durchleben, um zu wissen, wie sie sich anfühlt. Der Adoleszente empfindet eine Lust am Risiko. Diese Risikolust ist sozusagen adoleszenztypisch, d. h. sie ist im Prinzip nicht davon abhängig, ob der Jugendliche ein gutes oder ein schlechtes Familienleben erfahren hat. Es kann sogar so sein, dass ein besonders gutes und harmonisches Familienklima beim Jugendlichen zu einer besonders krassen Risikosuche und Abenteuerlust führt, sozusagen als Kontrastprogramm und zur Abgrenzung von zu Hause.

Was ich hier beispielhaft für das Rauchen und Trinken ausgeführt habe, gilt in ähnlicher Weise auch für andere Formen des Risikoverhaltens, z. B. für Drogengebrauch, Motorrad fahren, riskante Sportarten, Trampen, für die Teilnahme an Demos und andere Formen der Risikosuche. In diesem Zusammenhang ist noch erwähnenswert, dass in der Altersgruppe der 15- bis 20-Jährigen Suizide und Unfälle mit tödlichem Ausgang überproportional häufig vorkommen. Unfälle sind sogar die häufigste Todesursache im Kindes- und Jugendalter, wobei bei den 15- bis 25-Jährigen die große Geschlechtsdifferenz auffällt: Männliche Jugendliche sterben sehr viel häufiger infolge von Unfällen als weibliche. Hier liegt wahrscheinlich die größere Risikobereitschaft, ein absichtsvolles Unterschätzen von realen Gefahren, das typisch für die traditionelle Männlichkeitsideologie ist, zugrunde. Gerade männliche Jugendliche, die sich ihrer Männlichkeit sehr unsicher sind, können dazu neigen, die traditionelle Männlichkeitsideologie in übersteigerter Form zu zelebrieren. Auch die hohe Jugendkriminalität unter jungen Männern ist unter diesem Aspekt zu sehen.

Die mediale Konfrontation mit Gewalt, Pornographie und Horror ist ebenfalls als eine Risikosuche zu verstehen. Der Jugendliche sucht auch die mediale Grenzerfahrung, um zu erleben, wie er mit diesen Phänomenen zurechtkommt, wie er sie aushält, und sei es auch nur, um sich darüber lustig zu machen und sich davon zu distanzieren.

Psychoanalytisch gesehen konfrontieren uns Horrorfilme mit dem Urbild des Unbewussten, mit der dunklen Seite der menschlichen Seele. Wie Freud (1919) in seiner Arbeit über "Das Unheimliche" dargelegt hat, wirkt der Horror deshalb so unheimlich, weil in ihm Verdrängtes oder überwunden geglaubtes Bekanntes wiederkehrt. Vor einigen Tagen habe ich eine spontane Gruppendiskussion initiiert mit meinen beiden 17- und 19-jährigen Söhnen und einigen ihrer Freunde, die Folgendes ergab: Man schaut sich Horrorfilme meistens gemeinsam an, auch weil man sie dann besser verkraften kann. Als besonders angstauslösende Filme, die auch zu Alpträumen führten, wurde Michael Jacksons Video *Thriller* erinnert, in dem sich dieser in einen Wolf verwandelt. Der heute 20-jährige Jugendliche hatte diesen Film gesehen, als er ca. zehn Jahre alt war, konnte sich aber noch lebhaft an seine Angstgefühle erinnern. Mein Sohn warf mir in diesem Zusammenhang vor, ich sei unglaubwürdig, wenn ich auf der einen Seite die Jugend vor Horrorfilmen schützen wolle durch das Verbot entsprechender Fernsehfilme, andererseits ihm jedoch in seiner Kindheit Alpträume bereitet hätte, indem ich ihm das Buch *Wo die wilden Kerle wohnen* von Maurice Sendak vorlas und ein Poster in seinem Kinderzimmer aufhängte. Er habe sich als Kind beim Zubettgehen immer vor diesen wilden Kerlen gefürchtet.

Diese Beispiele demonstrieren, wie schwierig Jugendmedienschutz ist. Die Konfrontation mit angstauslösenden Themen, mit Gewalt, Horror und Pornographie sind Teil des psychischen Entwicklungsprozesses in Kindheit, Jugend und Erwachsenenalter. Welche Darstellungen von Gewalt, Horror und Sexualität sich auf die psychische Entwicklung von Kindern und Jugendlichen schädigend auswirken, hängt wesentlich von der psychischen Reife des einzelnen Jugendlichen ab und davon, in welcher sozialen Situation er sich generell und auch akut, d. h. während des Konsums befindet. Wie ein Medienprodukt erlebt wird, ist auch vom kulturellen Umfeld abhängig. Insofern ist es nicht verwunderlich, dass die Klassifikation von Kinofilmen in den europäischen Ländern z. T. erheblich variiert. Schließlich gilt es noch daran zu erinnern, dass Gewalt, Horror und Pornographie notwendiger Bestandteil sowohl unserer gesellschaftlichen als auch unserer inneren psychischen Realität sind. Nur wenn wir sie vergegenständlichen und ausdrücken in Märchen, Geschichten, Filmen, Bildern, Skulpturen, Kunstwerken usw., können wir diese Impulse bearbeiten, psychisch und auch sozial integrieren. Deshalb hängt es letztlich vom Niveau der Bearbeitung, psychoanalytisch gesprochen vom Grad der Sublimierung ab, wie ein konkretes Medienprodukt zu beurteilen ist.

Literatur

Baethge, M. u. a.: Jugend: Arbeit und Identität. Lebensperspektiven und Interessenorientierungen von Jugendlichen. Opladen 1988

Beck, U.: Risikogesellschaft. Auf dem Weg in eine andere Moderne. Frankfurt/Main 1986

Blos, P.: Adoleszenz. Eine psychoanalytische Interpretation. Stuttgart 1973

Brähler, E./Wirth, H.-J.: Abwendung von sozialen Orientierungen: Auf dem Weg in einen modernisierten Sozialdarwinismus? In: Heitmeyer, W./Jacobi, J. (Hg.): Politische Sozialisation und Individualisierung. Perspektiven und Chancen politischer Bildung. Weinheim 1991, S. 77 – 98

Brähler, E./Wirth, H.-J. (Hg.): Entsolidarisierung. Die Westdeutschen am Vorabend der Wende und danach. Opladen 1995

Eissler, K. R.: Bemerkungen zur Technik der psychoanalytischen Behandlung Pubertierender nebst einigen Überlegungen zum Problem der Perversion. In: Psyche 20/1966, S. 837 – 872

Engel, U./Hurrelmann, K.: Psychosoziale Belastung im Jugendalter. Empirische Befunde zum Einfluß von Familie, Schule und Gleichaltrigengruppe. New York 1989

Erdheim, M.: Die gesellschaftliche Produktion von Unbewußtheit. Eine Einführung in den ethnopsychoanalytischen Prozeß. Frankfurt/Main 1982

Erdheim, M.: Adoleszenz zwischen Familie und Kultur. Ethnopsychoanalytische Überlegungen zur Funktion der Jugend in der Kultur. In: psychosozial 17/1983, S. 104 – 116

Erikson, E. H.: Identität und Lebenszyklus. 3 Aufsätze, 1959. Frankfurt/Main 1966

Fend, H.: Vom Kind zum Jugendlichen. Der Übergang und seine Risiken. Entwicklungspsychologie der Adoleszenz in der Moderne. Band I. Bern 1990

Freud, A.: Das Ich und die Abwehrmechanismen. München 1936

Freud, S.: Das Unheimliche. In: GW XII, 1919, S. 227 – 268

Leuzinger-Bohleber, M./Mahler, E. (Hg.): Phantasie und Realität in der Spätadoleszenz. Gesellschaftliche Veränderungen und Entwicklungsprozesse bei Studierenden. Opladen 1993

Mertens, W.: Entwicklung der Psychosexualität und der Geschlechtsidentität. Bd. 2. Stuttgart 1994

Nave-Herz, R.: Kontinuität und Wandel in der Bedeutung, in der Struktur und Stabilität von Ehe und Familie in der Bundesrepublik Deutschland. In: Ders. (Hg.): Wandel und Kontinuität der Familie in der Bundesrepublik Deutschland. Stuttgart 1988, S. 61 – 94

Neuhäuser; H.: Autorität und Partnerschaft. Wie Kinder ihre Eltern sehen. Weinheim 1993

Steffens, G.: Krise der Jugend? Krise der Erziehung? Kreis der Gesellschaft? Eine pädagogische Spurensuche. In: Neue Sammlung, 3/1994, S. 487 – 498

Utzmann-Krombholz, H.: Rechtsextremismus und Gewalt. Affinitäten und Resistenzen von Mädchen und jungen Frauen. Studie im Auftrag des Ministeriums für die Gleichstellung von Mann und Frau des Landes Nordrhein-Westfalen. 1994

Wirth, H.-J.: Die Schärfung der Sinne. Jugendprotest als persönliche und kulturelle Chance. Frankfurt/Main 1984

Wirth, H.-J.: Die Adoleszenz als Chance für Individuum, Familie und Kultur. In: psychosozial 24, 25/1985, S. 96 – 117

Wirth, H.-J.: Voll auf Haß. Zur Psychoanalyse des Ressentiments am Beispiel der Skinheads. In: psychosozial 40/1989, S. 80 – 92

Wirth, H.-J.: Adoleszenz als Chance und Risiko. In: psychosozial 64/1996, S. 9 – 28

Zinnecker, J.: Kindheit, Erziehung, Familie. In: Jugendwerk der Deutschen Schell (Hg.): Jugendliche und Erwachsene '85, Bd. 3, S. 97 – 292. Opladen 1985

Christian Palentien

Interkulturelle Kommunikation über Kindheit und Jugend – Jugend vor der Wende zum 21. Jahrhundert

Obwohl die Jugendphase nicht nur aus entwicklungspsychologischer, sondern auch aus pädagogischer und soziologischer Perspektive betrachtet einen eigenständigen Lebensabschnitt darstellt, bestehen heute hinsichtlich ihrer altersmäßigen Eingrenzung noch immer große Schwierigkeiten. Es ist vor allem der Austritt aus der Lebensphase Jugend, der – im Gegensatz zu dem auf den Zeitpunkt der einsetzenden Geschlechtsreife datierten Eintritt – nur schwerlich an ein Alter gebunden werden kann. Er ist von den jeweiligen gesellschaftlichen Bedingungen abhängig und variiert zwischen dem 18. Lebensjahr (dem Zeitpunkt der Volljährigkeit) und dem 30. Lebensjahr (dem endgültigen Zeitpunkt des Studienabschlusses).

Abhängig von den gesellschaftlichen Bedingungen ist aber nicht nur die Definition der Lebensphase Jugend, sondern auch ihre Ausgestaltung. Sie soll im Folgenden aus Sicht der Bundesrepublik Deutschland – hier insbesondere der bundesrepublikanischen Jugendforschung – dargestellt werden.

Typisch ist heute für die Lebenssituation Jugendlicher, dass Jugendliche sowohl im Bereich des Freizeit- und Medienverhaltens als auch hinsichtlich ihrer Teilnahme am Konsumwarenmarkt schon sehr früh in die Rolle Erwachsener einrücken können, gemessen am Zeitpunkt einer Familiengründung und der Aufnahme einer Erwerbstätigkeit aber erst sehr spät diesen Status erreichen. Es gehört also zu den Merkmalen dieses Lebensabschnittes, mit widersprüchlichen sozialen Erwartungen umzugehen.

Diese Situation, das Einrücken der 12- bis 18-Jährigen in zentrale gesellschaftliche Mitgliedsrollen, die schrittweise Übernahme verantwortlicher sozialer Positionen sowie die mit der frühen soziokulturellen und späten sozioökonomischen Selbständigkeit unvermeidlich verbundenen Spannungen, die den Prozess der Ablösung vom Elternhaus begleiten und von jedem Jugendlichen persönlich bewältigt werden müssen, steht im Mittelpunkt meiner – genauso wie der pädagogischen und soziologischen – Betrachtung der Lebensphase Jugend.

Ablösung vom Elternhaus

Charakteristisch für das Jugendalter in Gesellschaften unseres Typs ist die Ablösung vom Elternhaus. Ist diese Ablösung, die auf unterschiedlichen Ebenen stattfindet und unterschiedliche Dimensionen beinhaltet, vollzogen, dann ist ein wichtiger Schritt in Richtung auf das Erwachsenenalter erfolgt:

- auf der psychologischen Ebene, indem sich die eigene Orientierung von Gefühlen und Handlungen nicht mehr vorrangig an den Eltern, sondern an anderen, meist gleichaltrigen Bezugspersonen ausrichtet;
- auf der kulturellen Ebene, indem ein persönlicher Lebensstil entwickelt wird, der sich von dem der Eltern unterscheiden kann;
- auf der räumlichen Ebene, indem der Wohnstandort aus dem Elternhaus hinausverlagert wird, und schließlich
- auf der materiellen Ebene, indem die finanzielle und wirtschaftliche Selbständigkeit erreicht und damit die finanzielle Abhängigkeit vom Elternhaus beendet wird.

Je nach dem jeweiligen Bereich finden die Ablösungsprozesse zu unterschiedlichen Zeitpunkten statt. Die psychologische Ablösung erfolgt dabei meist als erste; sie hat sich in den vergangenen drei Jahrzehnten weiter vorverlagert und findet heute schon zwischen dem 12. und 13. Lebensjahr statt. Zeitlich vorverlagert hat sich in den letzten Jahren auch die räumliche Ablösung vom Elternhaus, die nicht abrupt, sondern in verschiedenen Schritten erfolgt: Der Anteil derjenigen Jugendlichen, die aus dem Elternhaus ausziehen, vergrößert sich bis zum Ende des dritten Lebensjahrzehnts auf durchschnittlich 90 % (Jugendwerk 1992, S. 384). Zurückverlagert hingegen hat sich die materielle Abhängigkeit. Sie wird teilweise erst am Ende des dritten Lebensjahrzehnts vollzogen, so z. B. von Jugendlichen, die eine Hochschulausbildung durchlaufen (Schäfers 1985).

Diesen unterschiedlichen Zeitpunkten entsprechend doppeldeutig ist die Stellung der Familie als Sozialisationsinstanz für Jugendliche: Zwar trennen sich viele Jugendliche psychologisch und kulturell schon nach Abschluss der Kindheitsphase von ihren Eltern, räumlich und finanziell kommt den Eltern bei einem – im Kontext einer zunehmenden Verschulung der Lebensphase Jugend – wachsenden Anteil Jugendlicher jedoch noch bis weit über die Jugendzeit hinaus ein bedeutender Einfluss zu (Kreppner 1991).

Durchlaufen einer Schulkarriere

In den letzten drei Jahrzehnten hat sich in allen Industrieländern der Zeitpunkt des Eintritts in das Beschäftigungssystem für junge Menschen in höhere Altersstufen verschoben. Vor allem eine seit Mitte der siebziger Jahre einsetzende Ungleichgewichtigkeit von Ausbildungsplatzangebot und -nachfrage hat dazu geführt, dass allein in den alten Bundesländern die Erwerbsquote der 15- bis 20-Jährigen bis Mitte der achtziger Jahre auf 45 % gesunken ist. Sie betrug Anfang der sechziger Jahre noch 75,9 % (Olk/Strikker 1991).

Das seit Mitte der siebziger Jahre bestehende Überangebot an Bewerberinnen und Bewerbern hatte eine stärkere Selektion von Auszubildenden durch die Arbeitgeber und eine Begünstigung vor allem höher qualifizierter Auszubildender zur Folge. Hierdurch setzte eine generelle Umwertung von Bildungsabschlüssen ein, die ihren Niederschlag in einem Anteil von 35 % aller Schülerinnen und Schüler findet, die bereits 1991 ihre Schullaufbahn mit dem Abitur oder der Fachhochschulreife abschlossen.

Diese in den alten Bundesländern schon seit vielen Jahren bestehende große Attraktivität des Gymnasiums wurde auch von den Eltern in den neuen Bundesländern schnell erkannt (Palentien/Pollmer/Hurrelmann 1992): Während die Übergangsquote in die begehrteste der weiterführenden Schulen in Sachsen 1992 rund 35 % bis 40 % betrug, glichen sich die Werte in fast allen übrigen Bundesländern schon 1990, also kurz nach der politischen Vereinigung, an die in Westdeutschland an (Rolff/Klemm/Pfeiffer/Rösner 1992). Heute kann sowohl in Ost- als auch in Westdeutschland der Schulbesuch mit anschließendem Besuch vollzeitlich allgemeinbildender oder berufsbildender Ausbildungsstätten als charakteristisches Strukturmerkmal der Lebensphase Jugend bezeichnet werden.

Die zunehmende Verschulung der Lebensphase Jugend hat zur Folge, dass die Erfahrung von Erwerbsarbeit und Berufstätigkeit erst sehr spät im Lebenslauf erfolgt. Hiermit verbunden ist ein Aufschieben des Erfahrens unmittelbarer gesellschaftlicher Nützlichkeit durch eine produktive Tätigkeit, ein Aufschieben des Erlebens betrieblicher Normen ökonomischer Zweckrationalität und des Erlebens der Zuständigkeit für die eigene materielle Existenzsicherung. Zwar bietet die traditionelle Schule viele intellektuelle und soziale Anregungen, gleichzeitig ist sie aber ein Verhaltensbereich, der nur wenige Verantwortungserlebnisse gestattet, wenige Solidaritätserfahrungen ermöglicht, eine stark individualistische Leistungsmoral forciert, überwiegend abstrakte Lernprozesse bevorzugt und zugleich einen hohen Grad an Fremdbestimmung aufrechterhält (Baethge 1985).

Freizeit- und Konsumbereich

Mit einer Veränderung des Schulbereichs ist eine Veränderung des Freizeitbereichs einhergegangen: Im Durchschnitt beträgt die frei gestaltbare Zeit von Kindern und Jugendlichen heute vier bis sechs Stunden an Werktagen, über acht Stunden an Samstagen und über zehn Stunden an Sonntagen (Swoboda 1987, S. 10). Schülerinnen und Schüler verfügen über mehr freie Zeit als Auszubildende und Berufstätige. Geschlechtsspezifisch dominieren dabei die Jungen: Noch immer sind es vor allem die Mädchen, die im elterlichen Haushalt helfen müssen und weniger Freizeit haben.

Ein großer Stellenwert kommt in der Freizeit den finanziellen Mitteln zu; sie sind im letzten Jahrzehnt größer geworden: Waren es in den fünfziger Jahren monatlich noch durchschnittlich rund 20,- DM, über die Schülerinnen und Schüler selbstverantwortlich entscheiden konnten, und in den sechziger Jahren rund 35,- DM, so liegen die durchschnittlichen Beträge heute zwischen 90,- und 115,- DM monatlich.

In den neuen Bundesländern hat eine Angleichung der Situation an die in den alten bislang noch nicht stattgefunden: Kinder und Jugendliche dort haben weniger Geld als ihre Altersgenossen im westlichen Landesteil.

Weniger Geld haben darüber hinaus die jüngeren Jugendlichen, und Jungen verfügen über mehr Geld als Mädchen (Krüger/Thole 1992).

Im Vergleich zu früheren Kinder- und Jugendgenerationen können sich zwar Kinder und Jugendliche heute mehr leisten. Fast jeder von ihnen verfügt über ein Fahrrad oder ein anderes Fortbewegungsmittel, über einen Kassettenrekorder, ein Radio, einen CD-Player usw.

Die Gründung einer selbständigen Existenz, das Mieten einer Wohnung o. Ä. erlaubt diese finanzielle Ausstattung jedoch nicht. Der Auszug aus dem Elternhaus hat sich heute mehr und mehr in das dritte Lebensjahrzehnt verlagert (Strohmeier/Herlth 1989).

Partnerschaften

Der längeren Abhängigkeit Jugendlicher von ihren Eltern auf der materiellen Ebene steht heute eine zunehmende Selbstbestimmung im Partnerschafts- und Beziehungsbereich gegenüber: Zweierbeziehungen zu Partnern des anderen Geschlechts – bei einer Minderheit auch zu Partnern des gleichen Geschlechts – werden von Jugendlichen heute wesentlich früher und häufiger eingegangen als noch vor einer Generation: Gaben 1962 noch 2 % der 16-jährigen, 4 % der 17-jährigen und 15 % der 18-jährigen Jungen an, eine feste Freundin zu haben, so lagen die Anteile 1983 schon bei 14 % der 16-jährigen, 21 % der 17-jährigen und 21 % der 18-jährigen Jungen. Die gleiche Tendenz, aber in noch deutlicherer Ausprägung, zeigen die Werte der Mädchen. Hier stieg der Anteil der 16-Jährigen mit einem festen Freund von 1962 bis 1983 von 3 % auf 27 %, der der 17-Jährigen von 19 % auf 32 % und der der 18-Jährigen von 28 % auf 43 % (Allerbeck/Hoag 1985).

Auch wenn historisch betrachtet eine altersmäßige Vorverlagerung des Eingehens partnerschaftlicher Beziehungen von Jugendlichen nachgezeichnet werden kann – die dargestellten Tendenzen haben sich bis in die neunziger Jahre hinein gefestigt –, zeigen die Ergebnisse aktueller Jugendbefragungen jedoch (Jugendwerk 1992), dass sich die Phasen, die Jugendliche bis zum Eingehen einer Ehe durchlaufen, nur wenig verändert haben:

- Der erste Schritt dieser Entwicklung ist der Einstieg in das jugendkulturelle Leben. Es findet bei der Mehrzahl der Jugendlichen im Zeitraum zwischen dem 14. und dem 16. Lebensjahr statt. Diskothekenbesuche, Besuche von Tanzstunden und anderen öffentlichen Veranstaltungen, bei denen beide Geschlechter zusammentreffen, nehmen in diesem Alter anteilmäßig stark zu.
- Der zweite Schritt umschließt die intimen gegengeschlechtlichen Freundschaften, wobei eine längere Phase des Verliebtseins ohne sexuelle Kontakte für die Altersspanne zwischen dem 15. und dem 17. Lebensjahr charakteristisch ist. Diese ersten gegengeschlechtlichen Freundschaften sind für beide Geschlechter eine Vorstufe vor dem ersten sexuellen Erlebnis (Jugendwerk 1992, S. 139). Der Zeitraum dieser Vorstufe dauert für die meisten Mädchen bis zu zwei Jahren, für die Jungen ist er erheblich kürzer.
- Den nächsten Schritt im Prozess des Hineinwachsens in eine enge Partnerbeziehung stellt die räumliche Trennung von den Eltern dar. Sie wird bis zum Ende des 23. Lebensjahres von der Mehrzahl der Jungen und bis zum Ende des 21. Lebensjahres von der Mehrzahl der Mädchen vollzogen. Diese Stufe mündet im Zusammenleben mit einem Partner oder einer Partnerin, in einer Art "Ehe auf Probe".
- Der letzte Schritt ist die Eheschließung. Sie findet bei der Mehrheit der jungen Männer im Alter von etwa 28 Jahren und bei der Mehrheit der jungen Frauen im Alter von etwa 26 Jahren statt. Die Unterschiede zwischen Männern und Frauen in Ost- und Westdeutschland sind hierbei beträchtlich: Die Alterswerte in Ostdeutschland liegen bis zu vier Jahren unter denen in Westdeutschland.

Sexualverhalten im Jugendalter

Die Aufnahme von Partnerbeziehungen zum anderen Geschlecht mit einer erotischen und sexuellen Komponente kann als eine der wichtigsten Entwicklungsaufgaben im Jugendalter betrachtet werden. Vergleichende Erhebungen zeigen, dass sich – ähnlich dem o. g. Trend – seit den fünfziger Jahren die ersten Koituserfahrungen immer weiter vorverlagert haben. Besonders zum Ende der sechziger Jahre gab es einen Schub in Richtung akzeptierender Einstellungen gegenüber frühem Sexualverhalten; in den achtziger Jahren hat sich diese "permissive" Entwicklung stabilisiert.

Neben einer zeitlichen Vorverlagerung haben sich in den letzten Jahrzehnten die sexuellen Verhaltensmuster der Jugendlichen aus verschiedenen sozialen Lebenslagen und Schichten deutlich angeglichen: Der noch in den fünfziger Jahren bestehende zeitliche Vorsprung im Hinblick auf die Aufnahme sexueller Kontakte der Jugendlichen aus den unteren sozialen Schichten besteht heute nicht mehr (Neubauer 1990).

Unabhängig von diesen Freisetzungsprozessen von sozialer Herkunft und gesellschaftlicher Kontrolle sind aber auch in den neunziger Jahren noch erhebliche Einflüsse der sozialen Umwelt, z. B. der Eltern und der Gleichaltrigen, auf das Sexualverhalten bestehen geblieben. Sie werden vielfach indirekt formuliert und äußern sich nicht mehr – wie noch vor wenigen Jahren – direkt in Vorgaben oder Verboten. Sollen die Spannungen, die aus diesen sozialen Erwartungen der wichtigsten Bezugsgruppen entstehen können, nicht zu groß werden, dann müssen Jugendliche sensibel auf die Signale ihrer sozialen Umwelt hören; insbesondere betrifft dies die Eltern: Neuere empirische Untersuchungen (Neubauer 1990) zeigen, dass seit den siebziger Jahren in allen Elternhäusern die Bemühungen zugenommen haben, den Sexualkontakt der eigenen Kinder zu akzeptieren und ihn im Elternhaus zu dulden. Mit diesem Verhaltensmuster, das in der Zeit zuvor nicht charakteristisch war – die Sexualkontakte der Jugendlichen, die damals deutlich später einsetzten, fanden überwiegend außerhalb des Elternhauses statt –, steigt aber auch die (soziale) Kontrolle.

Fügen die Eltern mit ihrem Verhalten zum einen der bereits beschriebenen emotionalen und sozialen Vielschichtigkeit des Ablösungsprozesses vom Elternhaus eine weitere Nuance hinzu (Neubauer 1990), so drückt sich darin zum anderen in aller Deutlichkeit aus, wie wenig heute sowohl von den Jugendlichen wie auch von ihren Eltern sexuelle Kontakte mit der Institution "Ehe" in Verbindung gebracht werden. Nur noch in einer Minderheit der Elternhäuser wird von einem Wertemuster ausgegangen, nach dem Sexualbeziehungen erst nach der Heirat erlaubt sind. Das eindeutig vorherrschende Werte- und Verhaltensmuster ist es vielmehr, Sexualität und Ehe nicht in zwingender Verbindung miteinander zu sehen, auch wenn das Sexualverhalten nur im Rahmen einer Liebesbeziehung mit überdauernder Partnerschaft und als eine mögliche Vorstufe für eine feste Partner- oder Ehebeziehung verstanden wird.

Diesem Trend entsprechen die Ergebnisse einer Untersuchung von Neubauer (1990), der Jugendliche zu ihren Einstellungen und sexuellen Verhaltensweisen befragte: Als geeigneten Zeitpunkt für erste sexuelle Erfahrungen mit dem anderen Geschlecht nennen die Jugendlichen mehrheitlich das 15. Lebensjahr (Neubauer 1990, S. 52). Zu diesem Zeitpunkt liegt die Geschlechtsreife, also die erste Menstruation oder der erste Samenerguss, im Durchschnitt etwa zwei Jahre zurück. Erfahrungen mit Geschlechtsverkehr haben hiernach etwa 46 % der Mädchen und 35 % der Jungen bis zum Alter von 16 Jahren.

Obwohl alle vorliegenden Studien zeigen, dass dem Beginn der Geschlechtsreife von Jugendlichen heute eine große Bedeutung beigemessen wird, hat dies in unserem Kulturkreis bislang für beide Geschlechter aber noch zu keinerlei symbolischen Bestätigungen und Unterstreichungen dieses Ereignisses geführt. Noch immer werden Jugendliche mit dieser gravierenden Veränderung ihres Körpererlebens allein gelassen, noch immer findet die erste Regelblutung bzw. die erste Pollution nur wenig Berücksichtigung in der öffentlichen Wahrnehmung. Trotz der in den letzten drei bis vier Jahrzehnten deutlich zurückgehenden Scham, über sexuelle Themen zu sprechen, gilt Sexualität nach wie vor als ein Tabuthema, dem der Charakter des Geheimnisvollen, Minderwertigen oder sogar Schmutzigen anhaftet. Besonders bei denjenigen, bei denen Störungen der sexuell relevanten Körperentwicklung auftreten, kann diese nicht vorhandene aktive und subjektive Bewältigung und Verarbeitung zu schweren Entwicklungsproblemen führen.

Zusammenfassung

Betrachtet man heute die Lebenssituation Jugendlicher, dann kann festgestellt werden, dass sich Lebensbedingungen aller Bevölkerungsgruppen in der Bundesrepublik Deutschland in den letzten Jahrzehnten deutlich in Richtung einer "Individualisierung" verschoben haben. Traditionelle Bindungen an Herkunft und Rollenvorgaben bauen sich ab. Schon für Kinder und Jugendliche wachsen dadurch die Freiheitsgrade für die Gestaltung der eigenen individuellen Lebensweise und der subjektiven Lebenswelt mit einem eigenständigen Lebensstil. Die Wahl der Freunde und Bekannten, der Kleidung und des Stils der Lebensführung, der Freizeitgestaltung und der religiösen Zugehörigkeit erfolgt in weitgehender Autonomie.

Dieser Zunahme an Freiheiten und Optionen steht heute die Anforderung gegenüber, dass Jugendliche in allen gesellschaftlichen Handlungssektoren psychische, soziale, motivationale und praktische Kompetenzen erwerben müssen. Als Basis einer Individuation bilden diese Kompetenzen die Voraussetzung für eine gesellschaftliche Integration, die als Eintritt in das Erwachsenenleben gilt.

Probleme im Individuations- und Integrationsprozess ergeben sich dann, wenn wegen spezifischer personaler oder sozialer Bedingungen vorübergehend oder dauerhaft in einem oder mehreren der Handlungsbereiche Jugendlicher unangemessene oder unzureichende Kompetenzen erworben und die von der sozialen Umwelt erwarteten Fertigkeiten und Fähigkeiten, Motivationen und Dispositionen nicht erbracht werden können. Die Handlungs- und Leistungskompetenzen eines Jugendlichen entsprechen in diesem Fall nicht den jeweils durch institutionelle oder Altersnormen festgelegten vorherrschenden Standards.

Wird eine "Fehl-Passung" von objektiven Anforderungen und subjektiven Kompetenzen nicht durch personale oder soziale Strategien verändert oder bewältigt, dann sind erhebliche individuelle Beanspruchungen und Belastungen bei Jugendlichen zu erwarten. Da jede unbewältigte Entwicklungsaufgabe eine ungünstige Startposition für die Bewältigung einer anderen ist, kann das zu Störungen des weiteren Individuations- und Integrationsprozesses führen. Ein "Problemstau" von mehreren unbewältigten Entwicklungsaufgaben kann darüber hinaus in einer Beeinträchtigung der Bildung von Handlungskompetenzen auch in einzelnen Handlungsbereichen münden (Coleman 1980; Olbrich 1984). Als Folgen einer solchen Entwicklung wird heute die gesundheitliche Situation und auch die Zunahme aggressiven und gewalttätigen Verhaltens betrachtet.

Literatur

Albrecht, P. A. (Hg.): Informalisierung des Rechts. Berlin 1990

Allerbeck, K./Hoag, W.: Jugend ohne Zukunft? München 1985

Bachmann, J. R./Johnston, L. D./O'Malley, P.: Explaining the recent decline in cocaine use among young adults. Journal of Health and Social Behavior 31/1990, S. 173 – 184

Bohle, H.: Jugend und Lebenschancen: Bedingungen und Verarbeitungsmuster strukturell erschwerter Integration. Neue Praxis 13/1983, S. 235 – 255

Bond, L. A./Compas, B. E. (Hg.): Primary prevention and promotion in the schools. Newbury Park 1989

Brusten, M./Hurrelmann, K.: Abweichendes Verhalten in der Schule. Eine Untersuchung zu Prozessen der Stigmatisierung. München 1973

Bültemeier, C./Franzkowiak, P./Hildebrandt, H./Wenzel, E.: Gesundheitskonzepte, Umgang mit dem Körper und positive Gesundheitsansätze bei 14- bis 20jährigen. Bundeszentrale für gesundheitliche Aufklärung. Köln 1984

Coates, T. J./Petersen, A. C./Perry, C. S. (Hg.): Promoting adolescent health. New York 1982

Coleman, J.: The Nature of Adolescence. New York 1980

Deutsche Hauptstelle gegen die Suchtgefahren (Hg.): Jahrbuch Sucht '91. Hamburg 1990

Döbert, R./Nunner-Winkler, G.: Adoleszenzkrise, moralisches Bewußtsein und Wertorientierungen. In: Hurrelmann, K. (Hg.): Sozialisation und Lebenslauf. Empirie und Methodik sozialwissenschaftlicher Persönlichkeitsforschung. Reinbek 1976, S. 171 – 185

Elliot, D. S./Huizinga, D./Menaro, S.: Multiple problem youth. New York 1989

Engel, U./Hurrelmann, K.: Psychosoziale Belastung im Jugendalter. Berlin 1989

Engel, U./Hurrelmann, K.: Delinquency as a symptom of adolescents orientation toward status and success. Journal of Youth and Adolescence 21/1992, S. 119 – 138

Fache, W.: Youth counseling centers. In: Hurrelmann, K./Lösel, F. (Hg.): Health hazards in adolescence. Berlin 1990, S. 512 – 528

Flick, U. (Hg.): Alltagswissen über Gesundheit und Krankheit. Heidelberg 1990

Franz, H. J.: Bewältigung gesundheitsgefährdender Belastungen. Konstanz 1983

Franzkowiak, P.: Risikoverhalten und Gesundheitsbewußtsein bei Jugendlichen. Berlin 1986

Haan, N.: Adolescents and young adults as producers of their development. In: Lerner, R./Busch-Rossnagel, N. A. (Hg.): Individuals as producers of their development. A life span perspective. New York 1981, S. 161 – 182

Höger, C.: Erziehungsberatungsstellen im Kontext ambulanter psychosozialer Hilfen für Kinder und Jugendliche. In: Presting, G. (Hg.): Erziehungs- und Familienberatung. Weinheim 1991, S. 49 – 92

Hoffmann, C.: Jugendberatung in der Bundesrepublik Deutschland. Bad Heilbrunn 1990

Holler, B./Hurrelmann, K.: Gesundheitliche Beschwerden und soziales Netzwerk bei Jugendlichen. In: Seiffge-Krenke, I. (Hg.): Krankheitsbearbeitung bei Kindern und Jugendlichen. Berlin 1990, S. 59 – 79

Hornung, R./Schmidtchen, G./Scholl-Schaaf, G.: Drogen in Zürich. Bern 1984

Hurrelmann, K.: Familienstreß – Schulstreß – Freizeitstreß. Weinheim 1990

Hurrelmann, K./Hesse, S.: Drogenkonsum als problematische Form der Lebensbewältigung. In: Sucht 37/1991, S. 240 – 252

Hurrelmann, K./Palentien, C.: Psychosoziale und medizinische Versorgung Jugendlicher. In: Gesundheitswesen 56/1993, S. 537 – 542

Jessor, R./Donovan, E. J./Costa, F. M.: Beyond adolescence. New York 1991

Jessor, R./Jessor, S. L.: Problem behavior and psychological development. New York 1977

Jugendwerk der Deutschen Shell (Hg.): Jugend '81. Lebensentwürfe, Alltagskulturen, Zukunftsbilder. 3 Bde. Hamburg 1981

Jugendwerk der Deutschen Shell (Hg.): Jugend '92. Opladen 1992

Kaiser, G.: Jugendkriminalität. Weinheim 1977

Kandel, D. B. u. a.: Antecedents of adolescence initiation into stages of drug use. In: Kandel, D. B. (Hg.): Longitudinal research on drug use. Washington 1978, S. 73 – 99

Keupp, H.: Soziale Netzwerke. In: Keupp, H./Rerrich, O. (Hg.): Psychosoziale Praxis – gemeindepsychologische Perspektive. München 1982, S. 43 – 45

Kollehn, K./Weber, N. H. (Hg.): Der drogengefährdete Schüler. Düsseldorf 1985

Kreppner, K.: Sozialisation in der Familie. In: Hurrelmann, K./Ulich, D. (Hg.): Handbuch der Sozialisationsforschung. Weinheim/Basel 1991, S. 321 – 333

Krüger, H.-H./Thole, W.: Jugend, Freizeit und Medien. In: Krüger, H.-H. (Hg.): Handbuch der Jugendforschung. Opladen 1992², S. 447 – 472

Laaser, U./Sassen, G./Murza, G./Sabo, P. (Hg.): Prävention und Gesundheitserziehung. Heidelberg 1987

Mansel, J./Hurrelmann, K.: Jugendliche im Alltagsstreß. Probleme des Statusübergangs Schule – Beruf. Weinheim 1991

Medrich, E. L. u. a.: The serious business of growing up. San Francisco 1982

Millstein, S. G.: The potential of school – linked centers to promote adolescent health and development. Washington 1988

Millstein, S. G.: Adolescent health. Challenges for behavioral scientists. In: American Psychologist 5/1989, S. 837 – 842

Moriarty, A./Toussieng, M. D.: Adolescent coping. New York 1980

Mrazek, J.: Das Gesundheitskonzept von Jugendlichen. In: Allmer, H./Schulz, N. (Hg.): Gesundheitserziehung. Brennpunkte der Sportwissenschaft, 1. 1987, S. 83 – 103

Neubauer, G.: Jugendphase und Sexualität. Stuttgart 1990

Nordlohne, E.: Die Kosten jugendlicher Problembewältigung. Weinheim 1992

Nordlohne, E./Hurrelmann, K./Holler, B.: Schulstreß, Gesundheitsprobleme und Arzneimittelkonsum. In: Prävention 12/1989, S. 47 – 53

Nordlohne, E./Reißig, M./Hurrelmann, K.: Drogenkonsum bei ostdeutschen und westdeutschen Jugendlichen. In: Sucht 39/1993, S. 15 – 38

Olbrich, E.: Jugendalter – Zeit der Krise oder der produktiven Anpassung? In: Olbrich, E./ Todt, E. (Hg.): Probleme des Jugendalters. Berlin 1984, S. 1 – 48

Oerter, R./Montada, L. (Hg.): Entwicklungspsychologie. München 1982

Pearlin, L. I./Schooler, C.: The structure of coping. In: Journal of Health and Social Behavior 19/1978, S. 2 – 21

Petri, H.: Soziale Schicht und psychische Erkrankung im Kindes- und Jugendalter. Göttingen 1979

Presting, G.: Erziehungs- und Familienberatungsstellen in der Bundesrepublik Deutschland: Zur gegenwärtigen Versorgungslage. In: Praxis der Kinderpsychologie und Kinderpsychiatrie. 1987, S. 210 – 214

Remschmidt, H.: Adoleszenzkrisen u. ihre Behandlung. In: Specht, F./Gerlicher, K./Schütt, K. (Hg.): Beratungsarbeit mit Jugendlichen. Fragestellungen, Erfahrungen, Anregungen. Göttingen 1979, S. 44 – 62

Remschmidt, H. (Hg.): Kinder und Jugendpsychiatrie. Stuttgart 1987

Remschmidt, H./Walter, R.: Evaluation kinder- und jugendpsychiatrischer Versorgung. Stuttgart 1989

Reuband, K. H.: Vom Haschisch zum Heroin? Soziokulturelle Determinanten der Drogenwahl. In: Suchtgefahren 36/1990, S. 1 – 7

Schäfers, B.: Soziologie des Jugendalters. Opladen 1982

Schwarzer, R. (Hg.): Gesundheitspsychologie. Göttingen 1990

Silbereisen, R. K.: Konsum von Alkohol und Drogen über die Lebensspanne. In: Schwarzer, R. (Hg.): Gesundheitspsychologie. Göttingen 1990, S. 169 – 184

Silbereisen, R./Kastner, P.: Entwicklungstheoretische Perspektiven für die Prävention des Drogengebrauchs Jugendlicher. In Brandstädter, J./Gräser, H. (Hg.): Entwicklungsberatung unter dem Aspekt der Lebensspanne. Göttingen 1985, S. 83 – 102

Statistisches Bundesamt (Hg.): Datenreport 1992. Wiesbaden 1992

Stößel, U./Franzkowiak, P./Troschke, J. v.: Gesundheitserzieherische und gesundheitsfördernde Maßnahmen für Kinder und Jugendliche. In: Bubert, R. u. a. (Hg.): Soziale Netzwerke und Gesundheitsförderung. München 1987, S. 199 – 311

Strohmeier, K. P./Herlth, A.: Wandel der Familie und Familienentwicklung. In: Herlth, A./ Strohmeier, K. P. (Hg.): Lebenslauf und Familienentwicklung: Mikroanalysen des Wandels familialer Lebensformen. Opladen 1989, S. 7 – 16

Swoboda, W. H.: Jugend und Freizeit. Orientierungshilfen für Jugendpolitik und Jugendarbeit. Gesellschaft zur Förderung der Freizeitwissenschaften. Erkrath 1987

Thomasius, R.: Drogenkonsum und Abhängigkeit bei Kindern und Jugendlichen. In: Sucht 37/1991, S. 4 – 19

Troschke, J. v./Stößel, U. (Hg.): Möglichkeiten und Grenzen ärztlicher Gesundheitsberatung. Freiburg 1981

Voß, R.: Anpassung auf Rezept. Stuttgart 1987

Willenborg, G.: Gesundheitskonzepte Jugendlicher. Bielefeld 1992

Ingrid Kromer und Heide Tebbich

Jung sein in Österreich

In den westlichen Gesellschaften ist heute eine deutliche Juvenalisierung beobachtbar. Das Jungsein gehört den Heranwachsenden schon lange nicht mehr allein, denn beinahe in allen Altersgenerationen ertönt die Hymne des "forever young". Die Lebensideale junger Menschen werden gesellschaftlich verallgemeinert, es bedarf einer immer größeren Anstrengung und Phantasie seitens der Jugendlichen, sich von der so genannten "Erwachsenenwelt" abzugrenzen.

Gleichzeitig nimmt der Anteil der Kinder und Jugendlichen an der österreichischen Bevölkerung wie in allen westeuropäischen Ländern kontinuierlich ab. Rund 15 % der österreichischen Bevölkerung sind zwischen 15 und 24 Jahren alt, die Gruppe der bis 15-Jährigen macht 17 % der Bevölkerung aus. Nach vorliegenden demographischen Prognosen wird der Anteil der Jugendlichen weiter sinken: Im Jahr 2000 wird er bei 12 % und auf nur mehr 10 % im Jahr 2030 schrumpfen (BMfUJF 1998, S. 6). Langfristig wird die Alterspyramide also auf den Kopf gestellt. So lebten im Jahresdurchschnitt 1996 insgesamt 2.062.446 Jugendliche im Alter zwischen 11 und 29 Jahren in Österreich (vgl. ÖSTAT 1997). Laut Vorhersage wird die Zahl der Jugendlichen im Lauf der nächsten 30 Jahre kontinuierlich abnehmen, bei einem gleichzeitigen Anwachsen der Altersgruppe der über 55-Jährigen.

Altersgruppen	Prognosen 2000	 2015	 2030
10 bis unter 30	1,996.643	1,896.221	1,687.450
55 bis unter 90	2,125.179	2,558.661	3,209.011

Mögliche Auswirkungen dieses kontinuierlichen Schrumpfens des Jugend- wie des Kinderanteils auf deren soziale, ökonomische und politische Lebenssituation sind heute noch unklar. Es wäre denkbar, dass es in spezifischen Situationen zu einer Erhöhung des Stellenwerts von Kindern und Jugendlichen kommen könnte. Realistischer scheint jedoch, dass die Anliegen und Bedürfnisse der älteren Menschen ins Zentrum der Aufmerksamkeit rücken (aktuelle politische Diskussionen wie z. B. Pensionszahlungen nehmen fast ausschließlich die Perspektive der "Alten" ein) und die Interessen der Heranwachsenden weniger Beachtung finden werden. Das bedeutet, es wird in noch verstärkter Weise zu einer Marginalisierung von jungen Menschen kommen. Es scheint fast so, dass das gesamtgesellschaftliche "Verschwinden" der Jugend durch den Trend zu mehr Jugendlichkeit in allen Altersgruppen kompensiert werden soll.

Aufwachsen im Prozess der Modernisierung

Das Leben und Aufwachsen von Kindern und Jugendlichen im Prozess der gesellschaftlichen Modernisierung gestaltet sich für junge Menschen in Widersprüchen. Die Lebens- und Entwicklungskontexte, in denen die lebenslaufgebundenen Veränderungen eingebettet sind, unterliegen selbst einem rapiden kulturellen Wandel und wirken sich nachhaltig auf die Alltagswel-ten von Heranwachsenden aus. Als zentrale Eckpfeiler des kulturellen Wandels lassen sich die folgenden Entwicklungen skizzieren:

- Die schrittweise Auflösung der traditionellen Sozialmilieus hat die starren Gruppenzugehörigkeiten gelockert und zu einem größeren Freiheitsspielraum für den Einzelnen geführt. Kollektive, insbesondere milieuspezifische Lebens- und Wertorientierungen haben sich zugunsten individueller Entwürfe verschoben. Dieser zunehmende gesellschaftliche Individualisierungsprozess löst aber auch die Einzelnen aus ihrem Eingebundensein in ein soziales Netzwerk (vgl. Beck 1991; Heitmeyer/Olk 1990). Jugendliche müssen in verstärktem Maße ihr Leben in die eigene Hand nehmen. Dies kann zur Chance, aber auch zum Zwang individueller Orientierungen und Statusfestlegungen führen.
- Die Vielfalt von Meinungen, Wissen und Lebenskonzepten und der Zerfall von alten Werten und bewährten Orientierungsmustern führen unter anderem zu einer Pluralisierung der Lebensstile. Die Gesellschaft zerfällt in eine unüberschaubare Anzahl kleiner Teilgruppen von Menschen

mit ähnlichen Bedürfnissen und Interessen. Die gesellschaftliche Gruppe der Jugendlichen ist daher unübersichtlich geworden und hat sich noch nie zuvor so differenziert und inhomogen präsentiert wie heute. Jugend heute ist vielmehr ein Puzzle aus höchst unterschiedlichen Kulturen, Cliquen und Einzelgängern. Das Spektrum an jugendkulturellen Szenen ist somit sehr vielfältig und breit gefächert.

- Die allgegenwärtige Mediatisierung und Technisierung des Alltags stellt für Heranwachsende ein generationsbildendes Element dar (vgl. Luger 1991), denn die Medien liefern jenes Rohmaterial an Symbolen, Zeichen, aber auch Werthaltungen und Einstellungsmustern, mit deren Hilfe sich die Jugend als Generation selbst definiert und sich von der Erwachsenenwelt abgrenzt. Durch die Zentrierung auf Bilder und die symbolische Inszenierung haben elektronische Medien die Ausbildung einer neuen politischen Kultur initiiert, die nach einer vornehmlich visuellen Logik abläuft. Die ständige Konfrontation mit Medien erfordert ein permanentes Einordnen und Bewerten von Vorgängen, die sich von banalen Alltäglichkeiten bis hin zu globalen Ereignissen erstrecken.
- Eine stärkere Funktionalisierung des Alltags als Folge der ökonomischen Modernisierung und der wohlfahrtsstaatlichen Expansion führt zu einer immer größeren Aufsplitterung des Alltags und mitunter zum Phänomen der wachsenden Verinselung von Lebensräumen. Sich aufzuhalten in verschiedenen Lebenswelten wie Schule, Familie, Sportverein, Peer-groups, Freizeitgruppe, Jugendzentren etc., in denen unterschiedliche Normen herrschen, erfordert von Heranwachsenden sowohl eine geographische als auch eine soziale Mobilität – also eine modale Persönlichkeit, die notwendig wird, um in den unterschiedlichen sozialökologischen Räumen bestehen zu können.
- Jugendliche leben heute in einer Konsum- und Freizeitgesellschaft. Durch den Verselbständigungsprozess der Heranwachsenden im Kommunikations- und Freizeitbereich entwickelte sich die Kulturindustrie zu einer Instanz, welche die heutigen Jugendlichen bei ihren Autonomiebestrebungen einerseits unterstützt und andererseits mithilft, sie in das Konsumsystem der kapitalistischen Gesellschaft zu integrieren. Freizeit ist heute nicht nur die Sphäre des fröhlichen "anything goes", des Spiels

und der Entspannung, der Raum der grenzenlosen Wahlakte, in dem es keine Begründungspflicht mehr gibt, warum man bestimmte Dinge tut oder nicht tut. Heranwachsende benutzen den Markt an Freizeitgütern und -leistungen auch selektiv für ihre "Freizeitkarrieren" – sei es zur persönlichen Qualifikation, zum Aufbau sozialer Beziehungsnetze oder zur Statussuche.

Insgesamt wird mit diesen Streiflichtern deutlich, dass das Heranwachsen in einer sich wandelnden Gesellschaft für Jugendliche von befreienden Entwicklungen wie auch von neuen Zwängen und Einengungen bestimmt wird. Wie die Ambivalenzen bewältigt werden, hängt von konkreten sozialen und ökonomischen Bedingungen und nicht zuletzt von der Qualität der Beziehungen zwischen Heranwachsenden und ihren Eltern, Lehrerinnen und Lehrern, Gleichaltrigen und anderen Bezugsgruppen ab.

Früher Abschied von der Kindheit

Das Jugendalter erstreckt sich heute über einen immer längeren Zeitraum zwischen dem Kindes- und dem Erwachsenenalter. Die Bestimmungsmomente für eine Eingrenzung des Jugendalters verschwimmen zunehmend, da eine zeitliche Ausdehnung (Postadoleszenz) wie auch eine zeitliche Vorverlagerung (Präadoleszenz) der Jugendphase zu beobachten ist. Eine allgemeine Altersbestimmung für den Anfang und das Ende des Kindes- und Jugendalters ist daher aufgrund der strukturellen Ausweitung des Jugendalters sehr schwierig.

Die Ausdehnung der Jugendphase nach unten spiegelt sich auch klar in der Selbstwahrnehmung von Heranwachsenden wider. In der Gruppe der 11- bis 14-Jährigen definieren sich 63 % der Befragten als Jugendliche. Ab dem 12. Lebensjahr fühlt sich mehr als die Hälfte der Kids als Jugendliche, nur die 11-Jährigen definieren sich überwiegend (zu 62 %) als Kind (vgl. Kromer/Tebbich 1995). Diese Entwicklungen in der biographischen Selbstwahrnehmung weisen auf eine grundlegende Veränderung des Selbstverständnisses der Kids. Die Gruppe der 12- bis 14-jährigen Mädchen und Burschen tritt heute bereits früher in den kulturellen Generationszusammenhang "Jugend" ein. Das bedeutet, dass sich ihre sozial-räumlichen und sozial-emotionalen Bedürfnisse bereits aus dem Stadium des Kindseins herausentwickelt haben. Sie fordern eine Anerkennung und Teilhabe am Jugend-Status ein – eine Entwicklung, die auch in Überlegungen zum Jugendschutz Berücksichtigung finden sollte.

Gleichzeitig leben heute Heranwachsende länger in ihren Herkunftsfamilien, als es noch in den siebziger Jahren üblich war, und das nicht nur in Österreich. Die räumliche Ablösung von den Eltern findet heute mehrheitlich im dritten Lebensjahrzehnt statt. Das mittlere Alter beim Auszug liegt bei österreichischen Jugendlichen knapp über dem 24. Lebensjahr (vgl. Kytir/Münz 1994, S. 40). Dies spätere Verlassen des elterlichen Haushalts kann mit einer Reihe von Gründen in Verbindung gebracht werden. So führen sicherlich die längeren Ausbildungszeiten, der spätere Eintritt in die Erwerbsarbeit, der Mangel an "leistbaren" Wohnungen, spätere Familiengründung u. v. m., aber auch eine Entdramatisierung des Generationsverhältnisses zu einem längeren Verbleiben in der Herkunftsfamilie.

Familie – ein elementarer Lebensraum

Heute leben Jugendliche in einer Vielzahl von familiären Lebensformen. Sei es in traditionellen Kernfamilien, in nicht ehelichen Lebensgemeinschaften, Stieffamilien oder in Ein-Elternfamilien mit und ohne Geschwister oder in so genannten Patchwork-Familien in ihren unterschiedlichen Zusammensetzungen und Ausprägungen.

Eine der wesentlichsten Konsequenzen der Modernisierung und Individualisierung unserer Gesellschaft ist die "Aufkündbarkeit sozialer Beziehungen". Ehe und Familie können nicht mehr als immer währende soziale Beziehungen begriffen werden, denn die Zahl der Scheidungen stieg kontinuierlich seit den sechziger Jahren und verdoppelte sich bis zum heutigen Tag. Heute hat sich die Gesamtscheidungsrate österreichweit auf ein Niveau von 30 % eingependelt. Trotz dieser Entwicklungen sollte nicht aus den Augen verloren werden, dass keineswegs von einer radikalen Abkehr vom Prototyp der Familie gesprochen werden kann. Die Eltern-Familie ist nach wie vor die dominante Familienform geblieben, in der heutige Kinder und Jugendliche aufwachsen. So leben heute mehr als zwei Drittel der unter 15-Jährigen in der Mutter-Vater-Kind(er)-Familie.

Die familiäre Sozialisation hat für Kinder und Jugendliche nicht an Bedeutung verloren, auch wenn andere Instanzen, wie z. B. die Medien, an Bedeutung gewonnen haben. Die Familie als intimes Beziehungsgefüge ist trotz der Vielfalt von Lebensformen für Heranwachsende immer noch der elementarste Lebensbereich.

Täuschen lassen sollte man sich auch nicht, was die hohe Persistenz traditioneller geschlechtsspezifischer Rollenmuster in Familien betrifft, auch wenn Arbeitsteilung in Haushalt und Erwerbsleben zunehmend in der Öffentlichkeit und in den Familien intern thematisiert wird. Zumindest in der Wahrnehmung von Jugendlichen scheinen sich die geschlechtsspezifischen Rollen in den Familien während der letzten Jahrzehnte kaum verändert zu haben. In Beschreibungen von Familien von 11- bis 14-Jährigen glänzen die Väter nach wie vor durch Abwesenheit, und wenn sie da sind, sind sie oft müde oder mit "anderen" Dingen beschäftigt. Die Mütter sind immer noch diejenigen, die sich um alles kümmern, mit denen man redet, wenn man Probleme hat, die da sind, wenn die Heranwachsenden etwas brauchen (Kromer/Tebbich 1995). Die räumliche und emotionale Abwesenheit ist nicht zuletzt für die Söhne problematisch – ihnen wird eine wesentliche identifikatorische Stütze entzogen. Burschen sind durch das Fehlen von konkret erlebbaren Vätern bei der Entwicklung und Ausgestaltung ihrer männlichen Rolle in erster Linie auf eher phantastisch übersteigerte, wenig realistische und z. T. verzerrende männliche Medienleitbilder angewiesen.

Wie sich zeigt, spiegelt sich in den eigenen Zukunftsvorstellungen von Mädchen und Burschen ansatzweise die erlebte traditionelle Aufgabenteilung in den Herkunftsfamilien wider. Obwohl Mädchen und Burschen ihr egalitäres Geschlechterverständnis immer wieder betonen, wird die weibliche Doppelorientierung auf Beruf und Familie für beide Geschlechter – gleichsam als selbstverständliche Konsequenz der Geschlechterrolle – interpretiert. Es überrascht, dass die Realisierung der Vereinbarkeit von Familie und Beruf für beide Geschlechter – einfach aufgrund der biologischen Tatsache, dass Frauen Kinder bekommen können – nicht vorstellbar ist (vgl. Friesl 1999). So ist auch in der Untersuchung Jugend '97 von Fessel & GfK festgestellt worden, dass noch immer fast die Hälfte der Jugendlichen die Berufstätigkeit der Frau als Belastung für die Familie ansieht.

Die Familie leidet darunter, wenn die Frau berufstätig ist

Angaben in %

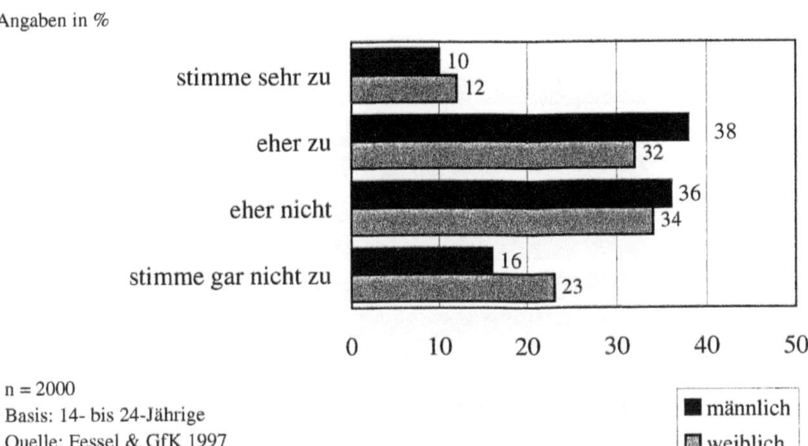

n = 2000
Basis: 14- bis 24-Jährige
Quelle: Fessel & GfK 1997

Freizeit – zentraler Ort der Selbstverwirklichung

In der Adoleszenz ist die Freizeit jener Lebensraum, in dem Mädchen und Burschen die Chance haben, ihre Persönlichkeit zu entdecken und zu verwirklichen. Die frei verfügbare Zeit ist als zentraler Artikulationsraum für Heranwachsende zu sehen, in dem die Auseinandersetzung über wesentliche Konflikte zwischen persönlicher und sozialer Identitätsbildung, zwischen Individualität und Gruppenloyalitäten, zwischen Abhängigkeit und Ablösung von der Herkunftsfamilie stattfindet.

Die neuesten repräsentativen Daten in Österreich über das Freizeitverhalten von 14- bis 24-jährigen Jugendlichen zeigen folgende Ergebnisse (vgl. Fessel & GfK 1997):

Top 15 der Freizeitgestaltung

Angaben in %,
sehr häufig und öfter

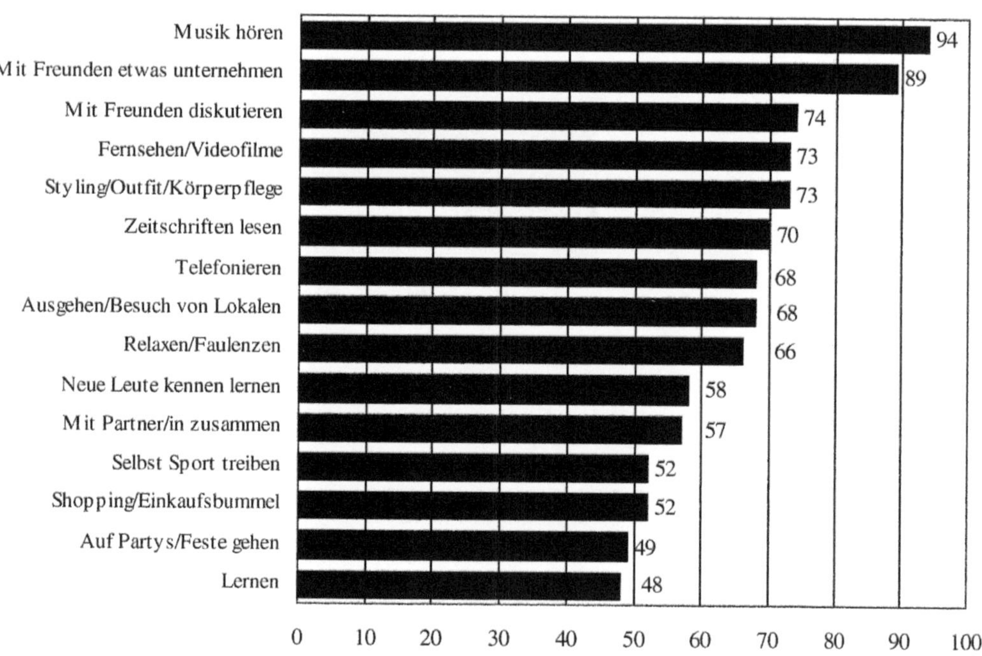

n = 2000
Basis: 14- bis 24-Jährige
Quelle: Fessel & GfK

An diesen Daten wird deutlich, dass "Musik hören" und "Mit Freunden etwas unternehmen" auf den ersten Rängen, sowohl bei Mädchen als auch bei den Burschen, stehen. Das überrascht nicht wirklich, da dies auch viele andere Untersuchungen im In- und Ausland zeigen. Musik ist das Zentrum aller Jugendkulturen und damit das Leitmedium für Heranwachsende.

Dementsprechend wird auch ein großer Teil des Einkommens für Tonträger und elektronische Geräte zur Wiedergabe von Musik ausgegeben. Durch das Lesen von Musikzeitschriften erwerben sich Jugendliche eine außerordentlich hohe Sachkompetenz, was Musikstile und damit verbundene jugendkulturelle Phänomene betrifft. Musik ist das wichtigste Medium jugendlicher Ausdrucks- und Bewegungsbedürfnisse; sie ist ein Katalysator für soziale Kontakte und bringt eine Bandbreite jugendlicher Erfahrungen und Sehnsüchte zum Ausdruck.

Der Freizeitbereich ist heute für die Mehrheit der Jugendlichen als Sphäre pluraler Lebensstile und Verhaltensmuster deutbar. Die Art und Weise der Freizeitgestaltung ändert sich im Laufe der Jugendzeit öfter. Nach einer Phase, in der hauptsächlich die Freizeit im Innenbereich der Familie gestaltet und verbracht wird, tritt anschließend die größere Bedeutung des außerhalb zugänglichen Freundeskreises hervor. Aber nicht nur nach Alter, auch die Differenzierung nach Geschlecht ist wesentlich in der Beschreibung des Freizeitverhaltens Jugendlicher: Freizeitorte, Freizeitbudget und Freizeitaktivitäten sind keinesfalls geschlechtsneutral.

Vergleicht man nun die beliebtesten Freizeitaktivitäten auch nach dem Geschlecht, so lassen sich vor allem beim "Telefonieren" und "Shopping" – hier dominieren die Mädchen – und beim "Computer" und "Sport" – hier überwiegen die Burschen – deutliche Geschlechtsunterschiede erkennen. Abweichungen hiervon eignen sich unter solchen Bedingungen dazu, nonkonforme Persönlichkeitsmuster von Burschen und Mädchen zu akzentuieren: man kann sich durch die Ausübung geschlechtsuntypischer Freizeitbeschäftigungen als "anders als die anderen" stilisieren und wahrnehmen.

Geschlechtsspezifische Freizeitverhalten

Angaben in %

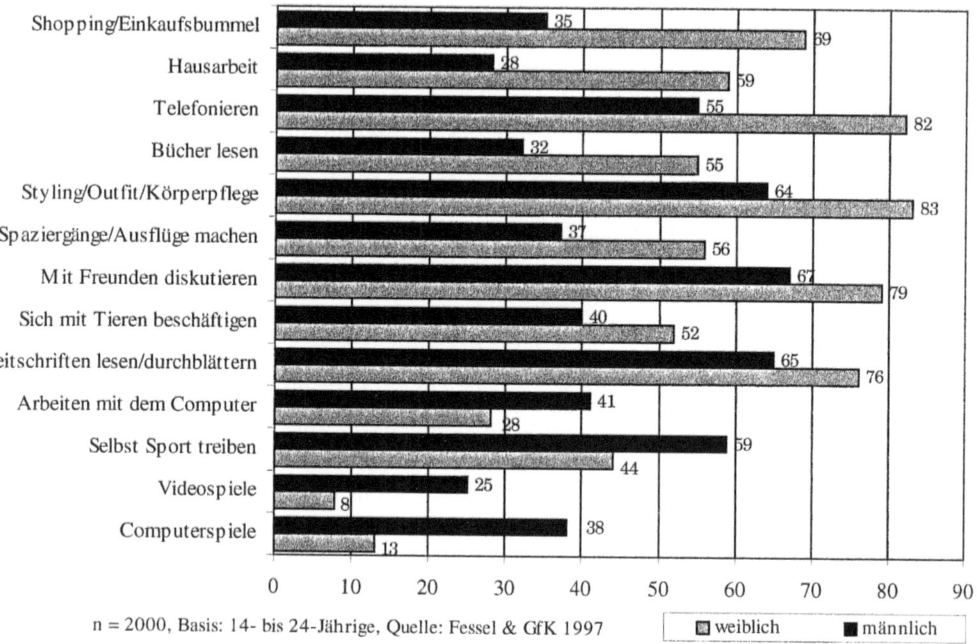

n = 2000, Basis: 14- bis 24-Jährige, Quelle: Fessel & GfK 1997

Jugendkultur ist Szenekultur

Die konsumierten Waren der Kulturindustrie liefern nicht zuletzt das Angebot an Zeichen und Symbolen, über die die Teilhabe an jugendkulturellen Szenen erfolgt. Jugendkulturen sind heute im Wesentlichen keine auf das Herkunftsmilieu bezogenen Subkulturphänomene mehr, sondern durchkommerzialisierte, medial vermittelte, transnationale Formationen jugendkultureller Lebensstile. Diese Lifestyles "symbolisieren und transportieren Lebensauffassungen, Wirklichkeitsdeutungen, moralische und normative Standpunkte", sie "dienen zur Abgrenzung nach außen oder Integration nach innen" (Kögler 1998, S. 11). Es kann davon ausgegangen werden, dass der Szenezugehörigkeit und Szenenidentifikation mehr denn je zentrale Bedeutung für Jugendliche zukommt.

In der Oberösterreichischen Jugendstudie 1996 geben 41 % der Jugendlichen zwischen 13 und 21 Jahren an, zumindest einer jugendkulturellen Szene anzugehören. Bereits 13-Jährige fühlen sich zu rund 40 % einer Jugendkultur zugehörig, und dieser Anteil steigt mit zunehmendem Alter noch leicht an. Den Höhepunkt erlebt die Zugehörigkeit zu einer "Szene" im Alter von 16 Jahren. Ab 19 Jahren ist eine rapide Abnahme der Szeneaffinität festzustellen. 21-Jährige fühlen sich nur mehr zu 20 % einer Jugendkultur zugehörig – d. h. auch hier ist die vielerorts beobachtete "Vorverlagerung" der Jugendphase bemerkbar –, Jugendkulturen werden in den neunziger Jahren im Unterschied etwa zu den siebziger Jahren nicht mehr von Studenten, d. h. von "älteren" Jugendlichen dominiert (Dornmayr/Nemeth 1996).

Szenensympathie – Szenenzugehörigkeit

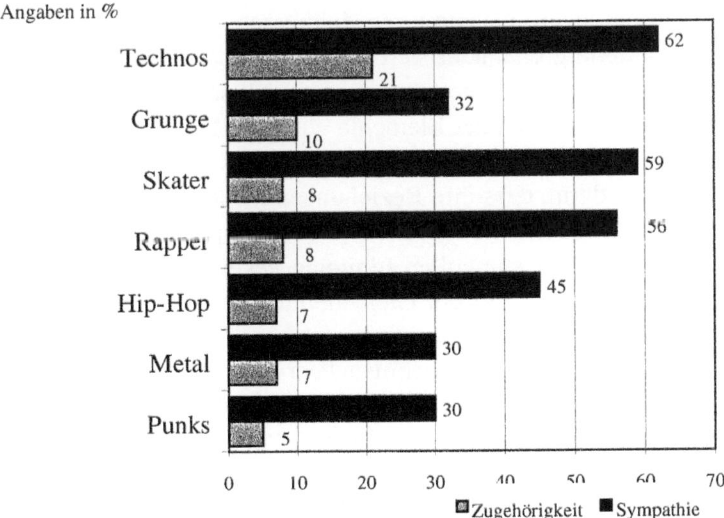

OÖ Jugendstudie 1996, n = 1265, Basis: 13- bis 21-Jährige in Oberösterreich (OÖ)

Teilhabe an Jugendkultur ist aufgrund der Strukturen der modernen Mediengesellschaft nicht mehr von realen, personalen und lokalen Faktoren abhängig, sondern kann sich durchaus auf eine virtuelle oder imaginäre Szenezugehörigkeit beschränken oder in bloßer Szenesymphatie erschöpfen: "Eine Satellitenschüssel, und mit VIVA kommt die Kultur des Hip-Hop ins entlegenste Bergdorf und erreicht so den Möchte-gern-Hip-Hopper, der – vielleicht Hip-Hop-mäßig gekleidet oder auch nicht – dort sitzt und Musik-TV sieht. Da braucht es keine personalen oder lokalen Verbindlichkeiten und Beziehungsstrukturen mehr, eine hohe Szene-Identifikation reicht aus, um – zumindest virtuell – mit dabei zu sein" (Großegger 1998, S. 44).

Peers als Hilfe zur Selbsthilfe

Heranwachsende verbringen wesentliche Teile ihrer Freizeit in informellen Netzwerken der Gleichaltrigen. Diese freiwilligen und eigenständigen Freundesgruppen, auch Peers genannt, sind zumeist durch ähnliche Ziele, Wertvorstellungen, Stilrichtungen, Geheimnisse, Interessen, Bindungen der Zuneigung und Bewunderung charakterisiert und grenzen sich gegenüber der Außenwelt (die nicht immer nur die Erwachsenenwelt sein muss) durch eigene jugendkulturelle Symbole oder Elemente wie z. B. Musik, Haarschnitt, Kleidung, Sprache ab (vgl. Klawe 1986, S. 164). Das Besondere für Jugendliche besteht u. a. darin, dass ihre Beziehungen nicht von einer erwachsenen Autorität bestimmt werden, sondern von der Kooperation bei der gemeinsamen Suche nach einer sinnvollen Einigung gekennzeichnet sind. Sie können idealerweise ein Verhältnis der Gleichheit und der Wechselseitigkeit aufbauen.

Für immer mehr Jugendliche übernehmen Peer-groups zu einem immer früheren Zeitpunkt ihrer Biographie sozialisierende Funktionen. Gerade in westlichen Industriegesellschaften ist ein Bedeutungszuwachs altershomogener Gruppen zu beobachten. Heranwachsende verbringen zusammen mit Gleichaltrigen ihre (Frei-)Zeit und versuchen in ihrer gemeinsamen sozialen Lage, die ihnen gestellten Anforderungen aus der Erwachsenenwelt zu interpretieren, zu bewältigen oder abzuwehren (vgl. Fend 1988, S. 154; Baacke

1991, S. 283 ff.). Gleichzeitig lässt sich heute beobachten, dass die formellen Jugendgruppen (konfessionelle oder politische Jugendorganisationen, institutionalisierte Jugendinitiativen, diverse Vereine usw.) mit deutlich rückgängigen Mitgliederzahlen konfrontiert sind.

Da gesellschaftliche Konzepte und Integrationsmuster brüchig geworden sind, haben Peers nicht nur eine Vorbereitungsfunktion (auf die noch unzugängliche Erwachsenenwelt) und Integrationsfunktion (also Vermittlung zwischen traditionellen und modernen Wertesystemen) für junge Menschen. Peers haben heute vielmehr eine überlebenswichtige und sinnstiftende Funktion für die Lebensbewältigung Heranwachsender. Gleichaltrigengruppen bieten den Kids "Hilfe zur Selbsthilfe". Sie geben Orientierung, Sicherheit, Geborgenheit und vor allem Stütze bei der Gestaltung ihrer eigenen Biographie, sie sind letztlich der Ort jugendlicher Identitätsbildung (vgl. Ferchhoff 1990, S. 29).

Die "Solidargemeinschaft von Gleichaltrigen" bietet den Kids einen Freiraum für die Auseinandersetzung und Verarbeitung von "biologisch bedingten Reifungsprozessen, internen Entwicklungsspannungen und sozialkontextuellen Bedingungen" (Baacke 1991, S. 284).

Jugendsexualität ist Beziehungssexualität

Allen Untersuchungsergebnissen im deutschsprachigen Raum zufolge kann man heute von einem Trend zur "in Beziehung gelebten Jugendsexualität" sprechen, denn sexuelle Einstellungen und Verhaltensweisen von Mädchen und Burschen sind in kommunikative Kontexte eingebunden. Die Beziehungssexualität der Jugendlichen basiert auf dem Prinzip der seriellen Monogamie und meint damit, dass Treue auf Dauer der Beziehung limitiert ist. Für die Mehrzahl der Mädchen und Burschen ist es heute ganz selbstverständlich, dass man vor der Ehe mehrere Liebes- und Intimbeziehungen durchlebt, bis man die ideale Traumfrau bzw. den idealen Traummann gefunden hat – und das durchaus verantwortungsvoll, selbstbewusst und selbstbestimmt. Jugendliche lassen sich heute nicht mehr vorschreiben, wie sie ihre Sexualität zu leben haben, und scheinen die von ihren Eltern in ihrer Jugendzeit abgelehnten Tugenden wie Treue und Liebe durchaus wertzuschätzen. Dort, wo Beziehungen gesucht und gelebt werden, wird früher oder später auch Sexualität einbezogen. Die traditionelle Sexualmoral wird durch eine Verhandlungsmoral der Partnerin, des Partners ersetzt und ermöglicht damit eine Vielfalt an sexuellen Verhaltensweisen.

Sexuelle Treue ist die wichtigste Voraussetzung für eine Partnerschaft

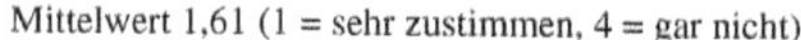

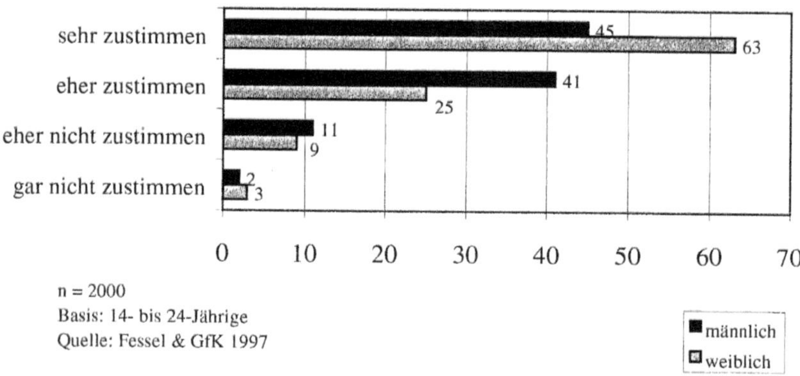

Vergleicht man die relevanten Studien zum Sexualverhalten Jugendlicher der letzten Jahre, so ist festzustellen, dass die Phasen des heterosexuellen Verhaltens bei Mädchen und Burschen – also vom ersten Kuss bis zum ersten Geschlechtsverkehr – in fast einheitlicher Gestaltung und Abfolge durchlaufen werden. Jugendliche erleben demzufolge ihre ersten sexuellen Erfahrungen in einer ziemlich konformen "Stufenfolge": Nach dem Verlieben und der festen Verabredung kommt es zum ersten Kuss, nach den ersten Pettingerfahrungen folgt der erste Geschlechtsverkehr usw.

Die folgende Tabelle zeigt das durchschnittliche Alter der psychosexuellen Entwicklungsschritte aus der internationalen Studie "Jugendsexualität und Aids" (vgl. Nöstlinger/Wimmer-Puchinger 1994):

Psychosexuelle Entwicklungsstufen	Prozent	Alter (n=1.108, øalter: 17,15)
Das 1. Mal verliebt sein	94 %	12,9 (14)
Die 1. Verabredung	91 %	13,1 (14)
Der 1. Kuss	89 %	13,1 (14)
Der/die 1. feste Freund/in	72 %	14,3 (14)
Das 1. heterosexuelle Petting	62 %	14,9 (15)
Das 1. homosexuelle Petting	4 %	13,4 (13)
Der 1. heterosexuelle Koitus	43 %	15,5 (16)

Quelle: Nöstlinger 1994; Internationale Studie "Jugendsexualität und Aids 1990/1991"

94 % aller befragten Jugendlichen waren bereits einmal verliebt und das durchschnittlich mit knapp 13 Jahren, wobei aber 14 Jahre der Wert ist, der am häufigsten genannt wurde. Der Zeitpunkt des ersten Geschlechtsverkehrs wird in diesem Untersuchungssample auf durchschnittlich 15,5 Jahre festgelegt. Auch bei der aktuellen "Aids"-Jugendstudie 1997 beträgt das Durchschnittsalter beim "ersten Mal" 15,5 Jahre bei einer Teilstichprobe von 616 sexuell erfahrenen Jugendlichen. Das sind etwa die Hälfte der Jugendlichen in der Gesamtstichprobe, die "ein paar Mal" (28 %) und "regelmäßig" sexu-elle Erfahrungen gemacht haben. Durchschnittlich haben die befragten Jugendlichen mit zwei Partnerinnen bzw. Partnern geschlafen. Statistische Geschlechtsunterschiede sind nicht festzustellen (vgl. Fink/Wimmer-Puchinger 1998, S. 40 f.).

Die österreichische "Kids"-Studie "Abschied von der Kindheit. Die Lebenswelten der 11- bis 14-jährigen Kids", die repräsentativ für dieses Alterssegment Daten über die verschiedenen Lebensbereiche enthält, zeigt auch auf, dass diese Altersgruppe keineswegs so frühreif ist, wie oft in den Massenmedien betont wird. Sexuelle Erfahrungen mit dem anderen Geschlecht konzentrieren sich in dieser Übergangsphase vor allem auf Formen wie Händchenhalten, Schmusen, Küssen und Streicheln. Mit zunehmendem

Alter werden aber auch andere intimere Formen der Sexualität bedeutsam. Hinsichtlich der sexuellen Erfahrungen ergaben sich für diese Altersgruppe weder signifikante Unterschiede nach Geschlecht noch nach Schulbildung. Erst bei den 15- bis 17-Jährigen, die als Kontrollgruppe in der "Kids"-Studie befragt wurden, weisen Jugendliche, die schon berufstätig sind, mehr sexuelle Erfahrungen auf als jene, die noch zur Schule gehen.

In den meisten sexualwissenschaftlichen Studien wird dem durchschnittlichen Alter des ersten Geschlechtsverkehrs eine besondere Rolle zugewiesen. Er gilt vielfach als Indikator für moralische Positionen unterschiedlichster Weltanschauungen (Werteverfall, Liberalität). Die ersten sexuellen Erlebnisse sind daher zumeist wilden Spekulationen ausgesetzt. In den letzten 50 Jahren kann von einer deutlichen Vorverlegung der sexuellen Erfahrungen gesprochen werden, die wesentlichsten Veränderungen in dieser Hinsicht fanden in den sechziger und siebziger Jahren statt (vgl. Schmidt 1993; Nöstlinger/Wimmer-Puchinger 1994 u. a.). In den letzten 25 Jahren haben sich die "sexual milestones" jedoch kaum mehr nach vorne verschoben. Ob Jugendliche heute daher als "enthaltsame" oder "frühreife" Generation beschrieben werden, hängt wesentlich von der Perspektive der Betrachterin, des Betrachters ab. Widersprüchliche Spekulationen darüber, ob es heute zu einer weiteren wesentlichen Vorverlagerung oder aber zu einer Rückverlagerung ("Rekonventionalisierung") des Zeitpunkts der ersten sexuellen Erfahrungen kommt, lassen sich derzeit mit den vorhandenen empirischen Daten nicht wirklich festmachen.

Arbeitslosigkeit als zentrales Problem Jugendlicher

"Die gesellschaftliche Krise hat die Jugend erreicht" – so lautet der Tenor der deutschen "Shell-Studie 1997" (vgl. Fischer/Münchmeier 1997) –, eine Feststellung, die auch auf die Situation Jugendlicher in Österreich zutreffend ist. Denn auch hierzulande wird ähnlich wie in Deutschland Arbeitslosigkeit von Jugendlichen als Hauptproblem wahrgenommen. Auch wenn in Österreich die Jugendarbeitslosigkeit mit 6,5 % (Oktober 1998) vergleichsweise gering ist, so liegt auch in österreichischen Studien beim Ranking von Zukunftsproblemen "Arbeitslosigkeit" unangefochten an erster Stelle (vgl. Fessl 1997; Karlhofer 1997):

Sorgen und Ängste

Angaben in %

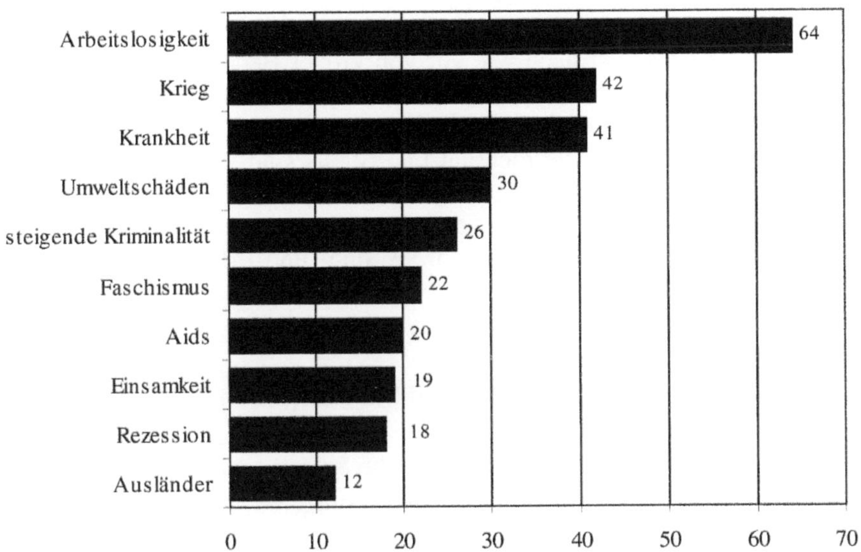

n = 2000
Basis: 14- bis 24-Jährige
Quelle: Fessel & GfK 1997

Arbeitslosigkeit, Globalisierung, Abbau oder Verlagerung von Beschäftigung sind inzwischen also nicht mehr nur Belastungen des Erwachsenenlebens, von denen Jugendliche in ihrem Schonraum unbehelligt bleiben. Im Gegenteil: Diese Probleme haben das Zentrum der Jugendphase erreicht. Die Integration in den Arbeitsmarkt ist heute nicht mehr so einfach wie noch vor 20 Jahren. Junge Menschen stehen einem ungeheuer anspruchsvollen Arbeitsmarkt gegenüber, der hochwertige Qualifikationen belohnt und der die Minderqualifizierten an den Rand drängt. Der immer enger werdende Arbeitsmarkt bringt junge Menschen in eine paradoxe Situation: Einerseits wollen Jugendliche erwachsen werden, andererseits sehen sie sich gezwungen, im Status eines Jugendlichen zu bleiben, weil die ökonomischen Grundlagen zur Erreichung von Unabhängigkeit und Eigenständigkeit – wie der eigene Arbeitsplatz – nicht mehr selbstverständlich zur Verfügung stehen. Und auch wenn es in den letzten Jahrzehnten zu einer klaren Bedeutungsverschiebung von Arbeit zugunsten der Freizeit gekommen ist – allein das Ausmaß an freier Zeit hat sich in Österreich seit den fünfziger Jahren verdreifacht –, so ist Arbeit nach wie vor von großer Bedeutung für Jugendliche, wenn es um Identitätsfindung und den Erwerb von Statuspositionen geht (vgl. Friesl u. a. 1998, S. 39).

Aber nicht nur berufliche Identität und Status sind in Gefahr, wenn Jugendliche von dem Arbeitsmarkt ausgeschlossen bleiben. Vielmehr werden den betroffenen Jugendlichen damit gleichzeitig auch tendenziell die materiellen Voraussetzungen entzogen, um an Sinn- und Erlebniswelten außerhalb der Arbeit teilzuhaben.

Jugendpolitik zwischen Engagement und Emigration

Wenn in der Gesellschaft über das politische Selbstverständnis von Jugendlichen gesprochen wird, werden in der Regel Einzelereignisse und Teilbeobachtungen wiedergegeben. So wird Jugendlichen entweder vorgehalten, sie seien zu apolitisch oder zu radikalisiert (am anderen Ende des Spektrums). Aus der Perspektive von Erwachsenen geht es scheinbar in erster Linie darum, ob und wieweit sich Jugendliche in bestehende (politische) Verhältnisse integrieren lassen.

So groß die Bedeutung der kleinen Welt für junge Menschen ist, so distanziert stehen sie den großen gesellschaftlichen Zusammenhängen gegenüber. Während die kleine Lebenswelt boomt, ist traditionelle Politik für die große Mehrheit der Jugendlichen ohne Bedeutung.

Jugendliche von heute stehen den gesellschaftlichen Institutionen insgesamt (Parteien, Verbänden, Vereinen...) mit zynischer Distanz gegenüber. Der Vorwurf von Erwachsenen im Hinblick auf die "Politikverdrossenheit der heutigen Jugend" kommt verstärkt dann, wenn junge Menschen zunehmend den Weg zur Wahlurne verweigern; wenn junge Menschen eine geringe Bereitschaft zur Teilnahme am Organisationsleben von politischen Parteien und Verbänden zeigen; wenn eine wachsende Distanz junger Menschen zu staatlichen Institutionen wahrgenommen wird; wenn junge Menschen ihren tief sitzenden Parteienverdruss in all' ihren Lebenssituationen zum Ausdruck bringen oder, pointiert gesagt, wenn junge Menschen von heute nicht gewillt sind, sich in die Politik von gestern zu integrieren.

Ihre so genannte Politikverdrossenheit bezieht sich, wie viele Studien in der Vergangenheit bereits belegt haben, in erster Linie auf die gesellschaftlich etablierte Parteienpolitik. Interesse an Politik wird sehr häufig – und auch von den Jugendlichen selbst – als Interesse an eben dieser institutionellen Politik verstanden. Ihre Einstellungen zu dieser institutionalisierten Politik sind daher mehr als kritisch, gleichzeitig ist aber das politische Wissen unter den Jugendlichen so groß wie nie zuvor. Daraus jedoch auf eine grundsätzliche Entpolitisierung der Jugendlichen zu schließen, würde nicht zutreffen. Es zeigt vielmehr, dass Jugendliche sich nicht von herkömmlicher Politik instrumentalisieren lassen. Sie haben durchschaut, dass Politikerinnen und Politiker keine adäquaten Lösungen für die anstehenden Probleme wie Lehrstellenmangel, Sozialabbau, Arbeitslosigkeit etc. anbieten können. Jugendliche fühlen sich nicht ernst genommen und nehmen die Rolle der Deserteure in diesem politischen System ein.

Skepsis, Parteienverdruss, Kritik an den politischen Strukturen und der Geltungsverlust der Institutionen sind aber, wie die Politikforschung zur Genüge zeigt, eine allgemeine Erscheinung und betreffen daher nicht nur junge Menschen.

Die Einstellung vieler Jugendlicher zur Politik ist heute eine ganz andere: Man hat es mit einer zutiefst personalisierten Politik, und damit auch mit einem ebensolchen Zugang zu politischen Problemen der Jugendlichen zu tun. Das Zentrum der neuen politischen Herangehensweise ist die eigene Person, die direkte Umwelt. "Personal politics" heißt die Devise; und von diesem Ansatz ausgehend, erkennen junge Menschen, dass alles politisch ist – nicht nur die Parteien. Das ganze Leben wird zu einer politischen Meinungsäußerung, und viele Aktionen, auch wenn sie nicht bewusst als politisch geplant sein mögen, sind in ihren Auswirkungen zutiefst praxisrelevant politisch. Wenn beispielsweise Jugendliche öffentliche (Spiel-)Plätze beanspruchen und besetzen, reagieren Kommunalpolitiker. Politische (An-)Teilnahme ist mehr als einfach bewusstes Engagement und Inanspruchnahme von Partizipationsangeboten. Das politische Handeln wird damit in hohem Ausmaß gegenwartsbezogen oder richtet sich auf eine kurzfristige Zukunftsperspektive. Was zählt, ist die Handlung, die Aktion im Hier und Jetzt.

Wie die Ergebnisse der aktuellen Untersuchung im Rahmen der Österreichischen Jugend-Wertestudie (vgl. Friesl 1999) zeigen, findet man heute bei Jugendlichen häufig postoptimistische Überzeugungen. Postoptimisten sind junge Menschen, die zu wissen glauben, was zu tun wäre und die gleichzeitig jegliche Hoffnung darauf verloren haben, dass das, was richtig und wichtig ist, jemals in die Praxis umgesetzt wird. Hier sind der Wille zur Veränderung, das politische Interesse und die Wahrnehmung eigener Machtlosigkeit zutiefst miteinander verbunden.

Jugendliche setzen jedoch ihre kreativen Fähigkeiten und Visionen als Produktkraft für zukünftige Veränderungen dort ein, wo sie entsprechende Strukturen und Freiräume (z. B. in den verschiedensten Formen und Modellen der Partizipation und Mitbestimmung) vorfinden – bei gleichzeitiger Abkehr von traditionellen Formen politischer Mitbestimmung. Jugendliche möchten für sich selbst entscheiden, wo und wann sie sich engagieren. Dies spiegelt auch die fortschreitende Individualisierung der Gesellschaft wider.

Literatur

Beck, U.: Der Konflikt der zwei Modernen. In: Die Modernisierung der modernen Gesellschaft. Verhandlungen des 25. Deutschen Soziologentages. Frankfurt/Main 1991

Baacke, D.: Die 13- bis 18jährigen. Einführung in Probleme des Jugendalters. Weinheim/Basel 1991[5]

Bundesministerium f. Umwelt, Jugend und Familie: Jugendpolitik in Österreich. Wien 1998

Dornmayr, H./Nemeth, D.: Oberösterreichische Jugendstudie 1996. Institut für Berufs- und Erwachsenenbildungsforschung an der Universität Linz (Hg.). Linz 1996

Fink, B./Wimmer-Puchinger, B.: Aids-Jugendstudie 1997. Ludwig Boltzmann-Institut für Frauengesundheitsforschung (Hg.) i. A. des BM für Arbeit, Gesundheit und Soziales. Wien 1998

Fischer, A./Münchmeier, R.: Jugend '97. Zukunftsperspektiven, Gesellschaftliches Engagement, Politische Orientierungen. Jugendwerk der Deutschen Shell (Hg.). Opladen 1997

Fend, H.: Sozialgeschichte des Aufwachsens. Frankfurt/Main 1988

Ferchhoff, W.: Jugendkulturen im 20. Jahrhundert. Von den sozialmilieuspezifischen Jugendsubkulturen zu den individualitätsbezogenen Jugendkulturen. Frankfurt/Main 1990

Fessel & GfK: Jugend 1997. Lebensgefühl (mit Jugendtypologie). Tabellenband. Wien 1997

Friesl, Chr. (Projektleitung): Österreichische Jugend-Wertestudie. Österreichisches Institut für Jugendforschung (Hg.). Wien 1999 (derzeit noch unveröffentlicht)

Friesl, Chr. u. a.: Experiment Jugend. Lebenswelten und Kulturformen Jugendlicher am Ende der 90er Jahre. In: Krieger, W./Schwarz W. (Hg.): Jugend und Kirche. Auf der Suche nach einer neuen Bewegung. München 1998

Großegger, B.: Die Hype-Maschine. Jugend(kultur)medien sind Lifestyle-Fabriken. In: Grossegger, B./Heinzlmaier, B./Zentner, M. (Hg.): Trendpaket 2. Graz/Wien 1998, S. 42 – 45

Heitmeyer, W./Olk, T.: Individualisierung von Jugend. Gesellschaftliche Prozesse, Subjektive Verarbeitungsformen, Jugendpolitische Konsequenzen. Weinheim/München 1990

Karlhofer, F.: Jugend & Politik in Westösterreich. Ergebnisse einer Repräsentativerhebung. Innsbruck 1997

Klawe, W.: Arbeit mit Jugendlichen. Einführung in Bedingungen, Ziele, Methoden und Sozialformen der Jugendarbeit. Weinheim/München 1986

Kögler, I.: That's the way we like it. Rituale als Stile jugendlicher Szenen. In: Tracts. Richtungsmagazin für gesellschaftliche Erscheinungsformen 6/1998, S. 8 – 15

Kromer, I./Tebbich, H.: Zwischenwelten. Das Leben der 11- bis 14-Jährigen. Österreichisches Institut für Jugendforschung (Hg.). Wien 1998

Kytir, J./Münz, R.: Jugend in Österreich – demographische Aspekte einer Lebensphase. In: Janig H./Rathmayr, B. (Hg.): Wartezeit. Innsbruck 1994, S. 25 – 48

Luger, K.: Die konsumierte Rebellion. Geschichte der Jugendkulturen 1945 – 1990. Wien u. a. 1991

Nöstlinger, Chr./Wimmer-Puchinger, B.: Geschützte Liebe. Jugendsexualität und Aids. Eine internationale Studie 1990/91. Wien 1994

Österreichisches Statistisches Zentralamt (Hg.): Statistisches Jahrbuch für die Republik Österreich 1997. Wien 1997

Schmidt, G. (Hg.): Jugendsexualität. Sozialer Wandel, Gruppenunterschiede, Konfliktfelder. Beiträge zur Sexualforschung (Bd. 69). Stuttgart 1993

Bernhard Natschläger und Wilfried Datler

Autonomiebestrebungen und Medienverhalten österreichischer Jugendlicher

"Es ist auch mir gewiss, dass es den Austritt aus der Gesellschaft nicht gibt!"
Ingeborg Bachmann 1959

Wenn aus Kindern Jugendliche werden, sind sie selbst für ihre engste Umgebung manchmal kaum wieder zu erkennen. Neben den einschneidenden körperlichen Veränderungen zu Beginn der Pubertät scheinen Buben und Mädchen mehr oder weniger freiwillig auch ihre Ansichten, Eigenschaften, Gewohnheiten, Interessen und Abneigungen – kurz: ihre gesamte Persönlichkeit – einer tief greifenden Umorganisation zu unterziehen. Solche Beobachtungen wurden schon bald zum Gegenstand psychoanalytischer Theoriebildungen. Anna Freud (vgl. 1936, S. 113) beschreibt die einsetzende Geschlechtsreife und die damit verknüpften Aktualisierungen infantiler Konflikte als Zerstörung des mühsam erlangten psychischen Gleichgewichts, welche dazu führt, dass Jugendliche letztlich ihr ganzes Dasein auf einen einzigen Punkt ausrichten: auf die Beschäftigung mit ihrer eigenen, nunmehr radikal ungewissen Persönlichkeit. Im Laufe dieser Beschäftigung setzen sich Jugendliche im Austausch mit anderen mit dem zentralen Thema sexueller und sozialer Identität auseinander (vgl. das Konzept der Ich-Identität bei Erikson 1959).

Das Suchen nach und das Ringen um eine "erwachsene" Form der Ich-Identität gestaltet sich nie in ausschließlich harmonischer, womöglich auch noch rationaler Weise, sondern ist in der Regel mit einer Vielzahl innerer und äußerer Konflikte verbunden. Solche Konflikte entzünden sich u. a. an massiven, mitunter sogar grotesk anmutenden Bedürfnissen Jugendlicher, auf ihre Eigenständigkeit, Andersartigkeit und Autonomie zu beharren. Sie treten sehr oft in heftige Opposition zu den elterlichen und schulischen Autoritäten. Blos (1962, S. 239) schreibt der von ihm so bezeichneten "Flucht in eine familienfremde Subkultur" einige Bedeutung zu: "Die Entfernung des schädlichen elterlichen Reizes und die Tatsache, einer Umgebung mit einem positiven Identifizierungspotential ausgeliefert zu sein, setzt oft eine progressive Entwicklung, die fast zum Stillstand gekommen ist, wieder in Gang".

Insofern kommt dem Hervorbringen von Subkulturen und Jugendszenen sowie dem "Eintauchen" in solche Szenen aus psychoanalytischer Sicht eine besondere, strukturbildende Funktion zu, der wir auf den folgenden Seiten besondere Aufmerksamkeit widmen werden.[1]

Einen solchen, kontinuierlich genutzten und vielfältigen Bereich jugendspezifischer Subkulturen stellen Medienprodukte dar. Peer-groups definieren sich zu nicht unwesentlichen Anteilen über die Musik, die ihren Mitgliedern gefällt, über die Videos oder Filme, die sie sehen oder über den von einer Mehrheit bevorzugten Kleidungsstil.

In einem zweiten Schritt werden wir aktuelle Daten zur Nutzung unterschiedlicher Medienangebote durch österreichische Jugendliche vorstellen und vor dem Hintergrund psychoanalytischer Konzepte zur Adoleszenz kommentieren.

Erzwungene Autonomie und frei gewählte Abhängigkeit – adoleszente Widersprüche

Das Nachdenken, Forschen und Publizieren zum Thema "Pubertät" oder "Adoleszenz" ist seit geraumer Zeit einem merklichen "Stilwandel" unterworfen. Die noch von Erikson mit klaren Worten ins Zentrum seines Identitätskonzepts gerückte "Überzeugung (...), dass man sich zu einer bestimmten Persönlichkeit innerhalb einer nunmehr verstandenen sozialen Wirklichkeit entwickelt", (Erikson 1959, S. 107) ist zusehends vorsichtigen, abwägenden oder multiperspektivischen Überlegungen und Formulierungen gewichen.

Dieses Phänomen ist einerseits zum (freilich geringeren) Teil im Kontext einer theoretischen Differenzierung und Weiterentwicklung psychoanalyti-

[1] Zu manchen dieser Gedanken wurden wir von V. Gartner und N. Feldsmann angeregt.

scher Konzepte zu begreifen.[2] Den weitaus größeren Anteil am veränderten Bild der Adoleszenz in wissenschaftlichen Publikationen hat jedoch mit höchster Wahrscheinlichkeit eine inzwischen vollzogene Reaktion auf grundlegend gewandelte gesellschaftliche Bedingungen. Insofern tragen Publikationen neueren Datums auch der längst im Alltagsbewusstsein verankerten Erkenntnis Rechnung, dass das Heranwachsen "nicht mehr das ist, was es einmal war".[3] Jüngere und jüngste Erkenntnisse der modernen Soziologie untermauern zudem den alltäglichen Eindruck, dass sich nicht allein *einzelne* Aspekte soziokultureller Gegebenheiten verändert haben, sondern dass vielmehr *sämtliche* gesellschaftliche Rahmenbedingungen unter dem Diktat einer permanenten potentiellen Veränderlichkeit stehen und somit ständig neue Anforderungen an Individuen möglich werden (vgl. die Interpretation des "neuen Kapitalismus" von Sennett 1998). Die Tatsache immer heterogener werdender Lebensgeschichten und die zunehmend schwerer durchschaubare Zugehörigkeit zu sozialen Gruppen spiegelt sich auch in psychoanalytisch-pädagogischer Fachliteratur wider: Ein augenscheinliches Merkmal jüngerer entwicklungstheoretischer Veröffentlichungen ist etwa in der deutlichen Zurückhaltung in Bezug auf die Annahme ganz bestimmter und konkreter Entwicklungslinien und -aufgaben zu erkennen. Stattdessen fällt der verstärkte Hinweis auf die Bedeutung der Gestaltung von vielfältigen psychosozialen Widersprüchlichkeiten und kulturellen Antagonismen auf (vgl. Bohleber 1996).

Dabei ist der Gedanke, Adoleszenz als einen Prozess zu verstehen, der von einem schwankenden Gleichgewicht einander widersprechender Intentionen, Gefühle und Handlungen bestimmt ist, nicht erst seit den letzten zwanzig Jahren im Gespräch. Blos (1962, S. 129) beschreibt, dass "die Neigung, Kindheitsprivilegien aufrechtzuerhalten und dabei aber gleichzeitig Erwachsenenvorrechte zu beanspruchen", geradezu als "Synonym für die Adoleszenz selbst" anzusehen sei. Dieser "Zustand" wird in der Literatur

---

[2] Insbesondere der Begriff der "Identität" wurde (vor allem in kritischer Abgrenzung zu Erikson) kontrovers diskutiert und vereinzelt durch Konzepte so genannter Patchwork-Identitäten ersetzt (zu solchen Diskussionen sowie zu Kritik und Einwänden gegen solche Konzepte vgl. Darmstädter und Mey 1998).

[3] Vor allem in populärwissenschaftlichen Texten setzt sich mitunter auch der wehmütige und tendenziell pessimistische Unteron dieser Floskel fort.

mit folgenden psychodynamischen Aspekten in Verbindung gebracht: Während der Adoleszenz setzt für die Heranwachsenden eine (sowohl emotionale als auch reale) Fortbewegung von der Familie ein. Der Verzicht auf primäre Liebesobjekte geht mit der Schwächung kindlicher Identifizierungen und Über-Ichstrukturen einher, was zu dem oben erwähnten Paradox führt. Einerseits werden die Eltern, ihre Haltungen und Autorität kritisiert, herabgesetzt und angegriffen – insofern werden "Erwachsenenrechte" auf eine "eigene Meinung" in Anspruch genommen. Andererseits jedoch impliziert ein solcher Entwicklungsschritt auch ein hohes Maß an persönlicher Verunsicherung, was sich, vor allem in der Frühadoleszenz, in teilweise stark regressiven Tendenzen widerspiegelt – die Halt und Geborgenheit versprechende Konformitätsbereitschaft von Jugendlichen in ihren Peer-groups gehört zu diesen Tendenzen. Die schwierige Lebenssituation (Früh)-Adoleszenter lässt sich insofern auch als komplizierte "Pattstellung" darstellen. Die energische Trennung von Abhängigkeiten und Konventionen trägt die Neigung zur Unterordnung unter die nächsten Regeln, Stile und Rituale bereits im Kern in sich. Im Allgemeinen jedoch überwiegen auf Dauer die fortschrittlichen, auf Trennung und Selbständigkeit abzielenden Anteile – aus Jugendlichen werden schließlich doch Erwachsene.

Schon allein vor dem Hintergrund dieser wenigen, auf klassische Positionen zurückgehenden Anmerkungen wäre es ungerechtfertigt und kurzschlüssig, anzunehmen, Autoren wie Anna Freud, Erikson oder Blos hätten die Ausbildung von erwachsener Autonomie nicht gebührend beschrieben. Ganz im Gegenteil haben die Genannten aus triebtheoretischer bzw. aus ichpsychologischer Sicht das für Jugendliche lebensbestimmende Ungleichgewicht zwischen phantasierter Omnipotenz und Selbständigkeit auf der einen und anhaltender Abhängigkeit auf der anderen Seite auf anerkannt elaborierte Weise theoretisch erfasst. Jedoch meint "Autonomie" nicht immer das Gleiche. "Die psychisch wirksame Angebots- und Nachfragestruktur einer Gesellschaft bedingt also weitgehend den Verlauf der Adoleszenz in einer gegebenen Gesellschaft. Verändert sich diese, dann verändert sich auch der Gebrauchswert und der Tauschwert bestimmter Haltungen" (Gottschalch 1992, S. 93). Im Kontext abnehmender gesellschaftlicher Vorhersehbarkeit verlieren einzelne individuelle Eigenschaften an Bedeutung, andere wiederum stellen sich für Heranwachsende geradezu als überlebensnotwendig dar, darunter Selbständigkeit, Individualität, relative Ungebundenheit und Flexibilität. "Das Besondere an der heutigen Ungewissheit ist die Tatsache, dass sie nicht in Verbindung mit einer drohenden historischen Katastrophe steht, sondern vielmehr mit den alltäglichen Praktiken eines vitalen Kapitalismus verwoben ist. Instabilität ist normal" (Sennett 1998, S. 38).

Es scheint leicht nachvollziehbar zu sein, dass Erwachsenwerden unter den gegebenen soziokulturellen Umständen den Gegensatz zwischen der "privaten" Welt der Herkunftsfamilie und dem "öffentlichen" Bereich der Kultur nochmals zuspitzt. "Während der Adoleszenz muss das Individuum den Übergang von der Familie zur Kultur vollziehen, und in dieser Phase konstelliert sich auch der antagonistische Konflikt zwischen Familie und Kultur, der für die Strukturierung der Psyche von ebenso großer Relevanz ist wie der ödipale Konflikt in der Kindheit" (Erdheim 1992, S. 24). Erdheim sieht, im Anschluss an die Kulturtheorie des Freudschen Spätwerks, in der Familie den Ort des Aufwachsens, des Bewahrens und der Intimität, während der Kultur Funktionen wie jene der Innovation, der Revolution oder der Vernunft zukommen. Wiederholt betont Erdheim, dass der Antagonismus zwischen Familie und Kultur ein konstruktives, unverzichtbares Gegeneinander bedeutet: "Der Antagonismus zwischen diesen beiden Ordnungen ist eine Weiterentwicklung der Ambivalenz. Während die Ambivalenz notwendig ist, um unsere Autonomie aufzubauen, indem sie Fixierungen verhindert, zwingt uns der Antagonismus, unseren Geist lebendig zu erhalten. Der Antagonismus schafft den objektiven und subjektiven, den äußeren und den inneren Raum, in welchem die Adoleszenz sich erfüllen kann" (Erdheim 1992, S. 26).

Es deutet jedoch einiges darauf hin, dass das Ertragen, ja selbst das Entfalten dieses Antagonismus nicht gerade leichter wird. Verlängerte Schul- und Ausbildungszeiten zögern die tatsächliche Ablösung vom Elternhaus immer weiter hinaus. Gleichzeitig werden die Grenzen zwischen den Generationen, die noch vor drei Jahrzehnten gleichbedeutend mit kaum überwindlichen Kulturgrenzen waren, immer diffuser. Einerseits schmücken sich Eltern und Lehrer (bis ins hohe Alter hinein) mit den Zeichen demonstrativer "Jugendlichkeit" (vgl. Finger-Trescher 1997, S. 214), andererseits bietet die Generation der Eltern heute nur mehr in reduziertem Ausmaß Orientierung und (sachliche) Autorität. In Zeiten steten Wandels müssen auch sie ständig neu lernen – nicht selten von ihren Kindern (vgl. Krebs 1997, S. 127). Die für die Adoleszenz typischen Autonomiebestrebungen sind vor diesem sozialen Hintergrund nicht nur plausibel, sie erfahren auch eine starke Unterstützung durch diesen. Freilich ist dadurch noch nicht geklärt, inwiefern solche Formen der Autonomie von Jugendlichen auch tatsächlich immer erstrebt werden, oder inwiefern sie Ausdruck der Reaktion auf Anforderungen sein könnten, vor denen Jugendliche sich allein gelassen fühlen. Die Pluralisierung von Lebensstilen ist demnach ein zweischneidiges Schwert: "Individualisierung ist nicht nur eine Freiheit, sondern stellt auch eine Anforderung an das Individuum dar. Individualität zu entwickeln ist ein durch die Gesellschaft erzwungener Anspruch an die einzelnen Gesellschaftsmitglieder" (Wirth 1998, S. 54).

Im Spannungsfeld zwischen den beiden Polaritäten – regressive Abschottung in der erträumten familiären Geborgenheit versus Individualität bis hin zur Vereinsamung und Überforderung – gewinnt für Jugendliche die Gruppe der Gleichaltrigen eine immer größere Bedeutung. In ihr bietet sich ein gewisser Freiraum, mit der Ablösung von der Herkunftsfamilie zu experimentieren. Wir werden sehen, dass die Auswahl und Nutzung verschiedenster Medienprodukte dabei eine wichtige Rolle spielt.

Markenjeans, Soap-Operas und Videoclips – von Mühen und Risiken der "Spaßgeneration"

Als Kevin Arnold den ersten Halbtag in seiner neuen Schule hinter sich hat, weiß er: "Was man ist, hängt nicht davon ab, was man ist, sondern in welcher Gruppe man ist." Es gibt wahrscheinlich kaum ein Medienprodukt, das auf gleichzeitig so charmante und doch insgeheim ernsthafte Weise den Übergang vom Kinderleben zum Jugendlichendasein darstellt wie die amerikanische TV-Serie *Wonder Years* (*Wunderbare Jahre*). Der anhaltende kommerzielle Erfolg dieser Serie ist wahrscheinlich auch ein Indikator dafür, wie sehr es den Autoren und Produzenten gelungen ist, die entsprechenden Saiten bei ihrem Publikum in aller Welt zum Klingen zu bringen. Heranwachsende sind zur Unterstützung und zur Orientierung auf Gruppen Gleichaltriger angewiesen. Abgesehen davon, dass die Wahlmöglichkeiten zwischen diversen Gruppen, Szenen und Cliquen in den letzten Jahrzehnten kontinuierlich angestiegen sind, ist die Bedeutung von Gleichaltrigengruppen keine "Errungenschaft" unserer Zeit. Wirft man einen (ersten) Blick auf aktuelle österreichische Studien, wie jene von Integral (1997) oder Parschalk (1998), so fällt allerdings auf, dass im Vergleich zu früheren Jahren die Gruppenzugehörigkeit von Jugendlichen immer weniger vom Herkunftsmilieu, sondern zunehmend von Konsum- und Marktbedingungen determiniert wird. "Nicht mehr die Verankerung von jugendlichen Lebensformen in der herkunftspezifischen ‚parent culture' ist bestimmend für die heutigen Jugendkulturen und -szenen, sondern eher modischeklektizistische Stil-Collagen, die als postmoderne, identitätsstiftende Bezugspunkte tendenziell allen verfügbar sind. An die Stelle der Milieugebundenheit ist die Marktgebundenheit getreten" (Vogelgesang 1997, S. 272 f.). Der Begriff des "Stils" steht in diesem Zusammenhang gleichbedeutend mit einer "spezifischen Form der Selbst- und Gruppenpräsentation" (a. a. O.). Jugendgruppen finden demnach sehr oft – man möchte meinen, so gut wie immer – zu einer äußerlich wahrnehmbaren, ästhetisierten und ritualisierten Form, sich von anderen Gruppen, vor allem aber von den Erwachsenen und ihren Institutionen abzugrenzen.

Die für Österreichs Jugendliche erhobene Situation bestätigt dieses Bild: Kids (die 11- bis 14-jährigen) sind sehr darauf bedacht, an Artikel, die Ausdruck ihres jeweiligen Lebensstils (und desjenigen ihrer Peer-group) sind, heranzukommen, und sie sind in zunehmendem Ausmaß auch ökonomisch in der Lage dazu. In der Studie von Parschalk (1998), die u. a. auf Interviews mit österreichischen Kids beruht, wird betont, dass sich Jugendmode (im Sinne eines kulturellen Gestaltungskonzepts) nicht auf den Erwerb von Bekleidung oder Accessoires beschränken lässt, sondern eng verwoben ist mit Musikvorlieben, sprachlichen Eigenheiten, Freizeitaktivitäten, gewählten Idolen oder Stars, ja sogar speziellen Essgewohnheiten (vgl. Parschalk 1998, S. 37). Dies wird nochmals plausibler, wenn berücksichtigt wird, wie vielfältig die Formen und Inhalte der verschiedenen Medienformate bzw.

Marktsegmente heute bereits miteinander verknüpft sind: Der Song aus einem Werbespot taucht z. B. in der Hitparade auf, das Video des Hits zeigt den Leadsänger in Klamotten eines Bekleidungskonzerns, in dessen bundesweit ausgestrahltem Werbespot wiederum ein ins Ohr gehender Song zu hören ist, usw. usf.

Anhand dieses kleinen Ausschnitts aus der gegenwärtigen Situation von Jugendlichen lässt sich bereits verdeutlichen, wie schwierig es ist, den von Erdheim beschriebenen Antagonismus zwischen Familie und Kultur scharf zu fassen: Peer-groups, deren psychosoziale Funktion unter anderem darin besteht, mit der Ablösung von der Elterngeneration zu experimentieren, konstituieren und identifizieren sich über die spezifische Nutzung von Konsumgütern und Medienprodukten. Medien sind insofern nicht allein "Bestandteile" von Peer-groups, sie initiieren und determinieren sie bis zu einem gewissen Grad. So gibt es etwa Peer-groups, in denen die jeweils aktuelle Folge bestimmter TV-Serien die verbindende Gemeinsamkeit aller Gruppenmitglieder darstellt, was sich auch in den Gesprächen zwischen den Jugendlichen ausdrückt. Die Fernsehserie ist insofern Ursache und Anlass des Zusammentreffens und Interagierens von Jugendlichen. Zwar sind die (in der Mehrzahl weiblichen) Jugendlichen entgegen vieler kulturpessimistischer Prognosen besorgter Medienpädagogen keineswegs "hilflos den ideologischen Manipulationen der nivellierenden Medienwelt ausgeliefert", sondern ganz im Gegenteil in hohem Ausmaß dazu in der Lage, sich reflektierend und kritisch von den formalen Gestaltungsmitteln der Medienprodukte zu distanzieren (vgl. Hepp 1997; Parschalk 1998, S. 39). Bei aller Selbständigkeit in der kognitiven und emotionalen Behandlung dieser Produkte lässt sich jedoch ein Aspekt nicht verleugnen: Diese Produkte werden von *Erwachsenen* produziert und beworben, sie werden den Jugendlichen schließlich auch von *Erwachsenen* verkauft.

Eine ähnliche Tendenz ist im Alterssegment der 15- bis 19-Jährigen erkennbar. Parschalk (1998) unterstreicht zwar, dass für das Lebensgefühl von Jugendlichen die Zugehörigkeit zu Gruppen wichtig ist, sie weist aber auch auf die große Mobilitätsbereitschaft der Heranwachsenden und den informellen Charakter der Gruppen hin. "Die Markenartikel, die schon bei den Kids eine große Rolle spielen, sind überaus wichtige Identifikations- und

Kommunikationsmittel in bzw. zwischen den unterschiedlichen Gruppen. Wie schon die Kids befinden sich die Jugendlichen im Konflikt zwischen Individualisierungs- und Zugehörigkeitsbestrebungen. Dies zeigt sich in einer Vielzahl von unterschiedlichen Outfits, Musikrichtungen und ‚In'-Sportarten. ‚Mainstream' ist ‚out', und somit sind Gemeinsamkeiten der gesamten Generation nur schwer auszumachen" (Parschalk 1998, S. 47). Gruppen, die auf persönliche Bindungen oder Engagement hin ausgerichtet sind, verlieren gegenüber anderen, anlass- und aktivitätsorientierten Gruppierungen massiv an Attraktivität. Gemeinsam ist den zahlreichen gegenwärtigen Jugendkulturen das Bemühen, möglichst wenig mit Erwachsenen in Kontakt zu treten.

Paradoxerweise ist der Konstituierung solcher informeller Gleichaltrigengruppen über die Nutzung unterschiedlicher Medienangebote wiederum nur ein gewisser "Erfolg" beschieden: Zwar scheinen sich Jugendliche weitgehend autonom eigene Reservate der Entspannung, Unterhaltung, Zonen der Selbstvergewisserung und des emotionalen Halts schaffen zu können, zu denen Erwachsene keinen oder nur sehr beschränkten Zugang finden, weil sie die dazu notwendige Medienkompetenz in vielen Fällen nicht ausreichend entwickelt haben.[4] Doch der Preis dieser Unabhängigkeit ist nicht gering.

Einerseits impliziert der informelle Charakter der Jugendszenen die Möglichkeit, relativ frei aus einem großen Angebot auszuwählen. Gruppen sind immer seltener exklusiv, das Bild der "eingeschworenen Clique" gehört weitgehend der Vergangenheit an. Dieser Umstand erlaubt es Jugendlichen, sich innerhalb kurzer Zeit verschiedenen, auch ideologisch stark divergierenden Gruppierungen anzuschließen: Der grell gefärbte und auf Underground stehende Punk kann durchaus zum gelegentlichen Gast einer kirchlichen Jugendgruppe werden und wenige Monate später im Sakko und mit

---

[4] Besonders aufschlussreich sind in diesem Zusammenhang die Arbeiten der "Arbeitsgemeinschaft sozialwissenschaftliche Forschung und Weiterbildung" in Trier.
Eine präzise Zusammenfassung wichtiger Forschungsergebnisse zu medienbestimmten Jugendkulturen – Videocliquen, Gruftis, Black Metal-Fans und Cyberpunks – bietet Vogelgesang (1997).

kurz geschnittenen Haaren ein eifriger Clubbing-Besucher sein.[5] Da die Bindungen der Gruppenmitglieder untereinander meist nicht sehr eng und eher auf Zeit angelegt sind, sind gravierende Konflikte selten. Man geht ein Stück des Weges miteinander, am Ende des Abends oder bei der ersten gröberen Auseinandersetzung trennt man sich. Doch die Ungezwungenheit und Unverbindlichkeit der Jugendszenen beinhaltet nicht nur den Aspekt der Freiheit, sondern sicher auch den der Unsicherheit, setzt sie doch voraus, dass Jugendliche sich immer wieder erneut um Anschluss bei einer Peergroup bemühen, was ein regelmäßiges Risiko einer narzisstischen Kränkung darstellen kann. Der in mehreren Studien erhobene jugendliche Trend zum Eskapismus, zur Idyllisierung des Familienlebens oder (zukünftiger) Zweierbeziehungen kann vor diesem Hintergrund wahrscheinlich als eine regressive Reaktion auf die "belastende Freiheit" gedeutet werden.

Andererseits verlangen markt- und medienbestimmte Jugendkulturen Jugendlichen ab, sich ständig auf dem Laufenden zu halten, offen zu sein für den nächsten Trend, ihm nach Möglichkeit vielleicht sogar zuvorzukommen. Die weitverbreitete Ablehnung des "Mainstream", einer Chiffre für den Stil, den Geschmack der Elterngeneration, trägt so gesehen zur Beschleunigung und Pluralisierung von Jugendkulturen bei. Da ja die gegenwärtige Tendenz klar in die Richtung geht, nahezu jeden subkulturellen Habitus innerhalb kurzer Zeit in den bunten Fundus des Massenunterhaltungsgeschmacks einzubauen[6], sind Jugendliche mit ihren entwicklungsadäquaten Autonomiebestrebungen geradewegs dazu genötigt, schrittweise immer neue, ausgefallenere oder extremere Formen der Selbst- und Gruppenpräsentation zu entwickeln. Eine bemerkenswerte Parallele am Rande: In gewisser Weise stellen die Freizeitkulturen von Jugendlichen ein nur geringfügig verzerrtes Abbild "erwachsener" Wirtschafts- und Arbeitsprozesse dar: Auch der

---

[5] Was in den Studien für die ca. 30 % in Ballungsräumen lebenden österreichischen Jugendlichen beschrieben ist, gilt in ähnlicher Weise für Jugendliche im ländlichen Raum, wobei an die Stelle von Clubbings oder Raves eher Diskothekenbesuche treten.

[6] Die rasend schnelle Eingliederung ehemals subkultureller Strömungen in das unverbindliche Geschmackseinerlei des "Mainstream" ist freilich auch als ein weiteres Symptom der "Juvenalisierung" zu verstehen, etwa nach dem Motto: "Wenn die Jungen heute auf der Straße mit ihren Skateboards um die Wette fahren, fahren wir morgen damit ins Büro."

moderne Arbeitnehmer ist selbständig, von Projekt zu Projekt beschäftigt, flexibel, mobil und vielseitig einsetzbar.

Drittens schließlich entpuppt sich die augenscheinliche Unabhängigkeit der Jugendlichen spätestens dann als partielle Illusion, wenn man bedenkt, dass das "Material" und die Inhalte ihrer auf Abgrenzung abzielenden Subkulturen Produkte eines weltumspannenden, vor allem aber von Erwachsenen gestalteten Marktes sind. Der Umstand, dass sich gruppenspezifischer, mitmenschlicher Austausch nicht allein unter Jugendlichen, sondern allgemein auf mediale Bedingungen eingelassen hat, dass Menschen von Medien abhängige bzw. erst durch sie wahrnehmbare Wesen sind, wird aus anthropologischer Sicht in jüngster Zeit sehr ernsthaft diskutiert (Wiegerling 1998, S. 35 ff.). Die Bindung von jugendlichen Peers an Medien im weiten Sinn des Wortes[7] – ob das nun besondere Markenjeans, eine Fernsehserie oder Videospiele sind – fungiert wahrscheinlich in vielen Fällen als greif- und wahrnehmbarer Ausgleich der von Jugendlichen tief erfahrenen persönlichen Verunsicherung. Eine wirkliche Loslösung oder vollständige Abgrenzung von der Welt der Erwachsenen hingegen ist auf diesem Weg nicht möglich. Erwachsenwerden bedeutet offenbar auch, sich der Vorstellung hinzugeben, aus der von Erwachsenen – auch medial – vorgeformten Welt aussteigen zu können, auch wenn sich dieser "Ausstieg" bei näherem Hinsehen als Illusion erweist. Dies dürfte jedenfalls für österreichische Jugendliche, vermutlich aber für sehr viele Jugendliche gelten, die in mittel- und westeuropäischen Ländern leben. Vielleicht erfahren manche Jugendliche den Antagonismus zwischen Jugendkultur und Erwachsenenwelt aber realitätsnäher und schärfer, wenn sie in einem westlichen Land oder einer Zeit aufwachsen, die von Jugendrevolten und -protesten geprägt ist.

[7] Als Medium im weiten Sinn sind letztlich alle Ausdrucksformen zu begreifen, die Bedeutung übertragen, Information vermitteln und auf Abwesendes verweisen.

Literatur

Bachmann, I.: Die Wahrheit ist dem Menschen zumutbar. Essays – Reden – Kleinere Schriften. München 1981

Blos, P.: Adoleszenz. Eine psychoanalytische Interpretation. Stuttgart 1962

Bohleber, W. (Hg.): Adoleszenz und Identität. Stuttgart 1996

Darmstädter, T./Mey, G.: Identität im Selbstwiderspruch oder "Die Schizophrenie des Lebens". Theoretische und empirische Einwände gegen "postmoderne" Konzeptualisierungsversuche von Identität. In: Psychologie & Gesellschaftskritik 88/1998, S. 65 – 94

Erdheim, M.: Aggression und Wachstum. Von der Chance im Übergang von der Familie zur Kultur. In: Finger-Trescher, U./Trescher, H. G. (Hg): Aggression und Wachstum. Theorie, Konzepte und Erfahrungen aus der Arbeit mit Kindern, Jugendlichen und jungen Erwachsenen. Mainz 1992, S. 23 – 38

Erikson, E. H.: Identität und Lebenszyklus. Frankfurt/Main 1959

Finger-Trescher, U.: Jugend und Gewalt. Neue Herausforderungen am Ende des Jahrhunderts? In: Krebs, H./Eggert Schmid-Noerr, A. (Hg.): Lebensphase Adoleszenz. Junge Frauen und Männer verstehen. Mainz 1997, S. 210 – 226

Freud, A.: Das Ich und die Abwehrmechanismen. Frankfurt/Main 1936

Gottschalch, W.: Die endliche und die unendliche Adoleszenz. In: Trescher, H. G./Büttner, C./Datler, W. (Hg.): Jahrbuch für Psychoanalytische Pädagogik 4. Mainz 1992, S. 89 – 103

Hepp, A.: Das Lokale trifft das Globale. Fernsehaneignung als Vermittlungsprozeß zwischen Medien- und Alltagsdiskursen. In: Hepp, A./Winter, R. (Hg.): Kultur – Medien – Macht. Cultural Studies und Medienanalyse. Opladen 1997, S. 179 – 200

Integral Markt- und Meinungsforschungsgesellschaft: Verhalten von Kindern zwischen 11 – 14 Jahren. Studie 1271/97. Wien 1997

Krebs, H.: Zwischen "Rambo" und "Softie" – Adoleszenzkrisen männlicher Jugendlicher. In: Krebs, H./Eggert Schmid-Noerr, A. (Hg.): Lebensphase Adoleszenz. Junge Frauen und Männer verstehen. Mainz 1997, S. 126 – 147

Parschalk, B.: Lebenszyklen, Lebensstile und Mediennutzung der jungen Österreicher und Österreicherinnen. ORF-Medienforschung. Wien 1998

Sennett, R.: Der flexible Mensch. Die Kultur des neuen Kapitalismus. Berlin 1998

Vogelgesang, W.: Stilvolles Medienhandeln in Jugendszenen. In: Hepp, A./Winter, R. (Hg.): Kultur – Medien – Macht. Cultural Studies und Medienanalyse. Opladen 1997, S. 271 – 286

Wiegerling, K.: Medienethik. Stuttgart/Weimar 1998

Wirth, H.-J.: Die Jugend schützen: Zum kulturell definierten Verhältnis von Kindern, Jugendlichen und Erwachsenen. In: tv diskurs 6/1998, S. 50 – 57

Jack Sanger

Vorstellungen über die Jugend im Vereinigten Königreich[1]

Der Versuch, sich ein objektives Bild von der Jugend oder irgendeiner anderen Phase der menschlichen Entwicklung machen zu wollen, ist natürlich ein fragwürdiges Unterfangen. Der Begriff "Jugend" ist eine soziale Konstruktion, die sich mit der Zeit und dem sozialen Umfeld ändert. Zudem wird dieses Konzept von Erwachsenen definiert und nicht etwa von denen, die damit gemeint sind. Dabei ist "Jugend" keineswegs ein modernes Konzept. In der Literatur – von den alten Griechen über Shakespeare bis heute – gibt es Verweise auf "die Jugend", die ein immer wiederkehrendes Element enthalten, nämlich das von Jugend als der Übergangsphase zwischen Kindheit und Erwachsensein, zwischen dem Einsetzen der Pubertät und der notwendigen Übernahme von Verantwortung. Außerdem kann man feststellen, dass die Erwachsenen in dieser Phase große Schwierigkeiten haben, die Kontrolle zu behalten, entweder durch den Druck der Familie oder durch soziale Institutionen!

Überdies wird Jugend in der psychologischen oder soziologischen Nachkriegsliteratur generell mit Adoleszenz gleichgesetzt. Zu allen Zeiten gab und gibt es Hinweise auf die Eigensinnigkeit, kriminelle Energie und Aggressivität dieser Phase (Heeswyk 1997): "Ich wünschte, es gäbe gar kein Alter zwischen zehn und dreiundzwanzig, oder die jungen Leute verschliefen die ganze Zeit: denn dazwischen ist nichts, als den Dirnen Kinder schaffen, die Alten ärgern, stehlen, balgen" (William Shakespeare: *The Winter's Tale*, 1610/11).

Im Vereinigten Königreich werden Jugend und Kriminalität immer noch auf diese Art und Weise miteinander verknüpft. Die auf ihrer jährlichen Konferenz im September 1998 angekündigte Politik der neuen Labour-Regierung konzentriert sich im Rahmen ihrer Direktive "Null Toleranz gegen Verbrechen" auf die Jugend. Diese Strategie soll nach Pilotversuchen auf über zwanzig Gegenden im Land mit besonders hoher Kriminalitätsrate ausgedehnt werden. Wie James Gillis (1975) in einer Studie über Jugend-

[1] Aus dem Englischen von Torge Kübler.

kriminalität in Oxford zur Zeit der Jahrhundertwende herausfand, war es offensichtlich die Ausbreitung von Institutionen, die sich um die Gestaltung der Freizeit junger Leute bemühten, die dazu beitrug, in der Gesellschaft eine Vorstellung von Jugend als einer speziellen Gruppe mit besonderen sozialen Problemen zu etablieren (Osgerby 1998, S. 19).

Regierung und Polizei, religiöse Führer und andere Moralapostel verweisen derzeit ständig auf die angebliche Verknüpfung von Medien, Jugend und Verbrechen, deren Stichhaltigkeit allerdings nur selten nachgewiesen werden konnte. Im Zusammenhang mit einigen Aufsehen erregenden Mordfällen in Großbritannien, an denen Kinder beteiligt waren, wurden moralische Panikattacken gegen die Medien geführt, ihnen als angeblicher Einflussfaktor eine Mitschuld gegeben, obwohl später in keinem der Fälle eine Kausalverbindung festgestellt werden konnte (Osgerby 1998, S. 211).

Will man die Mechanismen der sozialen Konstruktion von Jugend erklären, so müssen derartige Hintergründe sozialer Wahrnehmungen und Glaubenssätze mit einbezogen werden. Eine weitere Komplikation ergibt sich aus der schnell wachsenden Symbiose zwischen kommerziellen Interessen und dem ständigen Verlangen junger Leute, anders gesehen zu werden als die Älteren. In mancherlei Hinsicht traf dieser Umstand in den USA und dem Vereinigten Königreich der fünfziger Jahre zusammen mit dem Verschmelzen des Bildes von Jugendlichen als Kriminelle und der Romantisierung von Jugendlichen als Rebellen, Ausgestoßene und anderen marginalisierte Mitglieder der Gesellschaft. Diese Vermischung wurde mit Hilfe von Rock 'n' Roll, Punk, Gangsta Rap, Straßengangs, Drogen, Raves u. s. w. fortgesetzt. Es wird daher immer schwieriger zu unterscheiden, ob die Jugendkultur mit ihren verschiedenen Ausdrucksformen von den Jugendlichen selbst stammt, oder ob diese jungen Leute Opfer der Marktsegmentierung und der Kommerzialisierung der kulturellen Marken- oder Kennzeichen sind, von denen sie sich angezogen fühlen, durch die sie sich in ihrem Musik- und Kleidungsgeschmack, in ihrem Verhalten voneinander unterscheiden. "(...) Jugendsubkulturen waren stets mit den Institutionen des Marktes in einer permanenten Wechselwirkung eng verwoben" (Osgerby 1998, S. 201).

Betrachtet man das Konzept der Jugend bzw. Adoleszenz von einem psychoanalytischen und nicht so sehr soziologischen Standpunkt aus, so erscheint es individualisierter und beinhaltet gewöhnlich einige oder alle der folgenden Elemente:

- Auszug aus der Familie, Eintritt in die "weite Welt";
- Annahme des eigenen Körpers als Besitz, mit neu auftauchenden sexuellen Gefühlen, Phantasien und körperlicher Entwicklung (Größe und Kraft);
- personelle Autonomie, Entwicklung einer eigenen Persönlichkeit;
- neue Intimitäten mit anderen;
- Verantwortung in der Erwachsenenwelt.

Obwohl diese Elemente vermutlich bei den meisten jungen Leuten im Vereinigten Königreich und anderswo anzutreffen sind, werden sie vom britischen Gesetzgeber nicht berücksichtigt. Jugendliche zwischen 12 und 18 Jahren sind weitgehend entmündigt, und wo sie Rechte haben, sind diese paradox. So können sie beispielsweise bereits mit 16 Jahren heiraten, dürfen aber vor Vollendung des 18. Lebensjahres keine Filme mit Sexszenen anschauen. Vom Wahlrecht ganz zu schweigen. Ebenso gibt es Widersprüche in Bezug auf legalen Geschlechtsverkehr zwischen Hetero- und Homosexuellen. Darüber hinaus können sexuelle und andere Missbräuche von Jugendlichen erst seit kurzem öffentlich diskutiert werden.

Es überrascht daher nicht, dass eine Untersuchung die Gruppe der 18- bis 34-Jährigen, einer Altersgruppe, der alle Jugendlichen früher oder später angehören werden, als "entzaubert" und in gefährlichem Maße distanziert einschätzt (Wilkinson/Mulgan 1995).

Eine andere Studie, die untersuchte, wie Jugendliche selbst die Altersgruppe der 12- bis 19-Jährigen wahrnehmen (Roberts/Sachdev 1996), beschrieb die Jugendlichen als "toleranter, ehrlicher und [den] Prinzipien sorgfältiger Erziehung, eines stabilen Familienlebens und des Sozialstaats verpflichtet". Allerdings hat es diese Studie versäumt, die Widersprüche zwischen den Anliegen Erwachsener einerseits und den Einstellungen junger Leute gegenüber den für sie persönlich wichtigen Bereichen, kulturell und subkulturell, andererseits zu untersuchen. Die Agenda der Studie blieb stur auf Erwachsene ausgerichtet, indem sie Einstellungen junger Leute über Schulpflicht, Richtig und Falsch, Verbrechen, Geschlecht, Familienleben und politisches Wissen abfragte. Die Ergebnisse dieser Abfrage verraten vermutlich die Einstellungen und Ansichten ihrer Eltern und Lehrer. Die untersuchten Punkte sind "School agenda items", Themen, die in der Schule behandelt werden. Es gibt wenige Studien, in denen Jugendliche ihre eigenen Agenden entwickeln können, Unterschiede zwischen sich feststellen und frei darüber sprechen können, was sie wirklich beschäftigt, was sie ihrer Meinung nach können oder nicht können sollten. Eine Untersuchung, die dies berücksichtigt hat und die durch Forschungsbeobachtungen untermauert wurde, ist die Studie von Sanger u. a. (1996).

Die darin untersuchten viel jüngeren Kinder gaben an, sich "illegal" Videofilme anzuschauen oder Computerspiele zu spielen, wobei ihre Äußerungen durchaus als solche von viel älteren Kindern, bis hin zu 18-Jährigen, gewertet werden konnten. Ihre Eltern billigten z. T. die Aktivitäten ihrer Kinder, weil sie glaubten, ihre Kinder könnten mit diesen Medien besser umgehen als andere. Sie fanden diese Dokumentarfilme und Nachrichtensendungen auch viel erschreckender als Spielfilme oder Computerspiele, weil sie "real" seien. Keines dieser Details findet sich in den Fragebogenuntersuchungen, in denen Erwachsene und Kinder an ihrem falschen Bild über die gesellschaftlich anerkannte Meinung zu derartigen Aktivitäten festhalten. Beide bestreiten sogar, dass Kinder "gesellschaftlich unerwünschte" Handlungen begehen.

Es ist tendenziell üblich, Jugendliche und Kinder so zu behandeln, als formten sie eine landesweit einheitliche Gruppe. Doch stellt sich die Frage, wohin das führt. Haben erwachsene Erzieher, Soziologen, Psychologen und andere interessierte gesellschaftliche Beobachter Verständnis und Gespür dafür, dass "Jugend" ein komplexer Überbegriff für Heterogenität ist? Oder sind sie gefangen in einem Gedankengebäude, in dem alle dieser Gruppe zugehörigen Individuen in eine homogene Kategorie gepresst werden?

Zur Illustration der Wahrnehmungen von Jugend ist es interessant, sich einmal das Internet anzusehen. Die Mehrheit aller Internet-Seiten, die mit Jugend zu tun haben, sind religiösen Ursprungs. Sie scheinen die Aufgabe zu haben, die Jugendlichen zu Gläubigen zu machen und in ihrem Glauben zu unterstützen. Abgesehen von diesen enthält das Internet Web-Seiten wie http://www.confused.co.uk .

"Dazed&confused" ist das Top-Szenemagazin in Großbritannien; ständig aktualisiert, mit Musik, Mode, Kunst, Film, Politik, London Lifestyle, Dance,

Clubs, Interviews mit U2, David Bowie, Alexander McQueen, Bjoerk, Goldie, Radiohead... bis zum BYC, dem British Youth Council (Britischer Jugend-Rat).

Das BYC organisiert eine Reihe von Aktivitäten und Programmen zur Förderung des Kontakts zwischen Jugendlichen und Entscheidungsträgern. Darüber hinaus will es jungen Leuten die Fertigkeiten vermitteln, um sich aktiv in den demokratischen Prozess einbringen zu können. Derzeitige Aktivitäten umfassen u. a.: "Tag der Jugend und des Parlaments", parlamentarische Jugendforen, Peer-group-Erziehungsprogramme, eine Konvention über lokale Jugendräte, jährliche Konferenzen.

Das BYC steht Organisationen und Privatpersonen mit Rat und Unterstützung vor allem in folgenden Bereichen zur Seite:

- Errichtung und Entwicklung kommunaler Jugendräte
- Beratung junger Leute
- Mitbestimmung für junge Leute
- Informationen über die Situation Jugendlicher im Vereinigten Königreich
- Jugendliche als Sprecher für jugendspezifische Themen
- Peer-group-Erziehung

Die erste Web-Seite betont Jugendkultur, unabhängig, ob diese kommerzialisiert oder von Jugendlichen selbst kommt, während die zweite die Verantwortung und Rolle von Jugendlichen bei der Gestaltung der Gesellschaft und ihrer vorherrschenden Kultur betont.

Diese beiden Beispiele sollen verdeutlichen, wie unterschiedlich Erwachsene das Konzept "Jugend" konstruieren. Es hat den Anschein, als ob "Jugend" ein Wort ist, das kollektiv von Erwachsenen benutzt wird, ohne notwendigerweise auch von Jugendlichen selbst so definiert, verstanden oder gar geteilt zu werden. Es ist fast unmöglich, ein pauschales Einvernehmen darüber zu erzielen, aus welchen Individuen das Konzept "Jugend" überhaupt besteht und was das konstitutive Merkmal dieser Gruppe ist. Die juristische, biologische, gesellschaftliche und psychologische Definition liefert Antworten Erwachsener dazu, doch die Welt der Jugend bleibt zu einem großen Teil im Dunkeln – unerforscht, schwer fassbar und fragmentiert.

Literatur

Gillis, J.: The evolution of juvenile delinquency in England 1819 – 1914 in Past and Present, vol. 67/1975, S. 96 – 106

Heeswyk, P. van: Analysing Adolescence. London 1997

Osgerby, B.: Youth in Britain since 1945. Oxford 1998

Sanger, J.: Young Children, Videos and Computer Games: Issues for Teachers and Parents. London 1997

Wilkinson, H./Mulgan, G.: Freedom's Children. Work, relationships and politics for 18 – 34 year olds in Britain today. Paper No. 17. London 1995

Paul van Heeswyk

Jugendliche in ihren eigenen Gedankenwelten[1]

"Es ist unglaublich, wie Leute an ihre Jobs kommen", sagte Charlie. "Ich finde, es sollte per Zufall entschieden werden. Die Leute sollten auf der Straße angesprochen werden und gesagt bekommen, dass sie ab jetzt Herausgeberin der ‚Zeit' für einen Monat sind. Oder Richter, Polizistin oder Toilettenreiniger. Es sollte willkürlich sein. Es darf keinen Zusammenhang geben zwischen der Stelle und der Person, es sei denn, sie ist vollkommen ungeeignet für den Posten. Findest du nicht auch?"

"Ohne Ausnahme?", fragte der Fisch gelangweilt. "Nein. Manche Leute sollten von höheren Positionen ausgeschlossen sein. Nämlich die, die Bussen hinterherrennen und die Hände in die Taschen stecken, um zu verhindern, dass das Kleingeld rausfällt. Und Leute mit braun gebrannter Haut und weißen Flecken auf den Armen. Die sollten ebenfalls ausgenommen werden, denn die werden in gesonderten Lagern bestraft" (Hanif Kureishi: *The Buddha of Suburbia*, 1990).

Wenn Sally "sich selbst" meint, zeigt sie gewöhnlich auf die Mitte ihrer Brust. Manchmal macht sie eine kreisende Bewegung mit ihren Armen, Handflächen nach oben, zusammen mit einer leichten Neigung ihres Körpers. Mir fällt auf, dass sie niemals auf ihren Kopf, ihren Bauch oder auf ihre Genitalien deutet, oder auf ihren geöffneten Mund, aus dem ihre Sprache kommt.

William James glaubte, dass das eigentliche Ich einer Person hauptsächlich aus einer Reihe von Bewegungen des Kopfes und des Nackens besteht. Doch um dieses zentrale Ich herum, dieses Ich der Ichs, kreist ein Gemisch aus Neben- oder zusätzlichen Ichs, wie die Sonne und ihre Planeten im Sonnensystem. Jedes dieser Ichs ist für sich genommen wiederum höchst komplex.

So fühlt es sich mit Sicherheit an. Weiterhin weiß man, dass es oftmals Konflikte gibt zwischen unseren tatsächlichen und unseren potentiellen Ichs.

---

[1] Aus dem Englischen von Torge Kübler.

Angeblich wollte William James selbst (hier wäre ein Plural angebracht!) Priester und Pirat sein, Dandy und Professor, Philosoph und Frauenheld, aber er dachte, dass sich diese Rollen gegenseitig ausschlössen. "Der Philosoph und der Ladykiller (sic!) können nicht in der gleichen Lehmbehausung wohnen." Das Leben von James zeigt allerdings, dass er durchaus eine Reihe möglicher Ichs ausprobiert hat und erst relativ spät in seinem Leben damit begann, das Haus zu zimmern, für das er am besten bekannt ist. Ganz ordentlicher Lehm, fürwahr!

Im politischen Feld spiegeln diese Ideen die Vision von Karl Marx wider. In der sozialistischen Zukunft könnte jemand morgens ein Jäger, eine Schriftstellerin oder ein Bauer sein, ohne dies notwendigerweise auch am Nachmittag sein zu müssen. Aber ist dies alles, inklusive Sozialismus, nur der Stoff, aus dem Charlies adoleszente Träume sind? Etwas, aus dem wir herauswachsen, nachdem wir unsere Lego-Jugend hinter uns gelassen haben und hinter dem wir, nach Fertigstellung unseres Steinhauses, die Haustür schließen, für den Rest unseres Lebens überwacht von der Bank oder der Baugesellschaft?

Eines Tages sagt Sally etwas Interessantes, das mich zusammenzucken lässt: "Ich glaube nicht, dass ich eine Jugend habe." Jetzt halt' mal die Luft an, will ich sogleich sagen, aber stattdessen halte ich mich selbst zurück. Ich widerstehe dem Bedürfnis, mein Namensschild mit der Hand zu verdecken, auf dem "Kinder- und Jugendpsychotherapeut" in, wie ich glaube, grell leuchtenden Buchstaben geschrieben steht.

Erlaubt sie sich einen Spaß mit mir? Ist sie hier unter Vorspiegelung falscher Tatsachen? Ich bin sicher, irgendwo gelesen zu haben, dass Adoleszenz die soziale und psychologische Anpassung an die Pubertät ist. In der Tat, ich erinnere mich, genau das in Dutzenden von Vorlesungen und Seminaren gesagt zu haben. Es ist für mich offensichtlich, dass Sallys Körper sich verändert – sie trägt keine kurzen Hosen mehr. Wovon redet sie also?

Glücklicherweise sorgt die in vielen Jahren professioneller Arbeit angeeignete Disziplin dafür, dass diese Panikmomente meiner Gesprächspartnerin verborgen bleiben. Ein unerfahrener Mann, ein Mann ohne Training wäre vermutlich ohnmächtig geworden oder hätte losgeplappert.

Stattdessen hört man von irgendwo aus meinem Innern die höfliche Nachfrage: "Möchtest du mehr darüber sagen?" Bevor sie antworten kann, zumindest was diesen Artikel angeht, höre ich etwas Ähnliches von Gary, gleichwohl er, im Alter von 25 Jahren, seine Geschichte aus der Retrospektive erzählt. Adoleszenz war etwas, das er nie hatte.

Sally schwankt zwischen Stimmungen voll Sorge und Wut. Entweder hat sie das Gefühl, etwas müsse fürchterlich falsch sein mit ihr, weil sie nicht so fühlt und lebt, wie es von ihr, der 16-Jährigen erwartet wird, oder sie ist wütend über den Druck, der auf sie durch Rollenschemata von Gleichaltrigen und Älteren ausgeübt wird, die der Meinung sind, dass sie sich so verhalten solle wie alle ihre Freunde auch; allerdings bezweifelt sie, wenn sie weiter darüber nachdenkt, dass sich ihre Freunde ebenfalls wie Heranwachsende verhalten.

Seit vielen Jahren bestreiten Kritiker zu Recht, dass die Adoleszenz unweigerlich eine stressige und schwierige Zeit sei. Die Psychoanalyse hat ein Bild voller Angst und Unsicherheit gezeichnet, voll launischer Selbstsüchtigkeit und Hypochondrie, voller Asketismus und Intellektualismus. Es war eine frenetische Szenerie mit Drogen- und Alkoholkonsum, Promiskuität, Nutzlosigkeit, Mutproben, dem Grölen von Slogans, dem Trotzen gegenüber Autoritäten und dem Brechen von Tabus.

Anthony Clare schrieb 1974 eine amüsante Karikatur dieses Ansatzes: "Wenn er nicht gerade ängstlich seinen viel gebrauchten Penis vor dem Spiegel nach ersten beunruhigenden Abnutzungserscheinungen untersucht, fährt der männliche Heranwachsende seinen prächtigen Ersatz, Papas blitzendes Auto, mit einer ‚penetrierenden' Geschwindigkeit umher, zum Schock und zur Bestürzung seiner spießigen Eltern. Wenn die weibliche Heranwachsende nicht gerade im Badezimmer mit ihrer Unterwäsche provozierend vor der Nase ihres geplagten Papas herumfuchtelt (Adoleszenz ist eine schlimme Zeit für Papas), sinkt sie volltrunken in die Arme eines pickligen Nichtsnutz, dessen Name und Gesicht, wenn nicht der ganze Rest, bereits am nächsten melancholischen Morgen wieder vergessen sind."

Forscher mögen von einem viel glatteren Übergang von der Adoleszenz zum Erwachsensein geschrieben haben, aber die Psychoanalytiker hatten mehr Spaß. Das Problem ist, dass dieses Bild der "stürmischen Jugend" ihren Reiz hat und zugleich auch die Theorie ist, die die kommerzielle Ausbeutung der Jugendlichen untermauert. Damit werden Zeitungen und Zeitschriften an faszinierte und geschockte Erwachsene verkauft und Zuschauerzahlen bei Fernsehen und Kino in die Höhe getrieben.

Zwei Untersuchungen über die Art und Weise, wie in den Zeitungen über Adoleszenz berichtet wird, haben herausgefunden, dass die in Printmedien auftauchende typische jugendliche Person "kriminellen Taten zugeneigt ist (obwohl sportbegeistert) und höchstwahrscheinlich durch einen Mord oder Unfall ums Leben kommt" (Porteous/Colston 1980; Falchikov 1986, zitiert in: Falchikov 1989, Journal of Adolescence). Welchen Effekt wird dies auf Jugendliche haben, wenn sie sehen, wie diese Bilder ihrer selbst mit einer alles durchdringenden Hartnäckigkeit zurückgespiegelt werden? Welche unterschwellige oder grobe Verzerrung mag wohl durch das tägliche Hineinsickern oder -strömen solcher Porträts in die Köpfe der Zeitung lesenden, Nachrichten schauenden Erwachsenen eingeimpft werden, die wiederum die Wahrnehmung und Behandlung ihrer Jungen beeinflussen? Wer kann noch irgendeine Gruppe von Jugendlichen in den Straßen sehen, ohne gleich an Vandalismus, Drogenmissbrauch oder Kriminalität zu denken?

"In unserer westlichen Kultur", schrieb James Tanner, Emeritus der Universität London 1987, "ist Pubertät und Adoleszenz leider eine Periode, die viel Leid in die Leben junger Menschen und ihrer Eltern bringt, eine Periode voll Turbulenzen anstelle von Spritzigkeit. Dies ist zum Teil darauf zurückzuführen, dass sich in einigen Teilen der Bevölkerung hartnäckig ein idiotisches Schuldgefühl in biologischen Dingen hält, (...) zum Teil aber auch – und dieser Teil ist groß – auf die brutale Manipulation von Heranwachsenden durch die Medien und Marktkräfte, die begierig einzig und allein darauf bedacht sind, so viel Geld wie möglich zu scheffeln, gleichgültig, was dies für die körperliche und mentale Gesundheit bedeutet."

Pubertät ist ein Prozess in unseren Körpern, und durch unsere Körper kommen wir der Natur am nächsten. Aber die uns Menschen angeborenen Triebe oder Instinkte sind schwach, denn anders als unsere animalischen Verwandten besitzen wir keine genaue Voranpassung an die Realität. Bei uns ersetzt die Sozialisation den Instinkt. Die Konsequenzen sind paradoxerweise die gleichen. Wir empfinden uns durch die symbolische "Instinktisierung" als genauso starr gebunden in unserem Verhalten wie Tiere es durch ihre biologischen Instinkte sind. Als Kinder wird uns beigebracht zu *wollen*, wovon unsere Gesellschaft sagt, dass wir es *müssen*. Wir verdienen uns Achtung, indem wir die festgelegten und vorbestimmten Wege entlangstapfen, die für uns geebnet wurden. Später, als Frauen und Männer, fahren wir willentlich fort mit der Propagierung eines ganzen kulturellen Systems, das uns versklavt.

Die Adoleszenz, die soziale und psychologische Anpassung an die Pubertät, spielt hierbei eine zentrale Rolle. Als vorgeschriebener Exzess ist diese Phase der Karneval des katholischen Kalenders, die Zeit, um "dein Haar herunterzulassen" ("Pubertät" stammt vom lateinischen Wort für "haarig" ab).

Kinder müssen zur Schule gehen. Erwachsene müssen zur Arbeit gehen. Dies sind die ausgedehnten Fastenzeiten persönlicher Härte, des Opferbringens und der Zurückhaltung. Dazwischen liegt, als Sicherheitsventil, die Zeit der Partys, die Zeit des "anything goes". "Es ist die beste Zeit ihres Lebens, und die sollten sie genießen." So oder ähnlich denken wir darüber, um uns von ihnen daran erinnern zu lassen, dass es da noch ein anderes Leben gibt, um von ihnen Dankbarkeit zu fordern für unsere – allerdings etwas zweischneidige – grenzenlose Großzügigkeit. So formuliert es auch Joe Ortons "Elternteil": "Mit jedem nur erdenklichen Luxus wurdest du überhäuft – Atheismus, Stillen, Beschneidung. Ich musste mir meinen eigenen Weg selbst ebnen" (Loot).

Die Befreiung von Zwängen in der Adoleszenz erzeugt andere Zwänge. Es mag an den unüberwindbaren biologischen Tatsachen liegen, dass wir alle früher oder später dem "Jumping Jack Flash" erliegen und zapplig werden, aber wir haben kein instinktives Bild davon, was uns erwartet. Hierfür halten wir uns an die vorherrschenden Bilder der Gesellschaft, in der wir leben.

Während wir unsere Kinder an die Ketten ihres chronologischen Alters legen und bestimmen, was alle sieben, zehn oder dreizehn Jahre passieren sollte, lacht die "Natur" hinter den Kulissen über die Streiche, die sie uns spielt.

"Vergleicht man Kinder in derselben Pubertätsphase (was man ihr ‚tatsächliches Alter' nennen könnte), so stellt man viel mehr Gemeinsamkeiten bei den Wachstumsveränderungen fest, als wenn man ihr physisches Alter zugrunde legt", schreibt Dr. John Buckler, pädiatrischer Gutachter an der Universität Leeds. "Einige normale (sic!) Mädchen zeigen erste Anzeichen der Pubertät bereits mit neun, andere nicht vor vierzehn Jahren; einige menstruieren bereits vor der Vollendung des elften Lebensjahres, andere nicht vor dem sechzehnten. Einige normale Jungen beginnen sich schon mit zehn zu entwickeln, andere erst mit sechzehn. (...) Kinder im selben Pubertätsstadium haben in vieler Hinsicht mehr gemeinsam als Kinder im selben ‚chronologischen Alter'. Wenn dem wirklich so ist, können wir verstehen, warum sich junge Leute so viele Gedanken über sich selbst und ihre Entwicklung machen, da ihnen beigebracht wird, ihre eigene Situation durch Vergleiche mit der nächstbesten Person einzuschätzen." "Es gibt keine konstanten Charakteristika einer ‚normalen' Pubertät", fährt Dr. John Buckler fort. "Es gibt keine richtige Ordnung der Ereignisse in der Pubertät; die Bandbreite ist groß. Es gibt keine Standarddauer für bestimmte Vorgänge oder gar für den kompletten Parcours vom Start bis zum Ziel. Bei einigen Kindern kann der gesamte Prozess in zwei (...) Jahren abgeschlossen sein, bei anderen kann er über fünf Jahre dauern, doch das hängt wiederum davon ab, wie der Abschluss der Pubertät definiert wird. Reife im Sinne der Fähigkeit des Individuums, ein eigenes Kind zu haben, muss nicht unbedingt direkt mit dem Ausmaß der physischen Reife zusammenhängen, die mit Sicherheit in den pubertären Veränderungen mit inbegriffen ist. Körperbehaarung z. B. kann sich bis ins Erwachsenenstadium hinein entwickeln, bis weit über das Alter der Zeugungsfähigkeit hinaus; gleichzeitig tritt die erste Menstruation bei Mädchen normalerweise bereits einige Monate vor der eigentlichen Fruchtbarkeit auf."

Sally führt ein Tagebuch. Junge Leute in ihrem Alter machen das manchmal. Ihr Tagebuch ist ihre geheime Vertraute, der sie alles erzählen kann, ohne Angst vor Vorwürfen haben zu müssen, ohne Scham. Es ist ein Bild ihrer Mutter und ihres Vaters in einer bestimmten Stimmung. Vielleicht lässt Sally damit Erfahrungen bedingungsloser Liebe wach werden; vielleicht ist es die hartnäckige Fortsetzung ihres Wunsches nach Erwiderung in der Gegenwart, in der täglichen Suche. Aber dieses Tagebuch ist keine Mutter ihrer frühen Kindheit, kein Vater, der weiß, was seine Tochter fühlt, ohne dass sie etwas sagen müsste. Es kann ihre Erinnerungen festhalten, aber es weiß nichts, bis ihm etwas gesagt wird. Und es nutzt nicht aus. Ebenso wenig drängt es sich auf.

Ihr Tagebuch dient Sally als wichtiges Ventil für ihr emotionales Leben. Es deutet auf eine Fähigkeit in ihr hin, zwischen und unter den diversen Ichs in ihr zu kommunizieren. So kann sie sich selbst, ihren Gefühlen und Äußerungen zuhören, davon lernen und begeistert sein. Aber diese Emotionen und Gedanken müssen äußerlich Gestalt annehmen. Sie müssen außerhalb ihrer selbst angesiedelt werden, in einer anderen Form und an einem anderen Ort. Überdies müssen sie gut verschlossen und versteckt werden, um sie zu schützen. Vor was?

"Ich habe Angst, dass jemand mein Tagebuch finden könnte und liest, was ich geschrieben habe. Es wäre mir nicht nur peinlich. Es ist mehr als das. Ich hätte das Gefühl, dass das, was in meinem Tagebuch war, nicht länger meins wäre, wenn irgendjemand es sehen würde."

Sie spricht über Besitz und Verlust, über die Wünsche und Ängste, die mit Trennung und Differenzierung verbunden sind. Sally ist sicher, dass ihre Eltern niemals, unter keinen Umständen, etwas von ihren privaten Sachen öffnen und lesen würden. Also muss sie stattdessen Angst vor ihrem eigenen Wunsch nach Bekanntheit haben, die, wie sie fürchtet, den Verlust ihrer Individualität, ihrer ureigenen Identität mit sich bringen würde. Die Zeremonie ihres Tagebuchs ist ein Ausdruck dieser Ambivalenz. Sie demonstriert beständig die Existenz ihres geheimen Ichs, während sie gleichzeitig mit der Möglichkeit seiner Beschlagnahme flirtet, mit der (durch Diebstahl verschafften) Zugänglichkeit durch andere. Es ist das Beste, was sie tun kann.

Margaret Mahler und Donald Winnicott betonen in ihrer Arbeit die Kontinuitäten zwischen Vorstellungen intra- und extrauterinen Lebens und formulieren für die Phase direkt nach der Geburt ein Stadium der Nicht-Differenzierung und Verschmelzung, aus dem das Ego und das Ich durch Prozesse allmählicher Differenzierung und Trennung hervorgehen. Während auf der einen Seite die Kleinsche Tradition seit jeher behauptet, dass das Ego von Beginn an vorhanden ist, stehen dem auf der anderen Seite die Forschungen Daniel Sterns und anderen gegenüber. Vielleicht könnte man in Übereinstimmung mit beiden sagen, dass der Säugling von Geburt an vorstrukturiert ist, um sich zu differenzieren und abzugrenzen, und dass es keine klar abgrenzbaren Entwicklungsstadien gibt. Das lineare Modell wird ersetzt durch ein spiralförmiges; es hat sich die Erkenntnis durchgesetzt, dass verschiedene Vorgänge und Fortschritte gleichzeitig stattfinden können.

Dennoch kann es am Anfang keine erste Person Singular geben, kein Subjekt oder Ich, das dem Säugling seine Individualität und seinen speziellen Platz in der Welt zeigt. Ohne Zweifel gibt es Momente des Selbst und der Anderen, von Subjekt und Objekt; nach dieser Hypothese ist das Ganze jedoch mehr als ein Kontinuum zu verstehen. Das Leben und Wachstum einer Person wird in der Etablierung und Abgrenzung relativ stabiler Selbst- und Objektqualitäten seinen Ausdruck finden.

Es gibt keine einfache Trennung zwischen uns und unseren Familien, unseren Freunden und Feinden. Es ist vielmehr so, dass wir in andere Menschen eine beliebige Anzahl unserer psychologischen und emotionalen Ichs hineinpflanzen oder diese Ichs in deren Obhut geben. Andere behandeln uns genauso. Nichtsdestotrotz gibt es einen fiktiven Zeitpunkt in der frühen Entwicklung, an dem eine Grenze oder ein Grenzzaun errichtet wird. Dies ist die Zeit, in der das Subjekt die Identität annimmt, die ihm von anderen zugewiesen wurde. Das "Ich" setzt ein als identifizierender innerer Wirkstoff: "Das bin ich." Das ist der Moment der ersten Individuation.

In diesem Stadium ist der Prozess nicht klar abgegrenzt, sondern setzt sich, grob gesagt, zusammen aus der Internalisierung vieler Überzeugungen, Gewohnheiten, Werte, Präferenzen und Meinungen der Eltern. Für junge Kinder mag sich das nicht so anhören, als könnte es darüber Konflikte geben. Ideen oder Einstellungen werden von den Eltern unbefangen übernommen, ebenso wird ihnen unbefangen widersprochen. In den Augen des jungen Kindes selbst wird es kaum Zweifel über seine eigene geschlechtliche Identität geben. Eltern mögen sich um ihre burschikose Tochter oder ihren mit Puppen spielenden Sohn Sorgen machen, aber es scheint nicht so, als ob individuelle Kinder sich allzu große Sorgen darüber machen, solange sie ihre Eltern für ein paar Stunden von sich fernhalten können.

Doch für viele junge Leute ändert sich etwas in der Pubertät. Die Sexualität, dem Dunkel entkommen oder entlassen, sieht sich um nach ihren alten Spielgefährten, mit denen sie immer durch die Gegend zog, bevor sie in die Tiefe verbannt wurde. In der Kernfamilie, wo die Kinder im Garten spielen, hängen die Objekte glücklicher Kindheitserinnerungen nun verschlagen und cool an den Toren herum und geben vor, an etwas anderem interessiert zu sein, während sie gleichzeitig aufgeregt und ängstlich der Dinge harren, die da kommen. Diese zermürbten und ruhelosen Gestalten, die da draußen warten – das können doch unmöglich dieselben sein wie die auf den sorgsam aufbewahrten Fotos, die so niedlich aussahen wie Tarzan und Jane?

Doch es sieht ganz so aus. Die Wahl für das Leben mit der Sexualität ist hart, aber klar. Entweder zieht man sich zurück, macht die Schotten dicht, verrammelt die Tür und schmeißt die Schlüssel weg, oder man wendet sich ab und sieht sich anderswo um.

Die zweite Alternative ist für uns in diesem Zusammenhang die interessantere. Manche Heranwachsende behandeln alle Spuren ihrer Eltern als zutiefst verdächtige, inzestuöse Objekte. Jeder Charakterzug und Geschmack, jede Ethik, Doktrin und Überzeugung, alles Verlangen, das von den Eltern kommt oder nur den Anschein elterlicher Prägung hat, ist ein vertrautes Ding, das ebenso lockt wie es innerlich tiefe Abscheu hervorruft. Die Heranwachsenden haben das Gefühl, das Zentrum ihres Ichs jetzt dringend von all' diesen Elementen befreien zu müssen, die sie nicht länger problemlos als eigene identifizieren können. Wo dies auftritt, stellt sich das bekannte Phänomen der "adoleszenten Leere" ein, ein Gefühl des Leerseins und des Verlusts, eine Stimmung der Trauer und Depression.

Peter Blos nennt die Adoleszenz die Zeit der zweiten Individuation, ein Stadium der radikalen Generalüberholung der persönlichen Identität. Bevor neue Liebhaber den Platz der aufgegebenen Mutter, des aufgegebenen Vaters einnehmen können, beginnt eine Phase der Verarmung als Konsequenz der Distanzierung von den wirklichen Eltern und der Entfremdung von den Bildern ihrer Eltern, die sie in sich aufgebaut hatten.

Um dieses Loch zu füllen, finden einige Heranwachsende vielleicht Gefallen an den Eigenschaften der "besten" Freundin oder dem engen Freund, die denen eines Elternteils ähneln, meistens des gleichgeschlechtlichen Elternteils. Diese Freundschaft kann eine plötzliche leidenschaftliche und obsessive Qualität annehmen. Falls sie glauben, das Bedürfnis nach stärkeren Maßnahmen zu verspüren, kann es auch zu "Überfällen" auf ältere Teenager oder gar Erwachsene kommen.

Mary belauschte eines Tages ihre Lieblingslehrerin in der Schule, wie sie einem Kollegen erzählte, dass sie sich diesen Abend einen bestimmten Film anschauen wolle. Der Titel hörte sich französisch an. Mary verbrachte über eine Stunde am Telefon, um herauszufinden, ob dieser ausländische Film in den örtlichen Kinos lief. Schließlich entdeckte sie, dass ein Kino in der Nachbarstadt ein Filmfestival veranstaltete; sie überredete ihre Mutter, die begeistert, aber etwas stutzig war, sie dorthin zu fahren, um zu sehen, welchen Film sie zeigten. Sie kamen gerade rechtzeitig, um Marys Lehrerin vor dem Kino in der Warteschlange zu entdecken, lachend und Händchen haltend mit einem Mann. "Ich konnte nicht atmen, schon gar nicht mich bewegen oder sprechen. Meine Mutter sprang aus dem Wagen und konnte ihre Begeisterung über mein neu entdecktes Interesse an ernsthaften Filmen nicht für sich behalten. Ich saß wie festgewurzelt in meinem Sitz, gelähmt vor Eifersucht. Das Seltsame war, als ich schließlich aus dem Wagen stolperte, wusste ich gar nicht, auf wen ich mehr eifersüchtig sein sollte. Ich hätte liebend gern mit beiden von ihnen die Plätze getauscht. Ich wollte nur, dass sich einer der beiden um mich kümmerte. In dem Film, den ich die nächsten zwei Stunden sah, wurde ich abwechselnd von einer jungen Frau oder einem jungen Mann vor dem Ertrinken oder vor Bewusstlosigkeit gerettet und von beiden – jeweils einzeln – mit nach Hause genommen und gesund gepflegt."

Harvey Greenberg (1975) beschreibt, wie die Idealisierung eines Helden oder einer Heldin und die vertretungsweise Teilnahme an der Großartigkeit von anderen gute Möglichkeiten bietet, die narzisstischen Verletzungen – beigebracht durch den Verlust der vormals vergötterten Eltern – zu heilen. "Die Massenmedien sind eindrucksvolle Wegbereiter für aktuelle adoleszente Helden" (man denke hier an Stars aus der Musikszene, aus Soap-Operas und an Sportidole). "Die Essenz der Beziehung zwischen Teenager und Held wird auf amüsante Art und Weise festgehalten in den vielen Comics, die nach wie vor Heranwachsende jeden Alters begeistern. Man beachte z. B., wie oft der Superheld einen Gehilfen hat, der den Mächtigen auf seinen gefährlichen Abenteuern begleitet, seine wundersamen Kräfte teilt (allerdings nur bis zu einem gewissen Grade) und aus einer misslichen, masochistisch eingefärbten Zwangslage nach der anderen befreit wird. Der Gehilfe befindet sich meistens im täglichen Leben in mehrdeutiger Abhängigkeit vom Helden. So ist z. B. Robin (Dick Grayson) das Mündel von Batman (Bruce Wayne). In einem anderen beliebten Comic werden der alles könnende Held und sein Schützling vereint, als der behinderte (sic!) Zeitungsjunge Billy Batson sich in den heldenhaften Captain Marvel verwandelt, indem er das magische Wort ‚Shazam!' spricht."

Andere junge Leute fliehen vor der Bewusstwerdung dieser Phase des schmerzvollen "Verlusts", indem sie in rascher Folge neue Identitäten ausprobieren. Wieder andere provozieren das übertriebene Erleben eines persönlichen Ichs, kraftvoll im Zentrum und eindeutig an den Rändern, indem sie ihre Körper verausgaben, ihnen Schmerz zufügen oder indem sie ihre Emotionen explosiv entladen. Manche wiederum fühlen sich, wie Sally, am lebendigsten und am meisten "echt", wenn sie ihre Aufmerksamkeit nach innen richten und ihre interne Welt erkunden.

Sally nimmt ihr Ich mit Unterbrechungen wahr, mit anderen Worten: Sie gestattet sich die Vorstellung, dass ihre Ichs provisorisch sind. Sie will versuchen, ihr Leben zu verändern. Sie möchte sich von der elterlichen Version ihres Ichs trennen und ihren eigenen Weg mit anderen Leuten finden. Das Tagebuch hilft ihr, vage Ideen über ihr Ich zu verbalisieren und dadurch zu definieren. Durch das ständige Schreiben externalisiert sie ihr inneres Drama und ist so in der Lage, es gewissermaßen vom Zuschauerraum aus zu betrachten. Darüber hinaus hilft ihr die Kontinuität des Tagebuchs, ihr bislang noch vorläufiges Ich zusammenzubinden, da sie ihre aufgezeichneten Erfahrungen immer wieder durchsehen kann. Weiß sie, was sie denkt und was sie glaubt, zu was sie sich hingezogen fühlt – was sie will? Natürlich nicht. Deshalb spielt sie mit allem, um zu sehen, wie es sich anfühlt, wie es ist.

Gary beschäftigt mich mehr. Vielleicht ist gerade er – der Typ Mann, der von sich behauptet, nie eine Jugend gehabt zu haben – genau das Paradebeispiel für eine Person, die die Jugend eigentlich erfunden hat. Als ich ihn einmal fragte, ob er jemals ein Tagebuch geführt habe, sah er mich an, als hätte ich ihm ein unziemliches Angebot gemacht.

Garys Problem ist nicht so sehr, dass er fürchtet, seine Geheimnisse könnten von jemand anderem entdeckt werden. Es ist schlimmer. Er würde niemals so weit gehen zu fürchten, dass sein Tagebuch gelesen werden könnte, weil es zu geheim wäre, um es überhaupt zu schreiben! Gary hat ein interessantes Problem, das ihm eine Menge Unannehmlichkeiten im Alltagsleben bereitet. Es ist ihm unmöglich, in seinen Taschen oder in seinem Portemonnaie irgendein Dokument mit seinem Namen oder seiner Adresse herumzutragen. Sein Führerschein, seine Kreditkarten, Personalausweis und andere lebenswichtige Bestandteile des modernen Lebens sind gut versteckt an diversen Stellen in seiner Wohnung. Er verlässt die Wohnung nur mit dem Bargeld, das er ungefähr für den Tag braucht. "Wenn ich auf der Straße zusammenbrechen würde, wüsste kein Mensch, wer zum Teufel ich bin!" Gary lässt mich ein paar Wochen lang in dem Glauben, dass das nur eine extreme Form der Angst vor Raubüberfällen und davor, Geld zu verlieren sei. Doch eines Tages platzt er mit der ganzen Wahrheit heraus.

"Es ist absolut lächerlich, ich weiß, aber ich habe Angst, dass mir jemand etwas klaut, wo mein Name draufsteht und sich dann für mich ausgibt." Ich frage ihn, was er glaubt, was diese Person in seinem Namen tun könnte. Er macht eine "Noch-nie-richtig-drüber-nachgedacht"-Geste, gefolgt von einem "Das-ist-nicht-der-Punkt"-Achselzucken. Aber ich kenne diese Nummer und bleibe standhaft. Ich rechne mit einer langen Wartezeit, zu der es dann auch kommt.

Um mir die Zeit zu vertreiben, wette ich mit mir selbst, dass die ersten zwei oder drei Dinge, die er sagen wird, wenig überzeugende Versuche sein werden, mein Interesse zu zerstreuen, aber mit Nummer vier – falls ich solange aushalten kann – sollte der Stein ins Rollen kommen. Schließlich verliere ich, denn er geht schnell in die Vollen:

"Mit Tausenden von Frauen schlafen! Sich in Kneipen superbreit trinken und Schlägereien anfangen, Stühle und Tische umschmeißen! Gewaltige Rechnungen machen, ohne sie zu bezahlen! Polizisten die Mützen runterreißen und durch die Seitenstraßen flüchten! Fensterscheiben von Autos einschmeißen! – Du weißt schon, so was halt."

Ich bin ein wenig verlegen. Es ist immer so, wenn man mit jemandem eine persönliche Phantasie teilt. Man weiß nicht, wohin man schauen soll. Jedenfalls bin ich erstaunt, dass Gary niemals die Idee gekommen ist, dass seine Angst vor dem Diebstahl seiner Identität durch einen Fremden in Wahrheit die Angst vor einem fremden Teil seines Ichs ist, der sich seiner bemächtigen könnte. Er ist überrascht, als ich ihn mit diesem Gedanken konfrontiere.

"Ich habe angefangen, mich so zu fühlen, als ich neun oder zehn war", sagt er, als ob das eine Art Widerlegung oder Entschuldigung wäre. "Meine Mutter konnte nie verstehen, warum die Namensschilder, die sie in meine Klamotten nähte, immer wieder abgingen. Der Grund war, dass ich die Fäden in der Stunde immer wieder rauszog. Aber ich war wirklich ein umgängliches Kind, zu Hause und auch in der Schule. Ich musste nie nachsitzen, gab meine Hausaufgaben immer rechtzeitig ab. Aber ich hatte immer Angst davor, Ärger zu bekommen."

Natürlich hatte er das. Gehorsam ist die extremste Form des Trotzes. Selbst gewählte Knechtschaft verspottet das Herz des Tyrannen, indem ihm das zum Geschenk gemacht wird, von dem der Diktator glauben muss, es bereits zu besitzen. Aber Gary hatte auch noch andere Vergeltung zu fürchten. Das Bild seiner Jugend war nicht ganz so, wie er es zunächst beschrieben hatte. Er pflegte regelmäßig zu lügen.

"Das Komische war, dass ich nicht bei wichtigen Sachen log, sondern meistens dann, wenn ich etwas gefragt wurde, was niemand jemals überprüfen konnte, Dinge, bei denen es kaum eine Rolle spielte, ob ich die Wahrheit sagte oder nicht. Etwa, ob ich einen bestimmten Spielfilm gesehen hatte, oder ob ich einen bestimmten Song mochte."

Jetzt, wo er es erwähnt, wird mir klar, dass ich selbst manchmal zweifle, ob Gary wirklich die Wahrheit sagt. Ich könnte ihn nie konkret bei einer Lüge ertappen, aber manchmal habe ich das Gefühl, als ob er mich aufzieht. Zuvor hatte ich die Hypothese in Erwägung gezogen, dass er als Kind das Gefühl gehabt haben könnte, oft belogen worden zu sein und mir jetzt zeigte, wie es sich anfühlt, nicht zu wissen, ob Menschen die Wahrheit sagen. Aber nun hatte ich eine andere Idee. Gary lügt, um herauszufinden, ob Leute Gedankenleser sind und deswegen seine schlimmen Geheimnisse kennen. Er entkommt der Verurteilung seines Gewissens dadurch, dass er bei unwichtigen Dingen lügt. Es ist ja nur ein Spiel, und das Spielen an sich kann ja moralisch nicht verwerflich sein. Aber der Körper, wie Freud sagt, kann nicht lügen. Man muss nur lange genug warten, schließlich wird er in die Konversation mit einsteigen, vielleicht in Form eines Symptoms.

Gary reibt ständig seine Nase. Wenn ihn jemand anschaut, so wie ich ihn gerade ansehe, ist das seine unmittelbare Reaktion. Das bereitet ihm viel Kummer und Sorgen, vor allem, weil er einfach nicht damit aufhören kann. Genauso zwanghaft ist seine Reaktion, wenn sich im Bus oder im Zug jemand neben ihn setzt. Er muss seine Hände vor sich legen und wie zum Gebet falten.

Zwanghafte Verhaltensweisen sind – in unseren Augen unzulässige – Beichten. Sie sagen anderen Leuten, was wir wirklich wollen oder was wir glauben, bereits getan zu haben. Dies mag ausreichen für eine Verhaftung durch die Gedankenpolizei, aber für den Richter braucht es etwas mehr Täuschung. Gary löst das Problem, indem er sein Gewissen auf mich projiziert. Ich bin Übermutter und Übervater. Ich kann ihn keinerlei versteckten Sexuallebens anklagen, weil seine Hand an der Nase ist. Sie kann daher nicht seine Genitalien berühren. Auf der anderen Seite ist die Nase eine Mimikry für seinen Penis; er masturbiert also in mein Gesicht. Eine ähnliche Schlussfolgerung kann ich aus seinem Verhalten in öffentlichen Verkehrsmitteln ziehen. Er muss den Wunsch verspüren, die Person neben ihm zu berühren – sie zu streicheln oder zu liebkosen, vielleicht sie auszurauben. Aber weil seine Hände zusammengefaltet vor ihm liegen, für alle sichtbar, ist nichts passiert und kann auch nichts passieren. Seine unterwürfige Geste muss von der höchsten Autorität als Beweis für seine fortwährenden guten Absichten und sein gutes Verhalten gesehen werden.

Das Problem ist, dass all' diese Interpretationen und Schlussfolgerungen, so wichtig sie auch sein mögen, ganz allein meine eigenen sind. Ich bewundere zwar ein wenig Garys Fähigkeit, rhetorische Spagate zu vollführen und Dinge abzustreiten, aber die Tatsache, dass er leidet, steht nicht zur Disposition. Er hat das Gefühl, etwas zu verpassen. Warum kann er sich nicht einmal eine Pause gönnen?

Angeblich pflegte Alfred Adler seine Patienten zu fragen, was sie tun würden, wenn sie geheilt wären. Er glaubte, dass der Neurotiker in seiner Antwort die Art der Situation preisgeben würde, die er zu umgehen sucht. Als ich Gary frage, antwortet er prompt: "Ich möchte ein Heranwachsender sein." Er möchte, wie er sagt, auf der Straße liegend gefunden werden. Er will, dass niemand weiß, wer er ist. Er möchte frei sein von allen Begrenzungen, Einschränkungen und diesem magischen Determinismus seines Namens, der Zwangsjacke seiner Identität. Er glaubt, man bekommt nur einmal eine solche Chance und: Dass er diese verpasst hat.

Aber man kann Garys Suche auch anders interpretieren und sowohl auf das gesamte Leben als auch auf eine vorübergehende Phase beziehen. Garys Angst, seinen Namen durch Diebstahl zu verlieren, ist ein versteckter Wunsch, ihn aufzugeben.

Worte sind magisch, Namen noch viel mehr. Erfahren wir den Namen von jemandem oder von etwas, dann erlangen wir Macht. Rufen wir den Namen einer Person, kommt sie. Benennen wir ein Objekt, wird es uns gebracht. Doch zwei grundlegende Doppeldeutigkeiten umgeben den richtigen Namen, die von Sex und Liebe. Ein Name ist Zeichen sowohl der sexuellen als auch der persönlichen Identität. Der Wunsch einer Person, den Namen zu ändern, kann daher Ausdruck des Wunsches sein, zum anderen Geschlecht zu gehören.

Der richtige Name ist ebenso Gegenstand einer weiteren wichtigen Zweischneidigkeit. Wir entdecken, dass unser Name nicht nur als Kosewort, sondern auch als Schimpfwort benutzt werden kann. Er kann liebevoll und wütend verwendet werden. Derselbe Name hat dann, je nach Betonung, entgegengesetzte Bedeutungen.

Garys Problem mag diese Aspekte zwar beinhalten, scheint aber um etwas zu kreisen, dass noch viel grundlegender ist. Es ist die Phantasie seiner Wiedergeburt als ein Findelkind, das auf der Straße liegt. Er möchte ohne Namen auftauchen, ohne Verpflichtung einem Geschlecht gegenüber, das ihm zugewiesen wird, und ohne die Beschränkung auf all' jene festgelegten Positionen in der Kette der Bezeichnungen, kulturellen Bedeutungen und elterlichen Erwartungen, die nur auf ihn warteten, um ihn zu packen und festzunageln, damals, vor fünfundzwanzig Jahren.

Gary ist ein Held alten Schlages, einer aus der Zeit der Schwarzweißfernseher und der alten Mythologie; ein Mann mit Mission und mit einem Traum. Doch er erzählt seine Geschichte so, wie man heutzutage Geschichten erzählt, und da auch ich in diesem Heute lebe, fühle ich mich ebenfalls dazu berechtigt, eine moderne Interpretation davon abzugeben. Garys Versuche, seinen Namen loszuwerden, resultieren aus hartnäckigen Zweifeln an seiner Herkunft. Wenn er keinen Namen hat, ist er auch nicht das Kind seiner Eltern. Sie können ihn nicht geschaffen haben, folglich können sie auch keine sexuelle und kreative Beziehung miteinander gehabt haben, auf die er eifersüchtig sein müsste, von der er sich ausgeschlossen fühlen könnte. Die Schwierigkeit liegt für Gary indessen darin, dass er es seinen Eltern nicht gestattet, zusammenzukommen. Dadurch negiert er die Möglichkeit einer Verbindung zwischen ihnen, aus der etwas Neues entstehen könnte, ein Zusammentreffen von Geist und auch Körper, das verschiedene Gedanken zusammenführt, woraus dann neue Ideen entstehen können. Für ihn selbst bedeutet die daraus resultierende Verarmung einen tiefen Graben in ihm, denn bestimmte Teile seines Ichs bleiben einander fremd – Führerschein und Ausweis sind an verschiedenen Orten in der Wohnung versteckt. Er will sich selbst überraschen, aber ist unfähig dazu.

Ich will Gary sagen, dass er nicht genug lügt! Er muss damit beginnen, Leute über wichtige Dinge zu belügen und die Trivialitäten wegzulassen, um die Situation der notwendigen Krise zuzuführen. Allerdings bin ich mir nicht hundertprozentig sicher über die Richtigkeit dieses Ansatzes und behalte ihn daher zunächst einmal für mich. Ich habe den Verdacht, dass ich ihn dazu ermutigen könnte, ein Leben zu führen, zu dem ich selbst nie den Mut fand, um zu sehen, wie es läuft, bevor ich es versuche. Aber ich versichere mir – um mit meiner Schuld umzugehen –, dass dies sowieso die Na-tur einer psychotherapeutischen Beziehung ist. Warum sonst würde man so etwas tun?

Ich brauche mir keine Sorgen zu machen. Er ist mir weit voraus. "Ich würde zu einem Fußballspiel gehen, als Frau gekleidet, und all' mein Schreibpapier mit Briefkopf in die Menge schmeißen. Dann würde ich mir Drogen besorgen, high werden, meinen nackten Hintern aus dem Taxifenster halten und wegrennen, ohne zu bezahlen." Das müsste eigentlich klappen. Solange er am nächsten Tag nicht vergisst, seine Büchereibücher zurückzubringen. Garys Witz ist ein ernsthaftes Bekenntnis zu der Eigentümerschaft all' seiner Träume und Versprechen und die Entscheidung, anzuerkennen, dass die Erfüllung oder Enttäuschung dieser Träume im Jetzt stattfindet. Mein Witz ebenfalls.

Es ist also nicht die Zeit der Adoleszenz, die Gary sich wünscht, und mit Sicherheit sind es nicht die Erfahrungen, die viele junge Leute während dieser Phase machen. Auch wenn einige Psychoanalytiker fälschlicherweise behaupten, dass "Sturm und Drang" eine essentielle und unvermeidbare Begleiterscheinung des Erwachsenwerdens sei, so kann man dennoch sagen, dass interne und externe Zwänge zusammenkommen und viel Leid und Stress verursachen können.

Brian sucht verzweifelt Hilfe, kann es aber nicht artikulieren. Seine abrupten Stimmungs- und Gefühlsschwankungen regen seine Familie auf, aber auch ihm machen sie zu schaffen. Nichtsdestotrotz hasst er mein Interesse, meine Sorge und verspottet die Ohnmacht meiner Methode. Er glaubt, dass unsere Zusammenarbeit nichts bringt.

"Kannst du machen, dass ich gut aussehe? Kannst du machen, dass ich schnell rennen kann? Kannst du die Kids davon abhalten, mich in der Schule und im Bus auf dem Nachhauseweg zu hänseln? Nein! Also, zu was bist du nutze? Das Beste, was du tun kannst, ist, mich in Ruhe zu lassen."

Die von Gary so verzweifelt herbeigesehnte Vielschichtigkeit seiner Persönlichkeit fühlt sich für Brian wie Verrücktsein an. Die aufregenden Bilder aus der Welt des Fernsehens und der Mode- und Musikszene bereiten ihm Tantalusqualen, weil sie ihn stimulieren, ihm aber nichts erlauben. Seine gleichaltrigen Freunde scheinen die Glitzerbilder begierig anzunehmen, Brian hingegen wird gedemütigt durch die Diskrepanz zwischen der Welt, die dort präsentiert wird, und jener, in der er selbst lebt. Er fühlt sich hölzern, selbstbewusst und "fett", in jedem Falle aber unfähig, teilzunehmen. Er sieht sich selbst ganz unten in der Hierarchie derjenigen, die in der Schule und auf den Straßen entlangstolzieren und ihr Zeug zur Schau tragen. Er "weiß" nun, dass er niemals der große Fußballer werden wird, der er schon immer werden wollte. Er "weiß", dass er niemals attraktiv für Mädchen sein wird.

Bis zum Alter von 13 oder 14 hatte Brian einen kleinen Freundeskreis. Nun, mit 16, ist er einsam und isoliert. Er sitzt vor mir auf dem Stuhl, rutscht unruhig hin und her, kaut an seinen Fingernägeln und lässt sein rechtes Bein auf- und abhüpfen, während ich mir vorstelle, wie er sein Wochenende gammelnd vor dem Fernseher verbracht und sich einen dieser Heldenfilme zum siebten oder achten Mal angeguckt hat. Ich sehe ihn vor mir, unfähig, sich zu bewegen, höchstens, um in die Küche zu gehen und zu essen; oder in sein Zimmer, wahrscheinlich um zu masturbieren, gegen die Wände zu treten und zu weinen. Er will das alles nicht, aber er wird dazu getrieben, sich dem hinzugeben, und verstärkt dadurch das hoffnungslose Tohuwabohu, das Gefühl, vom Strudel seines eigenen Lebens umhergewirbelt und schließlich aufs Sofa geschleudert zu werden und dort hilflos zusammenzubrechen.

Ich habe Angst um ihn oder vor ihm – ich weiß es nicht genau. In unseren Sitzungen fühle ich mich dem Abgrund nahe, vor dem Brian zittert. Es ist so schlimm, dass ich unseren wöchentlichen Termin mit Schrecken erwarte. Manchmal wache ich auf mit einem undefinierbaren Gefühl der Angst, das ich mir nicht erklären kann, bis ich darauf komme, dass ich heute einen Termin mit Brian habe. Als ich einmal voller Mitleid sagte, wie viel Angst er doch haben müsse, sprang er blitzschnell auf und schrie mit tränenerstickter Stimme voll Zorn: "Ängstlich? Ich? Ich habe eine Eisenstange neben meinem Bett. Wenn einer versuchen sollte, mich auszurauben, schlag' ich ihm seinen Schädel damit ein!"

Das war eine eindeutige Warnung für mich. Brian fühlt sich verfolgt durch meine Versuche, mit ihm in Kontakt zu kommen, ihm näher zu kommen. Er empfindet das als Einbruch. Der Erwachsenenfilm "Realität" bietet ihm nichts außer kurzen Auftritten im Rahmen des Militärdienstes oder Anwesenheit in trivialen Unternehmungen. Für ihn gibt es keine Möglichkeit sinnvoller Leistung oder Herausforderung, keinerlei Gelegenheit, etwas zu wertvollen Projekten beizutragen oder gar daran teilzunehmen. Darüber hinaus gibt es für diesen Film nur Plätze mit schlechter Sicht oder Stehplätze; außerdem läuft er zu Zeiten, wo jeder normale Mensch arbeitet.

Aber "Verstehen", die Reflexion des eigenen Leidens in den Augen des anderen, kennt keine Sprache und keine Bilder in unserer Kultur, abgesehen von tröstenden Müttern und schreienden Kindern, die beide Objekte von Herabsetzung, Verachtung oder sentimentaler Idealisierung sind. Brian hat das Gefühl, dass ich ihn wie ein kleines Kind behandle, wenn ich mit ihm fühle. Er hasst mich für die Tränen, die er unterdrückt. Er glaubt, ich versuche ihn in die Welt der Geborgenheit zurückzulocken, nach der er sich so sehr sehnt, die aber nicht mit seiner Einbahnstraßenversion junger Männlichkeit zusammenpasst, in seine Realität, eine Welt voll grimmiger Unabhängigkeit und stoischer Leugnung von Schmerzen und Emotionen.

Nichtsdestotrotz scheint es mir, dass Brian sogar seinen eigenen Schädel einschlagen würde, um diese Gedanken, wie sie auch immer aussehen mögen, aus seinem Kopf zu bekommen. Die Abende sind Mord zu Hause. Brian provoziert heftige Streitereien mit seiner Familie. Oftmals enden diese in einer Prügelei mit seinem jüngeren Bruder oder mit der körperlichen Bändigung durch seinen Vater. Die Eltern sind eher besorgt als wütend darüber. Sie stimmen mir zu, dass Brian versucht, seine Alpträume zu haben, bevor er zu Bett geht. Er beruhigt sich definitiv besser nach einer großen Explosion. In anderen Nächten hören sie ihn in den frühen Morgenstunden umherlaufen, weil er nicht schlafen kann. Am nächsten Morgen dann kommt er nicht aus dem Bett.

Wir versuchen intensiv, einen Weg aus dem Teufelskreis zu finden. Im Stich gelassen und ohne Hoffnung sucht Brian Trost beim Essen und Masturbieren, um sich danach für seine "Schwäche" zu verdammen. Natürlich ist nichts falsch am Masturbieren, wenn es, wie Woody Allen sagt, "wirklich Sex ist mit jemandem, den du liebst." Bei Brian ist es allerdings Teil seiner Hass- und Selbsthasskampagne; eine zerstörerische Attacke auf die Sexualität anderer, eine höhnische Prügelstrafe seiner selbst.

Der Begriff "Wichser" ist ein Beispiel realen Missbrauchs in unserer Kultur. Das Wort ist ein Synonym für "Trottel" oder "Idiot", doch die damit zugeschriebene Inkompetenz bezieht sich natürlich auf den sexuellen Bereich. Es ist ein Wort, dass die Einsamkeit der Kindheit verspottet und Kinderträume als pathetisch abtut. Es wird von den Männern ausgesprochen, die – wie im selbstgefälligen Triumph – mit ihrem sexuellen Erfolg bei Frauen prahlen, oder aber vom einsamen Kind so verstanden.

Da Brian sich ekelhaft fühlt, wiederholt er den fruchtlosen Versuch der "Selbst-Befriedigung", diesmal noch verstärkt durch hoffnungslose Resignation. "Weil ich so schlecht bin, ist es inzwischen egal, was ich tue. Ich bin fett, also kann ich ebenso gut essen. Ich bin zu nichts nutze. Ich verdiene es nicht besser."

Obwohl dieses Problem in Brians Adoleszenz auftaucht, reichen seine Ursprünge und Ursachen weiter zurück in die Vergangenheit. Da unsere Kinder dazu verpflichtet sind, glücklich zu sein, schlussfolgern sie ganz richtig, dass wir eine Enttäuschung dieser Erwartung nicht akzeptieren können. Wir sehen uns durch ihr Unglücklichsein auf der Anklagebank und sind gezwungen, es entweder nicht zu sehen oder aber es ihnen auszureden und sie dadurch allein zu lassen und ihnen die Verantwortung oder Schuld für das aufzubürden, was schief gegangen ist; die Katastrophe, die nie benannt wird.

Der Graben zwischen Hoffnung und Erreichen ist der Stoff, aus dem Tragödien sind, allerdings nur auf der Bühne und auf dem Papier. Unsere eigenen Kinder dürfen nichts vom Misserfolg erfahren, und darum ist Misserfolg alles, was sie kennen. Abgesehen von Moralpredigten, denen sowieso keiner zuhört, sehen die Kinder keinerlei Hinweis darauf, dass sich Erwachsene der Bedeutung von Leiden, seinem potentiellen Wert und seiner Auflösung bewusst sind. Durch das Verbot seiner Äußerung werden die Kinder von der Erfahrung abgelenkt, ihren Kummer zu teilen. Sie haben nur wenige erwachsene Vorbilder, die den Mut haben, ihre eigenen Schwierigkeiten zuzugeben und offen zu ihren eigenen zögerlichen Versuchen zu stehen, die persönlichen Ziele zu verwirklichen. Sie sehen uns nicht weinen, wie wir es meinen, ohne Schuldzuweisungen und Vorwürfe oder ohne Trinkexzesse. Genauso wenig sehen sie uns die Unterstützung Gleichaltriger suchen und nutzen. Die Folge ist, dass sie, allein gelassen, dem Einfluss der hirnlosen Heldenphantasien ausgesetzt sind und sich in Gangs hineinträumen, in deren Vorstellung Erfolg die Anhäufung materiellen Reichtums ist und deren Mitglieder ihre normalen Gefühlsausbrüche mit dem Schuss einer Kanone artikulieren.

Régine Boyer

Die Freizeit von Schülern der Sekundarstufen I und II (der Mittelschulen und Gymnasien)[1]

Die Verlängerung der Schulzeit und der erhebliche Anstieg an Gymnasiasten stellen die auffallendsten Veränderungen des Charakters der Schulen seit Mitte der achtziger Jahre dar. 1960 traten 43 % der Schüler eines Jahrgangs, die in die 6. Klasse gekommen waren, in weiterführende Schulen, 10 % davon legten ihr Abitur ab. 1980 war der Eintritt in weiterführende Schulen fast die Regel geworden, und es legten 37 % eines Jahrgangs das Abitur ab. Heute liegt der Anteil an Jugendlichen, die bis zum Abitur kommen, weit über der Hälfte eines Jahrgangs. So lag der Prozentsatz in den beiden letzten Schuljahren bei etwas mehr als 60 %[2]. Diese Entwicklung zeigte sich auch in einem Anstieg des Schulbesuchs über das schulpflichtige Alter hinaus. Der Schulbesuch der 16- bis 25-Jährigen hat in den letzten zehn Jahren um 14 % zugenommen und ist besonders hoch bei den 18- bis 19-Jährigen: mehr als 80 % der 18-Jährigen sind noch eingeschult – und dies vorwiegend in den Sekundarstufen.

Auch der Verlauf der Schullaufbahn im Collège hat sich verändert.[3] Während 1980 nur 71 % der Mittelschüler einer fünften Klasse ihren ersten Bildungsabschnitt beendeten, war es 1989 fast der ganze Jahrgang (94 %) einer fünften Klasse, der das Collège zu Ende brachte. Diese Informationen zeigen den Anstieg des Bildungsniveaus und die Verlängerung der Ausbildungszeiten, aber vor allem auch den extrem hohen Beschulungsgrad der französischen Jugendlichen, sowohl der Mädchen als auch der Jungen.

---

1 Aus dem Französischen von Jörg Müller.

2 Ministère de l'Education Nationale, de l'Enseignement Supérieur et de la Recherche (Hg.): Note d'information N° 97.10

3 Das Collège ist eine als Gesamtschule organisierte Ganztagsschule für alle Schülerinnen und Schüler im Alter zwischen 11 und 16 Jahren.

Die Schule steckt einen Lebensrahmen für beide Geschlechter ab

Dieser Tatbestand bedeutet die Vereinheitlichung der Lebensbedingungen für Mädchen und Jungen. Ihre Zeit wird von der Schule gestaltet, die den größten Teil derselben in Anspruch nimmt. Eine Studie von O. Galland und P. Garrigues (1989) über die Stundenpläne der Jugendlichen hat gezeigt, wie stark der Zeitplan von Gymnasiasten durch schulische Aktivitäten bestimmt wurde. Die durchschnittliche Zeit, die mit Unterricht und persönlicher Arbeit verbracht wird, kommt der Arbeitszeit von jungen Berufstätigen, die in einer Beziehung leben, fast gleich. Eine weitere Besonderheit der Zeiteinteilung von Gymnasiasten ist, den Autoren zufolge, die Wichtigkeit der Erholungsphasen. Der Schlaf nimmt in diesem Lebensabschnitt eine Stellung ein, die er später nie wieder haben soll. Diese Feststellungen treffen sowohl für Mädchen als auch für Jungen zu. Eine Auswertung, die wir (Boyer u. a. 1989) auf der Grundlage von 300 Zeitbudgets von Gymnasiasten, die die verschiedenen Schultypen einer mittelgroßen Stadt besuchten, vorgenommen haben, ergibt, dass die Schule zwei Drittel des Tages in Anspruch nimmt. Zu der Zeit des Unterrichts und des Transports von fast neun Stunden kommen noch eine Stunde und siebzehn Minuten an persönlicher Arbeit hinzu.

Die Schule nimmt die Schüler des Collège und des Gymnasiums also in Anspruch – dies umso mehr, als dass die Schule, die Belastung durch sie und ihre Bedeutung stark die Familien tangiert. Mehrere neuere Umfragen (Caille 1992; Bounoure 1995) zeigen, dass eine starke Überzeugung die Eltern der Schüler des Collège vereint: Diplome und Zeugnisse gewinnen zunehmend an Bedeutung für den beruflichen Einstieg, der umso besser gelingt, je höherwertig die Diplome sind. Drei Viertel der Eltern wünschen sich demzufolge, dass ihre Kinder bis zum 20. Lebensjahr und darüber hinaus studieren, 40 % der Eltern erwarten zumindest ein Abitur, und 33 % fassen von vornherein ein weiterführendes Studium ins Auge – wenngleich sich auch diese Wertschätzung der Schulausbildung nach sozialen Schichten abstufen lässt und die Unterschiede zwischen Mädchen und Jungen sehr gering bleiben, was das Alter beim Studienabschluss sowie das erhoffte Diplom betrifft. Der elterliche Ehrgeiz hinsichtlich der Zukunft der eigenen

Kinder ist identisch für beide Geschlechter, und der Weg dorthin führt über eine lange Schulzeit.

Obgleich die Analyse der Stundenpläne der Schüler von Collège und Gymnasium das Bild einer Jugend zeichnet, die von den schulischen Anforderungen beherrscht wird, so bleibt für einen Schüler doch immer noch ein Drittel des Tages frei. Und eben diese Freizeit macht, zahlreichen Arbeiten zufolge, das Spezifische dieser Altersgruppe aus.

Die kulturelle Lebenswelt der Jugendlichen

Sowohl die Umfragen des Ministeriums für Kultur über die kulturellen Bezüge von Jugendlichen (insbesondere Patureau 1992) als auch die, die wir selbst bei Schülern des Collège und des Gymnasiums durchgeführt haben (Boyer u. a. 1986, 1991), verdeutlichen einerseits, dass die Jugend eigene Praktiken und einen eigenen Geschmack in Bezug auf ihre Freizeitgestaltung hat, und andererseits, dass die Jugendlichen ihre Freizeit besonders intensiv leben. Dieser Bereich der spezifischen Freizeitgestaltung wird allgemein durch die Vielfalt und Häufigkeit des Ausgehens, vor allem bei den Älteren, charakterisiert, aber auch durch die regelmäßige Ausübung einer oder mehrerer Sportarten und durch einen sehr hohen Musikkonsum mit einer Vorliebe für Rock (als Gattung) und die jeweils aktuellen Titel, insbesondere englischsprachige Hits. Dieser Hang zur Musik setzt sich bei einem von drei Jugendlichen im Erlernen eines Instruments fort. Allgemeiner gesprochen: Die Ausübung einer künstlerischen Aktivität (Singen, Malen, Tanzen...) ist spezifisch für diese Altersgruppe, sie erreicht in dieser Sparte die höchsten Prozentzahlen.[4]

Mehr noch als zum Ausgehen verwenden die Jugendlichen ihre Zeit für Begegnungen. Die 15- bis 19-Jährigen bevorzugen Aktivitäten außer Haus. Sie gehen öfter als Erwachsene ins Kino, zu Rockkonzerten, in Diskos und auf Partys. Außerdem besuchen sie häufiger Vergnügungs- und Freizeitparks (Ministère de la culture 1995). Allerdings wird der Rhythmus des Aus-

4 Les activités artistiques amateur. In: Ministère de la Culture (Hg.): Développement culturel N°109/1996

gehens durch die finanziellen Möglichkeiten sowie die schulischen und familiären Verpflichtungen beschränkt. Die Geselligkeit, das Zusammentreffen und der Austausch mit Gleichaltrigen, all' das nimmt dagegen eine vorrangige Stellung ein, ganz gleichgültig, ob sich dies im Umfeld der Schule abspielt (Pausen, Mittagessen, Transport, Schulaufgaben) oder im außerschulischen Rahmen, in Verbindung mit einer anderen Freizeitaktivität oder nicht (Choquet/Ledoux 1994; Herpin 1996). Die ausgeübten Aktivitäten stehen auch in einem engen Zusammenhang mit den Zusammenkünften oder der Suche nach Kontakten mit anderen Jugendlichen.

Genauso verhält es sich z. B. auch beim Sport. So, wie man in der Gruppe ausgeht, meldet man sich auch als Gruppe in einem Club oder Verein an – und dies mit dem ausdrücklichen Wunsch, neue Bekanntschaften zu machen.

Der Musikkonsum als vereinigendes Element, das fast alle Jugendlichen zusammenführt, erscheint ebenfalls als eine Modalität der Sozialisation unter Gleichaltrigen. Die Musik ist "un élément d'itinéraire personnel et social, une quête autodidacte entre copains" [ein Element des persönlichen und sozialen Weges, eine autodidaktische Suche unter Freunden, Anm. d. Übersetzers] (Touché 1988). Es ist wichtig, gemeinsame Neigungen mit anderen zu teilen. Dennoch ist der Musikgeschmack auch Konfliktstoff und Unterscheidungskriterium, denn die Auswahl und die Ablehnung erlauben gleichzeitig, sich gegenseitig zu erkennen und sich von den anderen abzugrenzen.

Die Jugendzeit stellt eine Phase des Aufbaus des Selbst dar. Dies vollzieht sich in der Konfrontation mit anderen, aber auch in der ausgeprägten Vorliebe für Aktivitäten, die den Ausdruck des Selbst fördern. Die 15- bis 19-Jährigen stellen 44 % der Personen, die einer künstlerischen Freizeitbeschäftigung als Amateure nachgehen, während die 20- bis 24-Jährigen nur 33 % und die höheren Altersstufen nur 20 % oder weniger stellen.[5]

Derartige Aktivitäten tragen stark zum Identitätsaufbau der Individuen bei, sie fördern die Selbstfindung und öffnen neue Perspektiven. Die Schüler wechseln häufig von einem Hobby zum anderen, oder sie üben mehrere gleichzeitig, mehr oder weniger vorübergehend aus. Während die einen auch von der Geselligkeit verschiedener Beschäftigungen im Bereich der Musik oder des Theaters angezogen werden, suchen andere wiederum die intimeren Herangehensweisen der bildenden Kunst und des Schreibens.

[5] A. a. O.

Die Suche nach neuen Bekanntschaften und der Wunsch nach Hobbys außerhalb der familiären Umgebung gehen einher mit einer starken Nutzung der audiovisuellen Medien. Die Vertrautheit mit den audiovisuellen Medien charakterisiert ganz besonders die Altersgruppe der 12- bis 19-Jährigen.[6] Denn es sind deren Eltern, die das höchste Ausstattungsniveau erreichen, was Stereoanlagen, Videorekorder, Computer oder den Besitz von mindestens zwei Fernsehgeräten anbelangt. Die Jugendlichen sind hiervon die intensivsten Nutzer. Mehr als die Hälfte hört täglich CDs oder Kassetten zusätzlich zu einem oder mehreren Radiosendern. Darüber hinaus besitzen 89 % der 12- bis 14-Jährigen und 84 % der 15- bis 19-Jährigen einen Walkman, mehr als die Hälfte verfügt über Videospiele. Im Gegensatz zu einer weitverbreiteten und verfestigten Meinung sind sie jedoch nicht die regelmäßigsten Fernsehzuschauer: 66 % der 12- bis 14-Jährigen und 53 % der 15- bis 19-Jährigen sehen weniger als zehn Stunden pro Woche fern, was im Vergleich zur Gesamtheit der Franzosen nicht viel ist. Eine weitere Besonderheit charakterisiert ihren Umgang mit dem Fernsehen: Sie sind starke Nutzer von Videos. Sie besitzen bespielte Videokassetten, leihen sich welche oder tauschen sie aus, sie treffen sich mit Freunden, um sich Filme und Spiele zu Gemüte zu führen – und zwar in der Weise, dass diese Beschäftigung auch eine Grundlage für Geselligkeit bietet.

Dieser Reiz des häuslichen Gebrauchs von Bild und Ton setzt voraus, dass die Jugendlichen einen großen Teil ihrer Freizeit zu Hause verbringen. Diese Feststellung erscheint paradox, ist doch gerade eine andere Form der Freizeitgestaltung, das Ausgehen, typisch für die Jugendlichen. Dies rührt daher, dass die dargestellten Grundzüge der kulturellen Lebenswelt der Heranwachsenden mannigfaltige Praktiken und Neigungen einschließen.

[6] Les jeunes et les sorties culturelles. In: Ministère de la Culture et de la Francophonie (Hg.): Développement culturel N°106/1995; Les pratiques culturelles des jeunes. In: Développement culturel N°93/1992

Der weibliche und der männliche Umgang mit der Freizeit

Michel Bozon (1990) hat bei der Auswertung einer Umfrage des INSEE[7] von 1987 – 1988 über das Freizeitverhalten der 14- bis 20-Jährigen festgestellt, dass Mädchen und Jungen beim abendlichen Ausgehen nahezu gleiche Ziele favorisieren, namentlich: Kino, Tanzveranstaltungen, Konzerte, Varieté und Restaurants. Dennoch profitieren die Jungen von größerer Bewegungsfreiheit, sie haben es leichter, Aktivitäten außerhalb der elterlichen Wohnung zu unternehmen. Während die Familie in der Freizeit der Mädchen sehr präsent war, verbringen die Jungen ihre Freizeit eher allein oder in einer Gruppe Gleichgesinnter, die sich in der Schule oder im jeweiligen Stadtviertel gebildet hat. Die Untersuchung von Zeitplänen von Gymnasiasten einer mittelgroßen Stadt (Boyer u. a. 1989) kam zu demselben Ergebnis.

Diese Einschränkung der Unabhängigkeit von Mädchen wird in neueren Umfragen immer wieder bestätigt. Die Mädchen sind hinsichtlich ihrer Freizeitgestaltung abhängiger und eher der mütterlichen oder elterlichen Autorität unterworfen (Dubreuil 1995). Eine noch unveröffentlichte Untersuchung des INRP von 1997, die landesweit in Abiturklassen stichprobenartig durchgeführt wurde, hat ergeben, dass 30 % der Mädchen, aber nur 16 % der Jungen ihre Eltern um Erlaubnis bitten müssen, wenn sie abends weggehen wollen. Außerdem waren von den Gymnasiasten, die regelmäßig in Urlaub fahren (75 %), schon 64 % der Jungen – im Vergleich zu 54 % der Mädchen – allein oder mit Freunden im Urlaub. Dieser vom Geschlecht abhängige unterschiedliche Zugang zur Unabhängigkeit zeigt sich auch in der finanziellen Ablösung von den Eltern. Zwar ist die Zahl der Mädchen, die während der Ferien oder nebenher arbeiten, genauso hoch wie bei den Jungen. Doch der Verdienst ist auffallend unterschiedlich: 60 % der Gymnasiastinnen verdienen während ihrer Ferienarbeit im Sommer weniger als 3.000 Francs (ca. 895,- DM), bei 44 % der Jungen hingegen übersteigt der Lohn 5.000 Francs (ca. 1.492,- DM). Bei den Nebenjobs, die sie während des Schuljahres haben, liegt das monatliche Einkommen von 61 % der Schülerinnen unter 500 Francs (ca. 150,- DM), während 47 % der Schüler zwischen 500 und 2.000 Francs (ca. 150 bis 600,- DM) pro Monat verdienen.

[7] INSEE = Institut national de la statistique et des études économiques [entspricht in etwa dem Statistischen Bundesamt, Anm. d. Übersetzers]

Diese Arbeiten sind darüber hinaus weder von derselben Art noch vom selben zeitlichen Umfang: 57 % der Gymnasiastinnen arbeiten fünf Stunden oder weniger pro Woche. Die meisten von ihnen arbeiten als Babysitter und/oder betreuen Hausaufgaben. Fast 40 % der Jungen gaben an, mehr als zehn Stunden pro Woche zu arbeiten, und auch die Bandbreite ihrer Tätigkeiten ist größer. So verrichten sie verschiedene Arbeiten bei Privatpersonen (Gartenarbeit, Bastel- und Reparaturarbeiten, Betreuung von Menschen...), sind in Werkstätten, auf Baustellen tätig, arbeiten als Animateure oder in Tonstudios... Jungen und Mädchen treffen sich höchstens bei der Arbeit in einem Laden.

Die Unterschiede in der Emanzipation von Mädchen und Jungen sind also unverkennbar und anhaltend zugleich, wie eine aktuelle Studie des INED, eine rückblickende Befragung von 25- bis 34-Jährigen zu ihrem Erwachsenwerden, belegt. Die Entwicklung von Mädchen und Jungen Anfang der achtziger Jahre zeigt hinsichtlich der gleichen Bereiche dieselben Unterschiede (Bozon/Villeneuve-Gokalp 1995). Diese Abweichungen im Umgang mit Mädchen und Jungen zeichnen somit frühzeitig die Bedingungen, Orte und den Umriss der Freizeitaktivitäten für jedes Geschlecht auf.

Zusammenfassend könnte man sagen: Die Aktivitäten der jungen Mädchen sind einerseits wenig vielfältig. Andererseits spielen sie sich meistens im häuslichen und familiären Bereich ab, sei es als Fernsehpublikum, beim Musikhören, bei der Mithilfe im Haushalt, was nicht zu vernachlässigen ist, oder beim Lesen und beim Ausgehen mit der Familie. Ihre räumliche Mobilität ist gering, ihre außerschulische Geselligkeit ist wenig entwickelt. Sie werden auch charakterisiert von Offenheit, und sie legen eine gewisse Neugierde an den Tag, selbst wenn nicht automatisch Handeln daraus folgt. Aber wenige unter ihnen zeigen ein starkes Engagement oder besetzen einen Bereich intensiv.

Die Jungen stellen sich anders dar: Ihre Aktivitäten im Bereich des Sports und der Technik sind häufig zahlreicher und vielfältiger. Die Beschäftigungen finden in einem breiteren Spektrum statt und manifestieren den genommenen und von den Familien auch gewährten Abstand von der elterlichen Wohnung. Ihre jugendliche Soziabilität ist viel ausgeprägter, ganz gleich, ob sie sich im Rahmen einer bestimmten Aktivität entwickelt oder nicht. Schließlich ist das begeisterte Engagement auf einem Gebiet nicht selten und zieht Beschäftigung, Ausgehen und Treffen mit denjenigen nach sich, die dieselben Interessen und Neigungen teilen (Fize/Touché 1992; Voelckel 1995).

Diese abweichenden Orientierungen bilden sich schon ab dem Beginn der Adoleszenz heraus, denn man kann sie bereits bei den Schülern des Collège (Sekundarstufe II, ca. 10- bis 15-Jährige) feststellen. Die häuslichen Freizeitbeschäftigungen sind bei den Mädchen mehr entwickelt, während umgekehrt die Aktivitäten außer Haus bei den Jungen ausgeprägter sind. Dieser Gegensatz verstärkt sich noch durch die verschiedenen Aktivitäten sowohl zu Hause als auch außer Haus. Die Mädchen lesen wesentlich mehr als die Jungen, vor allem auch vieles, was über die Pflichtlektüre der Schule hinausgeht. Sie hören auch häufiger Musik oder Radio. Die Jungen hingegen beschäftigen sich sehr gerne mit Videospielen und zu Hause eher mit Handwerklichem (Modellbau o. Ä.). Die künstlerische Praxis, insbesondere das Spielen eines Musikinstruments, gehört in diesem Alter eher zu dem Beschäftigungsfeld der Mädchen. Im Freien verbringen die Jungen viel Zeit mit Sport und anderen Freiluftaktivitäten. Zwei von drei Jungen sind zumindest in einer Sportart, oft Mannschaftssportart aktiv. Die Beschäftigungen der Mädchen außer Haus konzentrieren sich, sofern es sie überhaupt gibt, ebenfalls auf den Sport. Aber dies betrifft nur zwei von fünf Mädchen, welche dann eher zu den Sportarten Ballett oder Schwimmen und somit zu Einzelsportarten tendieren (Bounoure 1995).

Vorlieben der Jungen und Vorlieben der Mädchen

Aufgrund dieser Feststellungen ist die Versuchung groß, den beiden Geschlechtern eine Kultur des Drinnen und eine Kultur des Draußen zuzuordnen. Aber eine Untersuchung der Neigungen von Mädchen und Jungen bei den Aktivitäten, die sie gemeinsam haben, könnte zu einem anderen Schluss führen.

Man rufe sich ins Gedächtnis zurück, dass das Kino die erste Ausgehmöglichkeit für die Jugendlichen, Mädchen und Jungen, ist. Die häufigsten Kinobesuche finden bei Jungen mit 13 Jahren und bei Mädchen mit 14 Jahren statt. Dies geht später leicht zurück, um dieser Hochphase noch nahe zu bleiben und ab dem 25. Lebensjahr drastisch abzunehmen (Mayol 1997).

Doch ist der geschlechtliche Unterschied ausschlaggebend bei der Auswahl der Filme: Mädchen und Jungen bevorzugen nicht die gleichen Filme. Erstere legen sehr viel Wert auf die Inszenierung von menschlichen Beziehungen und Gefühlen, während letztere Actionfilme und komische Filme bevorzugen (Ministère de la culture 1990). Der deutliche Gegensatz bei den Schülern des Collège bleibt auch bei den Gymnasiasten beachtlich. So geben die Jungen komischen Filmen oder Actionfilmen den Vorzug, während die Mädchen Filme auswählen, die mehr auf die Charaktere und die Beziehungen zwischen den Personen abzielen (Boyer u. a. 1986, 1991; Jalaudin/Moreau 1995). Wie P. Mayol (1997) unterstreicht, geht dies so weit, dass man vor den Kinos je nach Programm fast eingeschlechtliche Warteschlangen beobachten kann.

Bei der Lektüre von Büchern (außer Schulbüchern) gibt es zwischen Mädchen und Jungen starke Unterschiede. Nach der neuesten Studie des Ministère de la culture (1995) liegt der Anteil an Nicht-Lesern bei den 15- bis 19-Jährigen unter den Jungen bei 33 %, aber nur bei 9 % unter den Mädchen. Diese Jungen sind jedoch keinesfalls absolute Nicht-Leser, ihre Vorliebe richtet sich aber häufiger auf Comics, während die Mädchen eher moderne Romane und Werke klassischer Autoren lesen. Sie mögen vor allem sentimentale Geschichten und Klassiker der französischen Literatur, (Balzac, Zola, Maupassant, Stendhal). Die männlichen Leser von Büchern sind mehr von Science-Fiction- oder Abenteuerromanen angezogen (De Singly 1989).

Diese Gegensätzlichkeit der Vorlieben setzt sich in der Auswahl von Zeitschriften fort. Letztere nehmen eine starke Stellung in der Lektüre Jugendlicher ein. Ganz oben auf einer Hitliste (Dendani/Detrez 1996), die kürzlich unter Schülern von achten Klassen erstellt wurde, standen das, nur von Mädchen genannte Heft "Jeune et Jolie" [Jung und Hübsch] und das, hauptsächlich von Jungen genannte Blatt "Science et vie Junior" [Wissenschaft und Jugend].

Die Bereiche lassen sich folgendermaßen abgrenzen: Tatsächlich konzentriert sich die Lektüre der Mädchen auf Jugend- und Modemagazine und streift Zeitschriften, die das Tun und Leben von Sängern und Schauspielern darstellen. Die Jungen suchen eher populärwissenschaftliche Magazine und technische Zeitschriften, vor allem über Videospiele und Informatik, aber auch Zeitschriften, die auf diese oder jene Sportart oder Musikrichtung spezialisiert sind. Über diese unterschiedlichen Interessengebiete hinaus kann man feststellen, dass sich die Mehrheit der Mädchen bei bestimmten Zeitschriften einig ist, während die Antworten der Jungen weiter gestreut sind und gleichzeitig die breitere Streuung der Interessen sowie das verstärkte Engagement in einem Bereich bestätigen.

Diese dargestellten Eigentümlichkeiten finden sich auch im Bereich der Musik. Auch wenn den männlichen und weiblichen Jugendlichen eine gleich starke Spitzenstellung zukommt, was den Musikkonsum betrifft, und wenn dieser Konsum auch von moderner Musik, Chansons, Liedern englischsprachiger Herkunft, von Rock- und Rapgruppen aufgefangen wird, so variiert die Neigung zu einer dieser Musikrichtungen je nach Geschlecht. Die Auswahl, die die Mädchen treffen, drückt häufiger eine allgemeine Annahme von Neuheiten aus und darüber hinaus eine schwache Besetzung eines Bereichs, da sie häufig neben dem Musikhören andere Tätigkeiten wahrnehmen und auch öfter Radio hören als CDs und Kassetten. Man könnte daraus schließen, dass sie sich den Hitparaden der Radiostationen unterwerfen. Diese Feststellung bedarf allerdings der Relativierung, da sie auch dem Text und der Melodie der Lieder sowie der klassischen Musik Bedeutung beimessen – und dies in einem nicht zu vernachlässigenden Maße. Die Kenntnis der Jungen im Hinblick auf die Musik scheint insofern stärker zu sein, als dass sie entweder eine gezielte Erkundung der verschiedenen Musikrichtungen zeigen und es ablehnen, dabei Klassifizierungen und Hierarchien einzuführen, oder sie haben eine bereits entwickelte musikalische Identität, gestützt auf eine breite und fundierte Kenntnis der verschiedenen Richtungen des Rock oder der karibischen Musik. Das Interesse für klassische Musik oder für die Texte der Lieder scheint ihnen weniger wichtig zu sein als Instrumentierung und Akustik (Mignon u. a. 1986; Boyer u. a. 1991).

Auch an der größeren Affinität der Mädchen zu kulturellen Ereignissen zeigt sich die Offenheit ihrer Vorlieben und Interessen gegenüber dem kulturellen Leben. Ab dem zwölften Lebensjahr zeigen sie mehr Interesse als die Jungen an Theater- und Museumsbesuchen, an klassischen Konzerten oder am Ballett.

Diese Verteilung bleibt auch später so, denn in der Gesamtheit der 12- bis 25-Jährigen sind die Mädchen in diesem Punkt den Jungen immer voraus. Sicherlich ist der Besuch solcher Veranstaltungen von der jungen Bevölkerung gering, aber trotzdem deutet die beschriebene Tendenz auf eine Gegensätzlichkeit der Geschlechter hin. Der Lust zu entdecken auf der einen Seite, entspricht ein erklärtes Desinteresse auf der anderen Seite (Ministère de la culture 1995).

Mädchen, Jungen und Geschlechtsstereotype

Diese Selbstrepräsentationen, wie sie sich aus den Gesprächen und den Antworten auf den Fragebogen ergeben, bilden zwei kontrastierende Selbstdarstellungen als Mädchen und als Junge. Die Suche nach dem eigenen Ich und dessen Bildung sind die gemeinsame Grundlage, aber diese drücken sich in divergierenden Interessen und Aktivitäten aus. Die Mädchen räumen den Gefühlen und den zwischenmenschlichen Beziehungen viel Platz ein, sie suchen sich im stillen Dialog mit den Helden aus Büchern und Filmen, in der Auseinandersetzung mit dem kulturellen Gut, im körperlichen und künstlerischen Ausdruck mehr als in der Face-to-Face-Kommunikation der Gesellschaft oder der Gruppe. Jene Kultur des Intimen und der Innerlichkeit kann sich auch negativ äußern. Mädchen sind sehr besorgt um ihren Körper (und ihr Gewicht) und suchen sich auch im Blick der anderen zu definieren, sie sind anfälliger für die verschiedensten psychischen Beschwerden, fühlen sich häufiger deprimiert oder nervös und konsumieren wesentlich mehr Psychopharmaka (Choquet/Ledoux 1994). Die Jungen suchen ihre Selbstbestätigung in körperlichen und sportlichen Aktivitäten, in der Konfrontation oder gar in der streitigen Auseinandersetzung mit den anderen. Mehr Aufmerksamkeit als der Introspektion und der Analyse zwischenmenschlicher Beziehungen schenken sie der Handlung und der Beherrschung der Materie, von Maschinen und Gegenständen. Das ist die Kultur des Agon, wie von Christian Baudelot und Roger Establet (1992) angemerkt wurde – Wettkämpfe, die in physische Gewalt, in Schlägereien und in übermäßigen Alkoholkonsum ausarten.

Charakterbilder, die derart kontrastreich sind und sich so sehr an den stärksten stereotypen Geschlechterrollen orientieren, überraschen in einer Generation, die von Müttern erzogen wurde, welche gebildet sind, sich in ihrer Arbeit engagieren und die versucht haben, die Beziehung der Geschlechter neu zu definieren. Diese Geschlechtsstereotype haben dennoch Bestand und finden sich in allen Altersklassen, wie mehrere Studien bezeugen.

Georges Felouzis (1994) hat mehr als 1.200 Schüler des Collège der fünften und sechsten Klasse gebeten, aus einer Liste von Adjektiven jeweils sechs Bezeichnungen, die sich mehr für Jungen und sechs, die sich mehr für Mädchen eignen, auszuwählen. Er konnte damit einerseits die sehr differenzierte Wahrnehmung der Geschlechter durch die Jugendlichen und andererseits die Konvergenz der Bezeichnungen, die jeweils den Geschlechtern zugeschrieben werden, aufzeigen. Demzufolge geben sich die Mädchen "folgsam, ordentlich, sorgfältig, eitel, empfindlich", aber auch "launisch, listig und ängstlich". Die Jungen hingegen werden als "aktiv, energisch, mutig und kämpferisch" dargestellt, allerdings auch als "aggressiv, rüpelhaft, unordentlich und jähzornig".

Gilles Moreau (1994) wiederum hat ältere Schüler aus Berufsfachschulen über die Vorzüge und Fehler von jungen Frauen und Männern befragt. Die Antworten bestätigen, dass sich die Wahrnehmung des Männlichen und des Weiblichen bei Schülern von Fachgymnasien durch relevante Merkmale konstruiert. Ganz oben bei den weiblichen Qualitäten stehen "Schönheit, Sanftmut, Sensibilität und Verständnis". Die positive Definition der Männer ist "Fleiß, Mut, Stärke, Sinn für Humor und Freude am Basteln". Die Liste der negativen Eigenschaften ist ebenso kontrastreich: Die Mädchen sind "eifersüchtig, verschwenderisch, besitzergreifend, egoistisch und geschwätzig", die Jungen "egoistisch, ebenfalls eifersüchtig", aber auch "machohaft, eingebildet, verlogen und Alkoholiker".

Die Selbstwahrnehmung und des Selbst, den anderen gegenüber, funktioniert also stark über Muster der Geschlechter, die übereinstimmende Züge enthalten. Letztere schließen jedoch Unterschiede in den Definitionen nicht aus. Im Folgenden soll nur ein Beispiel auf der Grundlage der Analyse von G. Felouzis (1994) ausgeführt werden. Die Begriffe, die die Schüler des Collège mit Mädchen verbinden, sind ambivalent, einerseits positiv, andererseits negativ. Zum einen wurden die positiven Definitionen der Mädchen von Mädchen gemacht. Zum anderen variieren sie je nach sozialer Herkunft. Mädchen aus dem Arbeitermilieu neigen eher dazu, sich als "sensibel und mutig" zu definieren, während sich Mädchen aus Familien höherer Angestellter eher als "energisch, unabhängig und organisiert bzw. ordentlich" einstufen. Die Jungen ihrerseits heben, je nach sozialer Herkunft, andere

Dinge bei der Definition der Mädchen hervor. Jungen aus der Schicht gehobener Angestellter betonen die strategischen Fähigkeiten der Mädchen, die auf andere Menschen Einfluss nehmen, indem sie Beschreibungen wie "kokett, charmant, launisch" wählen. Die Jungen aus dem Arbeitermilieu definieren die Mädchen mehr über den Affekt, die Welt intuitiv wahrzunehmen und zu ertragen; sie werden als "ruhig und zurückhaltend" bezeichnet. Es geht also weg von einem einzigen Stereotyp des weiblichen Geschlechts, und dieses Beispiel macht deutlich, wie sehr die Bewertung eines Geschlechts abhängig ist von dem des Betrachters: Jedes Geschlecht gibt eine eher abwertende Definition des jeweils anderen ab und eine eher positive seines eigenen. Aber das Bild hängt auch von der sozialen Herkunft ab, d. h. von den jeder sozialen Gruppe immanenten Werten und ihren Vorstellungen von der Beziehung zwischen den Geschlechtern.

Sozial- und geschlechtsspezifisches Freizeitverhalten

Die Freizeitbeschäftigungen scheinen ein relevantes Mittel zu sein, um diese Selbsteinschätzungen als zu einem Geschlecht oder Milieu zugehörig darzustellen.

Eine tief gehende Analyse über die Rezeption von Fernsehserien wie *Hélène et les garçons*, *Beverly Hills* oder *Premiers baisers* [entsprechen in etwa Sendungen wie *Marienhof* oder *Verbotene Liebe*], die Muster von Geschlechterrollen und von Paaren darstellen (Pasquier 1996), zeigt somit, wie der Konsum und das Verhältnis zu den Serien den Jugendlichen erlaubt, soziale Positionen aufzubauen und einen Identifikationsbereich zu schaffen. Man spricht von der Serie entweder mit Distanz und Gleichgültigkeit oder mit Emotion; man mag die eine oder andere Figur oder lehnt sie ab, man erwähnt sie mit dem einen oder anderen Charakterzug, man diskutiert über die Intrigen oder eben nicht. Auf diese Weise platziert man sich in einer Gruppe und damit in Opposition zu anderen Gruppen. Die Abgrenzung dieser verschiedenen Gruppen folgt einer sozialen Logik in dem Maße, in dem sie es erlaubt, die Spaltung zwischen den Geschlechtern, den Altersstufen und den Milieus herbeizuführen. Jede Serie unterscheidet sich also durch eine spezifische Identität: Es gibt somit weibliche Lebenswelten, populäre Lebenswelten oder kindliche Lebenswelten. Ein und dieselbe Serie kann an den Schnittpunkten der verschiedenen Welten angesiedelt sein, aber sie schafft es nicht, die zwei Gegenpole einer Welt zu erreichen, d. h. Jungen und Mädchen, die Jüngeren und die Älteren, Kinder aus der Unterschicht und Kinder aus der Oberschicht.

In seiner Analyse der Studie von INSEE über die Freizeit der 14- bis 20-Jährigen betont Michel Bozon (1990) die Logik der kulturellen und sozialen Reproduktion, durch die sich die Neigungen und die Ausübung der Hobbys bei den Jugendlichen fortschreiben. Er stellt eine den Kindern der Oberschicht eigene Verwendung der Freizeit fest. So stünden kulturelle Veranstaltungen (Theater, klassische Konzerte, Besuche von Kunstausstellungen) bei ihnen häufiger auf dem Programm, die Ausübung bestimmter Sportarten, z. B. Tennis oder Skilaufen sei üblicher. Gewisse Aktivitäten hätten auch eine bürgerliche Konnotation, wie das Spielen eines Instruments, der Gebrauch von Computern oder lange Telefonate. Die jugendliche Soziabilität sei dort besonders ausgeprägt und hänge hauptsächlich mit der Schule zusammen. Vor dem Hintergrund, dass alle Jugendlichen gemeinsame Praktiken zeigen, charakterisierten sich die Kinder der Unterschicht durch eine ausgeprägtere Neigung, Veranstaltungen ohne starken kulturellen Bezug (Sport-, Unterhaltungsveranstaltungen...) zu besuchen. Im häuslichen Bereich scheinen sie etwas fernsehgeneigter zu sein, spielen mehr Karten und andere Gesellschaftsspiele. Auf der Ebene der Soziabilität unterschieden sie sich durch ihre Neigung, sich Gruppen aus der Nachbarschaft anzuschließen.

Wenn auch die Hobbys und die Häufigkeit ihrer Ausführung die sozialen Gruppen unterscheiden, so können die Modalitäten der Ausführung ein und desselben Hobbys wieder neue Unterschiede hervorrufen. Tanzen ist in diesem Zusammenhang ein einleuchtendes Beispiel. Die Häufigkeit des Tanzens unterscheidet drei Bevölkerungsgruppen. Die Kinder von Facharbeitern, Angestellten und Landwirten sind die eifrigsten Tänzer, während Kinder der mittleren und höheren Schichten unregelmäßig und die Kinder ungelernter Arbeiter nur wenig tanzen. In jeder Gruppe sind die Modalitäten des Tanzens andere: Die Kinder höherer Angestellter treffen sich zum Tanzen auf privaten Partys, die der Angestellten und Arbeiter gehen häufiger in Diskotheken und die der Landwirte besuchen eher Bälle.

Anders ausgedrückt bedeutet die Ausübung ein und derselben Praxis nicht, dass die Ausübung homogen ist, und jede Aktivität unterscheidet durch die Verschiedenheit der Ausführungsmodalitäten noch feiner soziale Gruppen, die durch ihre Zusammensetzung auch lernen, sich gegenüber den anderen abzugrenzen.

Sich im Vergleich zu anderen zu situieren, heißt auch, soziale Nähe oder soziale Distanzen festzustellen, sich in Beziehung zu seinem eigenen Geschlecht und zu Individuen des anderen Geschlechts zu setzen. Deshalb müsste die Forschung über den Überschneidungseffekt von sexuellen und sozialen Zugehörigkeiten bei der Definition von sich selbst im Verhältnis zu der Freizeit eine andere Perspektive hervorbringen. Dies ist jedoch eine wenig verbreitete Vorgehensweise (Passeron/De Singly 1994), so dass wir uns weiterhin auf die bereits erwähnte Untersuchung von 300 Zeitplänen von Gymnasiasten stützen, um ein Profil der Geschlechter und der Klassen zu skizzieren (Boyer 1991).

Jungen aus der oberen Mittelschicht verbringen weniger Zeit auf Unterhaltungsveranstaltungen als Jungen anderer Schichten. Sie verbringen mehr Zeit in der Familie oder mit Aktivitäten, die sich in der häuslichen Umgebung abspielen (Musikhören, Informatik...), weisen aber auch die beste Soziabilität in der Gruppe Gleichaltriger auf, ohne dass diese mit einer Aktivität verbunden sein müsste. Konversation scheint für diese Gruppe auch eine spezifische Praxis zu sein, zudem empfängt man gerne in der Wohnung Gäste.

Mädchen der gehobenen Klasse unterscheiden sich zwar wenig von Jungen ihres Milieus, aber vom Durchschnitt der Mädchen. Sie gehen weniger zu Unterhaltungsveranstaltungen, zeigen dafür aber ein starkes Interesse an bildenden Freizeitbeschäftigungen (Informatik, Leistungssport), die bei anderen Mädchen wenig verbreitet sind.

Jungen der mittleren Schichten richten ihre Freizeit mehr als andere Jungen auf technische Aktivitäten und/oder Sport aus. Ihre jugendliche Soziabilität ist weniger ausgeprägt und findet häufiger in der Familie statt als die der anderen Jungen. Die Mädchen desselben Milieus weisen hingegen die beste Soziabilität auf – sie richtet sich sowohl auf Gleichaltrige als auch auf die Familie. Die Mädchen dieser Schicht gehen am meisten aus, ins Kino, auf Partys oder in Diskotheken – und das in dem Maße, dass sie sich dem männlichen Durchschnitt annähern.

Die Praxis von Jungen der unteren Schichten spiegelt besonders den Durchschnitt der männlichen Hobbys wider. Sport und Unterhaltungsveranstaltungen dominieren ihren Freizeitplan. Diese jungen Leute sind es auch, die am wenigsten Zeit mit ihrer Familie, stattdessen die meiste Zeit außer Haus, zumeist mit "unformellen" Treffen verbringen. Die Mädchen dieser Schichten haben im Vergleich zu anderen einen stärkeren Fernsehkonsum, zeigen ein Ausgehverhalten, das auf den Umgang mit der Familie gerichtet ist und praktizieren häufig Stadt- oder Einkaufsbummel mit anderen Mädchen. Die Zeit, die mit sportlichen Aktivitäten oder Informatik verbracht wird, ist im Vergleich die geringste. Dieses allgemeine Profil bestätigt die Distanz, die zwischen diesen Mädchen und Mädchen aus der oberen Mittelschicht liegt.

Stabilität der männlichen, Wandelbarkeit der weiblichen Identitäten

Diese Beschreibungen sind flüchtig und schematisch, sie zeigen einige statistische Regelmäßigkeiten und geben nicht die Eigenheit jeder individuellen Zuordnung wieder. Ihr Ziel ist es, auf die Diversifikation des Gebrauchs der Freizeit je nach Milieu oder Geschlechtszugehörigkeit aufmerksam zu machen. Die Segmentierung der Bevölkerung ginge noch weiter, wenn man auch die schulische Lage der männlichen und weiblichen Jugendlichen einbezöge. Aber aus den bereits isolierten männlichen und weiblichen Bereichen ergibt sich schon jetzt ein nuanciertes Spektrum der Praktiken und Interessen, das uns zu den zwei folgenden Feststellungen führt: Mädchen und Jungen der oberen Mittelschicht haben einen Zeitplan, der zwischen den Geschlechtern am ähnlichsten ist, gefolgt von denen aus dem Arbeitermilieu. Im Vergleich sind es die Jungen und Mädchen der Mittelschichten, die sich im Gebrauch ihrer Freizeit am wenigsten ähnlich sind. Übrigens weichen die Jungen aller Schichten weniger von dem Gesamtbild der Jungen ab, was die Zeit betrifft, die der Aktivität gewidmet ist. Dies gilt nicht für die Mädchen, bei denen die Aktivitäten mehr durch die soziale Herkunft bestimmt zu sein scheinen. Anders ausgedrückt: Jungen der verschiedenen Schichten gleichen sich untereinander mehr als die Mädchen. Es bestünde somit eine relative Homogenität der männlichen Bevölkerung, die auf der geschlechtlichen Zugehörigkeit basiert und im Kontrast zu der Diversifikation der weiblichen Bevölkerung steht, die mehr an der sozialen Zugehörigkeit orientiert ist.

Wie soll dies interpretiert werden? Jede Klasse behandelt ihre Kinder anders, die Jungen und Mädchen jeder Schicht bilden sich ihre eigenen Antworten auf ihre Situation und auf das, was sie daraus lesen. Durch ihre Freizeitbeschäftigungen zeigen die Mädchen der unteren Schichten häufiger eine Übereinstimmung mit der traditionellen Frauenrolle. Die Mädchen der höheren und mittleren Schichten nehmen öfter Beschäftigungen mit männlicher Konnotation an, aber es sind nicht dieselben Motive, aus denen heraus sie solch' ein Verhalten zeigen. Daraus ergibt sich ein breites Spektrum von Möglichkeiten, Mädchen zu sein und sich als solches zu präsentieren. Es scheint, als ob die Mädchen mit den Normen spielten, die sie zum Aufbau einer neuen weiblichen Identität führen. Olivier Galland kam in seiner Studie über die Gymnasiasten von Elbeuf (1988) zum gleichen Schluss, indem er bemerkte, wie sehr die Mädchen, vor allem aus den mittleren Schichten, eine Gruppe von Erneuerern in Bezug auf die Lebensart darstellen. Die Verlängerung der Schulzeit, der Anstieg des Bildungsniveaus, der fast generelle Zugang der Frauen zur Arbeit, die Neudefinierung (oder der Versuch der Neudefinierung) der Beziehungen zwischen den Geschlechtern sowohl im privaten als auch im beruflichen Bereich, all' das versetzt die Frauen in eine neue Situation, in der die Identitätsmodelle der früheren Generationen nicht mehr ohne Abänderungen übernommen werden können. Transformationen solchen Ausmaßes haben die Welt der Männer weniger beeinflusst, so dass eine Norm männlichen Verhaltens, auf der ihr ganzes Freizeitverhalten basiert, überdauern kann. Olivier Donnat und Denis Cogneau (1990) konnten dies in ihrer vergleichenden Analyse der Entwicklung des kulturellen Umgangs der Franzosen zwischen 1973 und 1989 ebenfalls feststellen.

Wir haben uns weit von der Welt der Jugendlichen und ihrer spezifischen Lebenswelt entfernt. Die Analyse der Freizeit und deren Gestaltung durch Jungen und Mädchen hat Produktions- und Entfaltungsmöglichkeiten der Differenz zwischen den Geschlechtern und den sozialen Gruppen ergeben. Jede und jeder lernt hier (und woanders), sich selbst zu definieren und sich im Verhältnis zu den anderen zu situieren.

Die Arbeiten, aufgrund derer dieses Bild gezeichnet wurde, verlangen dennoch einige Bemerkungen. Tatsächlich sind diese Arbeiten einerseits wenig zahlreich, andererseits mehrheitlich quantitativ. Gérard Mauger (1994) macht deutlich, dass die Jugendsoziologie, vor allem der jugendlichen Schüler in Frankreich, einen wissenschaftlich schwach entwickelten Bereich darstellt, "une sous-discipline mineure consacrée à un objet mineur" [eine minderwertige Unterdisziplin, die sich mit einem minderen Objekt beschäftigt], dessen epistemologischer Status umstritten ist.

Sind die Jugendlichen nur eine statistische Kategorie mit unbeständigen Konturen, haben die Schüler eine gesellschaftliche Wirklichkeit außerhalb der administrativen Einteilungen, die sie alle als Schüler des Collège oder des Lycée zusammenfassen. Die bestrittene wissenschaftliche Legitimität des Gegenstands erscheint also wenig förderlich für die Entwicklung universitärer Forschungen. Wenngleich die Diskussionen über den epistemologischen Status der Forschungen zu Schülern des Collège und des Lycée die wissenschaftliche Gemeinschaft der Bildungsforscher nicht wirklich bewegt, so scheinen die Schüler auch nicht im Mittelpunkt ihres Forschungsinteresses zu liegen.[8] Diese Arbeiten existieren dennoch. Sie stammen hauptsächlich von großen staatlichen Institutionen (Directions des ministères, INED, INSEE, INSERM), deren Ziel es ist, die Entscheidungseliten anhand von Statistiken zu informieren. Die theoretischen Referenzen dieser Arbeiten werden hingegen kaum dargestellt und ihr methodischer Ansatz ist hauptsächlich quantitativer Art. Die gesammelten Daten und das Ausmaß der Proben ist, was das Thema der Studie betrifft, auf die Analyse der Auswirkungen verschiedener sozio-demographischer Variablen ausgerichtet. Dieses Thema wird im Zusammenhang mit den Interessen der Auftraggeber definiert und gebildet. Dies geschieht, indem man einerseits über wertvolle Studien, die sich in regelmäßigen Abständen wiederholen, und andererseits über seltene Arbeiten verfügt, die auf soziale Fragestellungen in Bezug auf die junge Bevölkerung gerichtet sind. So ließ sich, nachdem in den letzten Jahren die Zahl der Gymnasiasten explosionsartig angestiegen war und etliche Demonstrationen stattgefunden hatten, feststellen, dass zunehmend Forschungsarbeiten über die Gymnasiasten entstanden. Die soziale und/oder politische Nachfrage ist derzeit eher auf die De-Zivilisierung und Gewalt an

[8] Vgl. "Actes du Premier congrès d'actualité de la recherche en éducation et formation", AESCE. Paris, 25. – 27. März 1993 und: "Actes du congrès international d'actualité de la recherche en éducation et formation", AESCE. 1. – 3. Juli 1996; ebenso: Recherches en éducation et formation, répertoire 1986 – 1991. CNRS/INIST/INRP 1993.

den Collèges gerichtet und erlaubt somit die Entwicklung von Arbeiten auf diesem Gebiet.

In einer solchen Konjunktur ist das Freizeitverhalten von Jugendlichen kein autonomer Forschungsgegenstand. Trotzdem erscheint es dennoch als ein relevanter Ansatz für die Modi und Formen der Sozialisation von Mädchen und Jungen.

Im Gegensatz zu Frankreich haben andere europäische Länder, insbesondere Großbritannien und Deutschland (Boyer u. a. 1997), schon früh die Analyse von Jugendkulturen entwickelt. Ihr Ansatz ist nicht ausschließlich auf die Fragen der Klassenzugehörigkeit und der sozialen Schichtungen ausgerichtet, aber schließt von vornherein die geschlechtliche Zugehörigkeit und deren Gewicht bei der Identitätsbildung mit ein. Diese Arbeiten, die überwiegend qualitativ und häufig ethnographisch inspiriert sind, nehmen als Studiengegenstand kleine Gruppen von Jugendlichen in und außerhalb der Schule und versuchen, die Arten und Formen der familiären, schulischen und außerschulischen Sozialisation darzustellen. Könnten derartige Sichtweisen nicht auch in Frankreich gewinnbringend entwickelt werden?

Literatur

Baudelot, C./Establet, R.: Allez les filles, éd. Le Seuil, col. l'épreuve des faits. 1992

Bounoure, A.: Parents de collègiens, conceptions et pratiques éducatives. INRP: Documents et travaux de recherche en éducation N°6/1995

Boyer, R.: Identité masculine, identité féminine parmi les lycéens. Revue françaises de pédagogie N°94/1991

Boyer, R./Bounoure, A./Delclaux, M.: Les univers culturels des lycéens et de leurs enseignants. INRP: col. rapports de recherche N°3/1986

Boyer, R./Bounoure, A./Delclaux, M.: L'usage que les lycéens font de leur temps: principes de différenciation. Jeunesses et société N°12/1989

Boyer, R./Bounoure, A./Delclaux, M.: Paroles de lycéens. Editions universitaire/INRP. 1991

Boyer, R. (coord.)/Green, A./Leney, T./Machado-Pais, J./Meulemann, H./Zinnecker, J.: La jeunesse scolarisée en Europe, approches sociologiques et psycho-sociologiques. INRP: Documents et travaux de recherche en éducation N°21/1997

Bozon, M.: Les loisirs forment la jeunesse. In: Données Sociales 1990. INSEE 1990

Bozon, M./Villeneuve-Gokalp, C.: Les parents favorisent-ils également l'émancipation des filles et des garcons? Recherche et prévisions N°40/1995

Caille, J.P.: Les parents d'élèves de collège et les études de leur enfant: attentes et degré d'implication. Education et formations N°32/1992

Choquet, M./Ledoux, S.: Adolescents. Les Editions INSERM, La Documentation Française 1994

Coèffic, N.: Amélioration des carrières scolaires au collège, mais maintien d'orientations différenciées en fin de 3ième. In: Données sociales 1996. INSEE 1996

Dendani, M./Detrez, C.: Lectures de filles, lectures de garcons. Bulletin des Bibliothèques de France, T. 41, N°4/1996

Donnat, O./Cogneau, D.: Les pratiques culturelles des français, évolution 1973 – 1989. La Découverte/La Documentation française (Hg.), 1990

Dubreuil, B.: Loisirs des adolescents et condition familiale. Recherches et prévisions N°40/1995

Felouzis, G.: Le collège au quotidien. PUF, col. l'éducateur 1994

Fize, M./Touché, M.: Le skate: la fureur de faire. Arcane-Beaunieux 1992

Galland, O.: Représentations du devenir et reproduction sociale: le cas des lycéens d'Elbeuf. Sociologie du travail N°3/1988

Galland, O./Garrigues, P.: La vie quotidienne des jeunes du lycée au mariage. Economie et statistique N°223/1989

Herpin, N.: Les amis de classe: du collège au lycée. Economie et statistique N°293/1996

Jalaudin, C./Moreau, G.: L'envers de l'écran, préférences cinématographiques des jeunes des lycées professionnels. Société contemporaines N°21/1995

Mauger, G.: Les jeunes en France. Etat des recherches. La Documentation française 1994

Mayol, P.: Les enfants de la liberté. L'Harmattan, col. Débats Jeunesse. 1997

Mignon, P./Daphy, E./Boyer, R.: Les lycéens et la musique. INRP, col. rapport de recherche N°2/1986

Ministère de la culture: Les 10 – 14 ans et le cinéma. Miméo 1990

Ministère de la culture: Les jeunes et les sorties culturelles, fréquentation et image des lieux de spectacles et de patrimoine dans la population francaise âgée de 12 à 25 ans. Miméo 1995

Moreau, G.: Filles et garcons au lycée professionnel. Les cahiers du LERSCO N°15/1994

Pasquier, D.: Télévision et apprentissages sociaux: la réception des séries collège par les jeunes téléspectateurs. In: L'écran et les apprentissages, GRREM/INJEP, Document de l'INJEP N°24/1996

Passeron, J.C./Singly, F. de: Différence dans la différence: socialisation de classe et socialisation sexuelle. Revue française de sciences politiques N°1/1984

Patureau, F.: Les pratiques culturelles des jeunes. Documentation française 1992

Singly, F. de: Lire à 12 ans. Nathan 1989

Touché, M.: Musique et vie quotidienne. Annales de Vaucresson N°28/1988

Voelckel, A.C.: Jouer ensemble, approche biographique d'un loisir: le jeu de rôle. Sociétés contemporaines N°21/1995

Sophie Jehel

Zur Situation der Jugend in Frankreich – eine Bestandsaufnahme[1]

Mehrdeutigkeit des Begriffs "Jugend"

In Frankreich, wie auch in anderen europäischen Ländern, hat die Jugend einen gesellschaftlichen Stellenwert, der nicht mehr nur auf eine bestimmte Altersklasse bezogen ist, sondern sogar darüber hinausgeht. Die Jugend ist eine Eigenschaft, die der Erwachsene sowohl aus ästhetischen Gründen (Fähigkeit zu verführen) als auch aus wirtschaftlichen Gründen (Konkurrenzfähigkeit) nicht verlieren möchte. Daraus resultieren, um es kurz zu fassen, die Werte im Bereich des Marketing und der Werbung, aber auch eine Tatsache des Arbeitsmarktes: Die Stellung der Arbeitslosen über 50 Jahre ist noch weniger beneidenswert als die junger Arbeitsloser ohne Abschluss.

Indessen weiß jeder, dass die Situation der nachfolgenden, aktiv arbeitenden Generationen – trotz der Forderungen der jetzigen Ruheständler – schwieriger sein wird als die derjenigen, die heute über 50 Jahre alt sind. Die Situation der über 50-Jährigen ist natürlich ebenso wenig einheitlich wie die der Jugendlichen. Dennoch ist diese Gruppe im Allgemeinen im Hinblick auf den Besitz von Erbgütern und die Bedingungen zum Erhalt einer Rente begünstigter als die folgenden Generationen. Diese relative Verschlechterung der Lebensbedingungen nachfolgender Generationen, sowohl im Hinblick auf den Zugang zum Arbeitsmarkt als auch zu Erbgütern, ist ein neues Phänomen der Nachkriegszeit, das zu einem gewissen Pessimismus führt, wenn Jugendliche sich ihre Zukunft vorstellen.

Bei diesen Begriffen von Alter oder Jugend müssen natürlich die wirtschaftlichen Verhältnisse berücksichtigt werden, die die Umstände der un-

---

[1] Aus dem Französischen von Astrid Scharf und Anke von Sethe.
Die hier geäußerten Gedanken geben die rein persönliche Auffassung der Autorin wieder. Dieser Artikel wurde nicht als wissenschaftliche Abhandlung zum Thema "Jugend" konzipiert, sondern als Faktensammlung, die auf der Grundlage von kürzlich in Frankreich erschienenen Artikeln und Berichten zu den Themen Familie, Jugendlichen und Gewalttätigkeit von Jugendlichen erstellt wurde.

terschiedlichen Lebensabschnitte beeinflussen. Berücksichtigt werden müssen auch die sozialen Unterschiede innerhalb einer jeden Altersklasse sowie der dort vorherrschende "Trend". Die Darstellung dieses vorherrschenden Trends wird darüber hinaus von den dominierenden Vorstellungen dieser Altersklasse beeinflusst.

Obwohl diese Arbeitsgruppe der Methodologie nicht zu viel Platz einräumen wollte, muss doch berücksichtigt werden, wie die unterschiedlichen Dimensionen des Begriffs "Jugend" miteinander verschränkt sind.

Die Jugend ist, soweit sie eine Altersklasse kennzeichnet, Träger entgegengesetzter Werte.

Einerseits ihrer Lebenskraft, andererseits ihres Anpassungsvermögens wegen beneidet, hat sie auch teil an den Missverhältnissen der französischen Gesellschaft: den (im Vergleich zu anderen europäischen Ländern) ungewöhnlich hohen Arbeitslosenzahlen bei unter 25-Jährigen, der Ghettobildung in den Vororten (auch wenn die amerikanische Bezeichnung "Ghetto" im französischen Sprachgebrauch nicht geläufig ist), der mangelnden Zivilisierung und den Gewalttätigkeiten an der Schule... Was die Anpassungsfähigkeit der Jugend betrifft, die auf Seiten der Erwachsenen das Objekt einer wahren Vergötterung ist, leistet diese – wenn es sich um die technologische Anpassung handelt – auch einer Annäherung an die amerikanische Kultur Vorschub, die durch die audiovisuellen und die neuen Medien transportiert wird. Dies erhöht den kulturellen Abstand zu den früheren Generationen und verstärkt das Gefühl der Fremdheit gegenüber der Situation von Jugendlichen sowie das Gefühl, dass Erwachsenen Anknüpfungspunkte im Verhältnis zu Jugendlichen fehlen.

Dieser Artikel möchte mittels einer Zusammenstellung und Übersicht in zweierlei Hinsicht Informationen geben:

- zum einen über die Lebensbedingungen der Jugendlichen. Dabei orientiert sich der Beitrag an der Vorgehensweise unserer deutschen und österreichischen Kollegen, die vor allem die Entwicklung des familiären Hintergrunds, den verlängerten Übergang zum Erwachsenenalter sowie die Gesundheit und Sexualität der Heranwachsenden untersucht haben;

- zum anderen über die Schwierigkeiten, die heutzutage bei der Sozialisierung von Jugendlichen auftreten.

Die Artikel unserer europäischen Kollegen, Soziologen oder Psychologen hoben weniger auf die Schwierigkeiten ab, denen Institutionen im Hinblick auf die Jugend begegnen. Sie waren eher darum bemüht, eine etwas zu ideale Definition der Jugend (im Sinne des soziologischen Idealtypus) zu finden. Es ist wahr, dass das Thema "Jugend" dermaßen umfassend ist, dass es schwer fällt, alle Aspekte zu behandeln. Ich selbst glaube kaum, dass die eher "negativen" Aspekte, die von einer gewissen Krise der Sozialisierung Jugendlicher zeugen, ein spezifisch französisches Übel sind. Es scheint mir im Gegenteil so zu sein, dass es sich um Probleme handelt, die daraus entstehen, wie Jugendliche in der Gesellschaft gegenwärtig behandelt werden.

Ich habe mich für die Erörterung dieser Probleme entschieden, da ein europäischer Vergleich dieser Fragen ebenfalls interessant erscheint. Die Fragen des Kinder- und Jugendschutzes, die unseren gemeinsamen Horizont bilden, gewinnen an Bedeutung in einem Kontext, in dem all' diese Elemente eine Rolle spielen.

Der Artikel von Régine Boyer, der sich mit den Freizeitaktivitäten der Jugendlichen befasst, fügt hier weitere erklärende Gesichtspunkte hinzu.

Jugendliche und die Darstellung der Jugendlichen in den Medien

Die Darstellung der Jugendlichen im Medium Fernsehen kommt einer Karikatur nahe. Eine statistische Untersuchung, die ich über Fernsehmagazine erstellen konnte, die von den vier wichtigsten Sendern (TF1, France 2, France 3, M6) in den ersten sechs Monaten des Jahres 1997 ausgestrahlt wurden, zeigte, dass vor allem drei Themen behandelt wurden, um über Jugendliche zu sprechen: Jugendliche konfrontiert mit Gewalt (Vergewaltigung, Selbstmord und Krieg), Jugendliche mit gesundheitlichen Problemen (oft auch im Zusammenhang mit Drogen) und Jugendliche, die ein außergewöhnliches Leben führen. In den meisten Sendungen wurden bevorzugt ungewöhnliche und dramatische Situationen behandelt, die scheinbar allein ihres sensationalistischen Charakters wegen ausgewählt worden waren. Dies ist der Fall bei Themen wie: seltene und schmerzhafte Krankheiten (Organspende, Wachstumshormone), extreme Gewalttätigkeiten (Pädophilie, Selbstmord, Tötungsdelikte) und außergewöhnliche Lebenssituationen (Kinderstars, hoch begabte Babys), die das Kind außerhalb der gesellschaftlichen Normen situieren, wobei dies eher positiv bewertete oder beneidete Lebensumstände sind. Die Sexualität der Jugendlichen wurde vor allem unter dem Blickwinkel des Dramatischen erörtert, sei es im Rahmen sexueller Gewalttätigkeit oder früher Mutterschaft.[2]

Wurden 1997 in Fernsehmagazinen und Informationssendungen besonders die Fälle von Pädophilie behandelt, so waren es 1998 in erster Linie die Probleme gewalttätiger Auseinandersetzungen in der Schule und den Vororten, die im Mittelpunkt standen – auch in Reportagen über interessante Erfahrungen, die in einigen Einrichtungen gemacht wurden.

Die eher "normalen" Situationen, die aber das Schicksal der meisten Jugendlichen ausmachen, wurden weitaus seltener erwähnt. Sie werden allerdings regelmäßig vom Schulfernsehen (zu empfangen über Hertz) "La Cinquième" behandelt, einem Sender, der seine Sendestation mit Arte teilt und nur ein zahlenmäßig schwaches Publikum hat.

Von den vorher genannten Sendern werden auch einige Fernsehmagazine für Jugendliche ausgestrahlt, die nicht dramatischen Aspekten, sondern entweder einer Einführung in die Wissenschaft (und Technik) oder in die Musik (hier vor allem M6) gewidmet sind. Die weiter oben genannte statistische Studie befasste sich mit Fernsehmagazinen, die für das breite Publikum (und nicht nur für Jugendliche) bestimmt waren.

Es wird also eine Gedankenverbindung hergestellt, die durch die an ein breites Publikum gerichteten Fernsehsendungen entsprechend verbreitet wird. Sie führt eine Assoziierung von Jugendlichen mit beunruhigenden Themen (Drogen, Gewalt) oder befremdlichen Sachverhalten (außergewöhnliche Fähigkeiten) herbei, die sie nicht mehr als vollberechtigte Mitglieder der Gesellschaft erscheinen lässt.

---

[2] In die gleiche Richtung geht auch die Analyse von M. Claes, Professor für Psychologie an der Universität Montreal, die sich mit den Schlagzeilen der französischsprachigen Presse in Kanada beschäftigt: "Violence et dangers: l'image de l'adolescent véhiculée dans les médias". In: Les Adolescents face à la violence. Sous la direction de C. Rey. Syros 1996

Vor allem im Hinblick auf diese Art der Darstellung von Jugendlichen in den Medien ist es interessant, die tatsächliche Situation von Jugendlichen in Frankreich zu ermitteln.

Zusätzliche Schwierigkeiten, den Begriff "Jugend" für den Bereich des Fernsehens zu definieren

Das Fernsehen, vor allem dasjenige, das sich an die große Masse richtet, ist ein Medium, das nicht differenziert. Wenn es sich in seinen Kindersendungen an Jugendliche richtet, mag es die Altersgruppen nicht genauer bestimmen, an die es sich mit seinen Sendungen wendet. So kommt es, dass der CSA (Conseil supérieur de l'audiovisuel) in Frankreich lange Zeit von den Sendern eine Kennzeichnung der Altersklassen für Kinderprogramme gefordert hat, um zu vermeiden, dass die Sendungen mit einem hohen Maß an Gewalt – oder solchen, die versuchen Angst zu machen – von den Jüngsten gesehen werden. Altersempfehlungen dieser Art gibt es in der Tat für Bücher und Spiele. Aber die Sender haben sich dem immer widersetzt: Sie fürchten, einen Teil ihrer spontanen Zuschauer zu vertreiben, weil diese sich durch eine niedrigere Altersempfehlung als ihr eigenes Alter herabgesetzt fühlen.

Der öffentliche Sender France 2 hat im September 1998 im Rahmen seiner Programmeinheit für die Jugend (die Kindersendungen produziert) ein Magazin für Jugendliche mit dem Titel *Rince ta baignoire* [Mach' Deine Badewanne sauber] gestartet, aber der Presse wurde das Magazin als Sendung für Jugendliche im Alter von 15 – 25 Jahren vorgestellt, was als sehr weite Fassung der Altersgruppe "Jugendliche" gelten kann.

Das führt uns zur Frage nach einer Definition des Begriffs "Jugend" zurück – eine Frage, die im Hinblick auf die Fernsehprogramme schwer zu beantworten ist.[3] "Jugend" ist in der gesellschaftlichen Wirklichkeit ein Begriff mit fließenden Grenzen.

[3] Jehel, S.: Les programmes pour les jeunes, des programmes en quête de définition. In: Cahiers du CRESLEF, Nr. 41 – 42/1996

Bevor wir die schon klassische Frage, auf welche Altersspanne sich die Jugend erstreckt, erörtern, hier einige Grundlagen zur neueren Entwicklung des familiären Rahmens, in dem Jugendliche leben.

Der Wandel der Familie

Grundsätzlich hat die Debatte über die Familie vor dem Hintergrund des PACS (Pacte civil de solidarité) im französischen Parlament immer wieder breiten Raum eingenommen. Es handelt sich um einen Gesetzestext, der eine Gleichstellung der Rechte von hetero- und homosexuellen Paaren durch die Möglichkeit der Schließung eines zivilrechtlichen "Solidarbundes" vorsieht. Dieser solidarische Vertrag möchte homo- und heterosexuellen Paaren eine neuartige juristische Verbindung vorschlagen, die flexibler ist als die Ehe (sie wäre leichter wieder zu lösen, auf schlichten Wunsch eines der Partner) und die nach dem Muster der Ehe im Falle des Ablebens eines der Partner die vorrangige Übertragung der Güter und Vermögenswerte auf den verbleibenden Partner erlauben würde.

Diese Debatte über den PACS für die Untersuchung des familiären Umfeldes aufzugreifen, bedeutet eine etwas eingeschränkte Herangehensweise. Dennoch hat diese Debatte die Gedanken und die Schlagzeilen während mehrerer Monate beherrscht. Sie gibt Aufschluss über die Schwierigkeiten, den juristischen Rahmen der Institution Familie näher zu bestimmen, aber auch über eine gewisse Tendenz, bei der die Debatte über familiäre Fragen (wie die gegenwärtige über die Anpassung des rechtlichen Rahmens der Ehe an die aktuelle Situation der Paare und Familien) von anderen damit in Zusammenhang stehenden Debatten (wie die der gesellschaftlichen und rechtlichen Anerkennung homosexueller Beziehungen) überlagert wird.

Diese Debatte, die wie auch in anderen europäischen Ländern in erster Linie von der Homosexuellen-Lobby geführt und verteidigt wurde, hat in Bezug auf die gesellschaftliche Anerkennung der Rechte Homosexueller eine Auseinandersetzung heraufbeschworen. Die rechten Parteien haben das Schreckgespenst auf ihr Banner geschrieben, dass Homosexuellen das Recht bewilligt wird, Kinder zu adoptieren.[4] Aber die französische Gesellschaft, die es seit 1974 zurückgewiesen hat, die Homosexualität als Vergehen einzustufen, ist sicherlich bereit, den Homosexuellen mit Toleranz zu begegnen. Zahlreiche Fernseh-Debatten und Sendungen mit fiktiven Inhalten haben die Zuschauer mit der Homosexualität vertraut gemacht, indem das Problem von Kindern behandelt wurde, deren einer Elternteil homosexuell ist.

Das nächste Gesetz sollte Brüdern und Schwestern gleichartige Rechte zuerkennen, vor allem die Möglichkeit einer gemeinsamen Steuerveranlagung bieten, was einigen als Chance vorkommen könnte, dieses Gesetz undurchsichtiger zu machen. Um jedes Risiko zu vermeiden, den Inzest zu legalisieren oder auch nur den Anschein zu erwecken, dies zu tun, könnten Geschwister ähnliche Rechte wie die im PACS festgeschriebenen erhalten, ohne den PACS vertraglich zu unterzeichnen.[5]

Dieses Gesetz wurde durch einige Untersuchungsberichte zur Familie vorbereitet, die den tatsächlichen Entwicklungsstand der Familie heute ermitteln:

- Irène Théry (Soziologin): "Couple, filiation et parenté aujourd'hui; le droit face aux mutations de la famille et de la vie privée" [Paar, Abstammung und Verwandtschaftsverhältnis heute; das Recht im Hinblick auf Familie und des privaten Lebens],
- Dominique Gillot (Abgeordnete des Parti Socialiste aus Val d'Oise): "Propositions pour une politique de la famille rénovée" [Vorschläge für eine erneuerte Familienpolitik],
- Michèle André (ehemalige Staatssekretärin für Frauenrechte): "La vie quotidienne des familles" [Das Alltagsleben der Familien],

[4] Die Tageszeitung "Le Monde" stellte voller Überraschung fest, dass ein gleichartiges Gesetzesvorhaben in den Niederlanden keinerlei Polemik hervorrief.

[5] Nachdem die systematische Verschleppungstaktik der rechten Parteien zu endlosen Debatten geführt hatte, konnte das Gesetz im Dezember 1998 in erster Lesung in die Nationalversammlung eingebracht werden. Nach mehreren Modifikationen stimmte das Parlament im Oktober 1999 definitiv dem Gesetz zu.

- Claude Thélot (Generalinspektor des INSEE, Soziologe und Statistiker): "Bilan et perspectives de la politique familiale" [Stand und Perspektiven der Familienpolitik].

Diese Berichte führten zu einer Familienkonferenz, die im Juni 1998 vom Premierminister im Rahmen eines größeren Projekts, der Anpassung des Familienrechts an die gesellschaftliche Entwicklung, veranstaltet wurde. Es ist absehbar, dass in den kommenden Monaten weitere Gesetze eingebracht werden.

Vor dem schon beschriebenen Hintergrund, dass wegen der verstärkten Berücksichtigung von Ausnahmesituationen der Eindruck entsteht, den Bezug zur Realität verloren zu haben, konnten die wesentlichen Untersuchungsberichte den Blick auf den Wandel des familiären Umfeldes lenken und ihm seinen angemessenen Platz einräumen. In quantitativer und statistischer Hinsicht ist es weniger das Aufkommen neuer Familienmodelle, das überraschend wirkt, als vielmehr die erstaunliche Stabilität des familiären Umfeldes trotz der neuesten Entwicklungen.

Die Konstellation, dass Kinder mit ihren beiden Eltern zusammenwohnen, ist, bezogen auf die Gesamtheit aller Familiensituationen, weitaus am häufigsten vertreten:

- Im Jahre 1998 lebten 85 % der minderjährigen Kinder (unter 18 Jahren) zusammen mit ihren beiden Eltern,
- 75,3 % lebten zusammen mit ihren verheirateten Eltern,
- 9,5 % zusammen mit ihren nicht verheirateten Eltern,
- 10,5 % mit einem Elternteil,
- 3,8 % mit einem Elternteil und dessen neuem Lebensgefährten oder Ehepartner und
- 0,9 % ohne jeden Elternteil.[6]

[6] Die Zahlen sind der Arbeit von C. Thélot: "Bilan et perspectives de la politique familiale" entnommen.

Eine der wesentlichen institutionellen Änderungen betrifft die Ehe. Die Ehe verliert an Bedeutung: zum einen aufgrund der Zunahme der Scheidungsrate, die von 22,5 % im Jahre 1980 auf 38,3 % im Jahre 1996 gestiegen ist, zum anderen aufgrund der Zahl von Geburten außerhalb der Ehe, die ein Drittel der Geburten insgesamt ausmachen (40 % im Jahre 1997 und mehr als 50 % bei den Erstgeborenen).[7] Dagegen ist die Zahl der Trennungen von Paaren mit Kindern (egal, ob verheiratet oder nicht) seit Jahrzehnten stabil.

Mit diesem hohen Prozentsatz von Kindern, die aus freien Verbindungen hervorgegangen sind, steht Frankreich oberhalb des europäischen Mittelwerts (jedes vierte europäische Kind ist Kind eines nicht verheirateten Paares). Die Situation in Frankreich nähert sich der Situation in Großbritannien an, wo die Scheidungsrate und die Rate der Kinder, die in Familien mit nur einem Elternteil leben, noch höher sind.

Anteil der freien Verbindungen bei den Paaren insgesamt (im Jahre 1994):

Frankreich: 13,4 %
Großbritannien: 9,6 %
Bundesrepublik Deutschland: 7,9 %
Italien: 3,8 %
Portugal: 2,5 %[8]

In Deutschland scheint die Ehe, glaubt man den Statistiken und dem Artikel von Christian Palentien, der die Ehe als "final step" der Entwicklung des Jugendlichen darstellt, ihre institutionelle und normative Rolle beibehalten zu haben.

Dagegen würde man in Frankreich heute nicht sagen, dass die Ehe der letzte Abschnitt der Entwicklung eines Jugendlichen ist. Nur eine Minderzahl der jungen Leute unter 30 Jahren folgt dieser Verhaltensweise (weniger als die Hälfte der jungen Leute im Alter von 30 Jahren sind verheiratet). Diese unterschiedlichen Verhaltensweisen in Bezug auf die Ehe könnte man mit den

[7] Die Zahlen stammen ebenfalls aus der Arbeit von C. Thélot.
[8] Quelle: INSEE. Zitiert in: Etude de faisabilité GRREM (dort im Schlussteil)

unterschiedlichen religiösen Verhaltensweisen in Zusammenhang bringen. Frankreich ist ein Land, in dem die Idee der Trennung von Staat und Kirche (Laizismus) von grundlegender Bedeutung für das Verständnis des gesellschaftlichen Lebens ist. So hat sich in den letzten Jahren die Tendenz verstärkt, dass religiöse Elemente nicht mehr lebensgestaltend wirken.

Dagegen ist die Stellung der Kinder, die aus der Verbindung eines nicht verheirateten Paares hervorgegangen sind und sofern sie von ihrem Vater anerkannt werden, heute in Frankreich genauso geschützt wie die der Kinder verheirateter Eltern. Die Rechte des Vaters gegenüber seinem "natürlichen" (außerhalb der Ehe geborenen) Kind sind in der Rechtsprechung mit denen von Vätern ehelicher Kinder identisch, selbst im Falle der Trennung der nicht verheirateten Partner. Dies scheint in anderen Ländern, so auch in Deutschland, anders zu sein.

Die Unterschiede innerhalb der ehelichen Beziehungen müssen also berücksichtigt werden. Darüber hinaus heiratet ein Teil der Paare nach der Geburt des ersten Kindes, manche sogar erst, wenn die Kinder schon größer sind.

Neben diesen allgemeinen Entwicklungslinien weisen Soziologen immer wieder auf eine festzustellende Schwächung der familiären Bande hin, besonders bei einem Teil der Kinder geschiedener Eltern, bei denen die Verbindung zum Vater sich lockert, sowie bei den am stärksten benachteiligten Haushalten von Alleinerziehenden.

Obwohl sie immer häufiger vorkommt, ist die Lage von Kindern geschiedener Eltern weniger stabil als die anderer Kinder. Dies kann man insbesondere an ihrer Gesundheit ablesen. Der Zustand mancher Kinder ist dabei besonders beunruhigend.

Im Falle einer Trennung wird das Sorgerecht für die Kinder mehrheitlich den Müttern zugesprochen (in 86 % der Fälle) bei gleichzeitigem Besuchs- und Verwahrungsrecht des Vaters (im Allgemeinen zwei Wochenenden im Monat und die Hälfte der Schulferien, selbst wenn der Richter auch anders entscheiden kann). Aber den Zahlen aus dem Jahre 1994 nach zu urteilen, sah ein Viertel der Väter die eigenen Kinder nach einer Trennung nicht mehr, 30 % der Unterhaltsbeiträge für uneheliche Kinder wurden nicht gezahlt.[9]

[9] Die Zahlen sind dem Werk von C. Thélot, S. 31, entnommen.

7 % der Familien sind Familien mit nur einem Elternteil. Die Zahl dieser Familien ist innerhalb von 15 Jahren um 40 % gewachsen. In acht oder neun von zehn Fällen handelt es sich um Frauen mit ihren Kindern. Unter ihnen findet man auch die Haushalte, die mit den geringsten Mitteln ausgestattet sind. Die Hälfte davon hat mehr als zwei Kinder und gehört zu den ärmsten Haushalten.

Trennungen sind nicht der einzige Faktor, der den Wandel der Familien bedingt. Erneute Eheschließungen und was man heute "recompositions" [etwa: "Wiederzusammenleben"] nennt, gehören ebenso dazu. Die Juristen fragen sich nach der Notwendigkeit einer rechtlichen Anerkennung von Verbindungen, die zwischen den Stiefeltern und den Kindern aus erster Verbindung oder Ehe entstehen.

Ebenso hat sich im Innenverhältnis der Paare die Rollenverteilung verändert, was einige Destabilisierungen nach sich zieht. Frauen sind mehrheitlich berufstätig, in Frankreich ist dies der Fall bei 80 % der Frauen insgesamt und bei 50 % der Frauen, die drei Kinder haben. Die Väter haben das elterliche Autoritätsmonopol seit 1970 verloren. Die Frauen haben an Unabhängigkeit dazugewonnen, obwohl die Arbeiten im Haushalt im Ganzen gesehen in ihrem Aufgabenbereich verblieben sind.

Auch der Platz des Kindes hat sich verändert, wenn auch diese Veränderungen schwieriger wahrzunehmen sind. Manche sprechen von einer Personalisierung der Bindung zum Kind: Heutzutage wird das Kind als ganzheitliche Persönlichkeit wahrgenommen – und das von seinen ersten Tagen an. Die Eltern verfolgen aufmerksam seine Wünsche und möchten ihm einen Lebensrahmen geben, in dem es sich voll entfalten kann. Einige betonen eine Veränderung in doppelter Hinsicht, die sich zum einen aus den vertraglich verfestigten Beziehungen zwischen Erwachsenen und zum anderen aus der bedingungslosen Beziehung zu den Nachkommen ergibt, die die familiären Verbindungen in unseren modernen individualistischen Gesellschaften kennzeichnet.[10]

---

[10] I. Théry zitiert diesbezüglich den Soziologen A. Ehrenberg (L'individu incertain. 1998) und den englischen Juristen J. Eekelaar (Regulating divorce. 1991), der meint, "das Prinzip der Unauflösbarkeit habe sich von der Ehe zur Eltern-Kind-Beziehung verschoben."

Veränderte Dimensionen der Jugendzeit: Die verlängerte Phase des Heranwachsens

In Frankreich, wie auch in anderen europäischen Ländern, stellen Soziologen und Statistiker eine verlängerte Phase des Heranwachsens bis zum Erwachsenwerden fest. Die relativ deutliche Grenze zwischen diesen beiden Altersstufen, wie sie noch vor 20 Jahren bestand, kann nicht mehr zur Beschreibung der gegenwärtigen Situation herangezogen werden. Die Dauer der Schulzeit ist beachtlich gestiegen, wodurch sich die Trennung vom Elternhaus und die Errichtung eines eigenen Hausstandes verzögern.

Diese verlängerte Phase des Heranwachsens ist seit den achtziger Jahren besonders deutlich festzustellen. Sie ist das Ergebnis mehrerer Begleitumstände:

- *Die Verlängerung der Schulzeit:*
  In den letzten 20 Jahren hat sich die Anzahl der schulpflichtigen Jugendlichen im Alter von 19 – 23 Jahren verdreifacht. Im Jahre 1997 waren dies 46 %.
  68 % einer Generation erreichen heute Abiturniveau (was in einem Zeitraum von 20 Jahren eine Verdopplung bedeutet). Nahezu 50 % beginnen ein Hochschulstudium (vor allem an einer Universität), aber eine Vielzahl der Studenten verlässt die Hochschule ohne Abschluss. Diese Entwicklung ist die wesentliche Ursache für die verlängerte (finanzielle) Abhängigkeit der Jugendlichen von ihren Eltern. Die Behörden haben große Anstrengungen unternommen, die Zahl der Schüler im 2. Schulabschnitt (bis zum Abitur) zu erhöhen – zum einen durch eingeschränktere Möglichkeiten, eine Klasse zu wiederholen, zum anderen durch vermehrten Ausschluss vom Schulsystem. Die dazu neu geschaffenen Berufswege (gewerblich und technisch) bewirken eine automatische Stärkung der Schüler, die ein weiterführendes Studium aufnehmen wollen. Natürlich ist die Verlängerung der Schulzeit z. T. auch durch die Arbeitslosenrate unter Jugendlichen bedingt, oder genauer: durch die Probleme, denen Jugendliche bei der Arbeitsplatzsuche begegnen. Der Wunsch, die eigenen Chancen auf dem Arbeitsmarkt zu erhöhen, spornt viele Ju-

gendliche dazu an, eine längere Ausbildung zu absolvieren. Dies umso mehr, als der Status eines Studenten es den Jugendlichen erlaubt, durch den Umweg über Praktika einen leichteren Zugang zu ersten beruflichen Erfahrungen zu bekommen, da die Unternehmen von den sozialen und steuerlichen Abgabeerleichterungen bei diesem Beschäftigungstyp profitieren.

Diese Ausbildungspolitik birgt das Risiko, enttäuscht zu werden: Die zur Verfügung stehenden Arbeitsplätze entsprechen nicht immer dem Qualifikationsniveau der Jugendlichen, die wiederum aufgrund der Tatsache ihrer langen Abhängigkeit nicht immer mit dem Verantwortungs- und Selbstbewusstsein ausgestattet sind, das von den Unternehmen verlangt wird.

- *Der Rückgang der Berufstätigkeit von 14- bis 28-Jährigen:*
  Die Zahl der jugendlichen Berufstätigen im Alter von 14 – 28 Jahren hat stark abgenommen: 40 % der Jugendlichen haben eine Beschäftigung (oft zeitlich begrenzt oder nur Teilzeit). Im Vergleich dazu waren es vor 20 Jahren noch 60 %. Die Arbeitslosenrate hat sich verdreifacht: Sie stieg von 7 % auf 21 % im Jahre 1997. Die Arbeitslosigkeit betrifft vor allem Jugendliche ohne Abschluss. Mit 24 Jahren hat die Hälfte der Jugendlichen eine feste Beschäftigung gefunden. Mit 29 Jahren ist noch ein Viertel der jungen Leute ohne feste Beschäftigung.
- *Jugendliche ziehen später zu Hause aus:*
  Mit 22 Jahren lebt die Hälfte der Jugendlichen noch bei ihren Eltern, mit 25 Jahren sind es noch ein Viertel der Jugendlichen. Je nach sozialem Milieu und Geschlecht ergeben sich hier Abweichungen.
- *Das Leben in einer festen Partnerschaft beginnt später:*
  Mit 24 Jahren lebt die Hälfte der Jugendlichen in einer festen Partnerschaft. Mit 25 Jahren ist ein Viertel von ihnen verheiratet.
  25 % werden im Alter von 25 Jahren Eltern. Das durchschnittliche Alter beim ersten Kind liegt über 29 Jahren.[11] Innerhalb von 20 Jahren ist der Prozentsatz von Jugendlichen im Alter von 20 Jahren, die in einer festen

[11] Der größte Teil dieser Statistiken entstammt dem Werk: Thélot, C./Villac, M.: Politique familiale. Bilan et perspectives. 1998

Partnerschaft leben, von 21 % auf 6,3 % gesunken.[12] Die Eltern sind also wesentlich stärker als früher gefordert, den jungen Erwachsenen besonders in der Phase des Übergangs zwischen dem Ende ihres Studiums und der ersten festen Beschäftigung zu helfen. Wie eine kürzlich erstellte Studie der Europäischen Kommission aufzeigte, lässt sich diese Entwicklung in allen europäischen Ländern feststellen.[13]

Gesundheit und Sexualität der Heranwachsenden – Sexualität und "verbotene" Freuden

Eine der Konsequenzen des verlängerten Übergangs in das Erwachsenenalter ist die wachsende Spanne zwischen dem Erreichen des Sexuallebens von Erwachsenen und dem Verlassen des Elternhauses.

Aufgrund des bei Kindern festzustellenden Phänomens, die Verhaltensweisen Erwachsener nachzuahmen (sicher z. T. unter Einwirkung der amerikanischen "Soaps"), und aufgrund der verlängerten Phase des Zusammenlebens von Jugendlichen und ihren Eltern entsteht in der Öffentlichkeit der Eindruck, dass sich Heranwachsende heute viel frühreifer verhalten als in der ein wenig mythischen und nicht immer klar bestimmten Vergangenheit.

Nach den zur Verfügung stehenden statistischen Erhebungen fällt diese Frühreife nicht besonders aus dem Rahmen. Nach den Angaben des Artikels von Palentien liegt der Mittelwert der ersten sexuellen Erfahrung in Deutschland bei 16 Jahren, in Frankreich bei 17 Jahren.

Der Zugang zur Sexualität Erwachsener ist allmählich zunehmend: 21 % der Jungen und 4 % der Mädchen im Alter von 11 – 13 Jahren erklären, sexuelle Beziehungen gehabt zu haben. Unter den 14- bis 15-Jährigen ist das schon bei 27 % der Jungen und 13 % der Mädchen der Fall. Diese Beziehungen sind zum größten Teil Einzelerfahrungen.

---

[12] Die Zahlen stammen aus: Mémo Jeunesse. Les chiffres clés de la jeunesse. Document INJEP Nr. 35, édition 1998. Hier findet man eine gut verständliche Zusammenstellung der wichtigsten Statistiken über Jugendliche.

[13] Vgl. Les Jeunes de l'Union Européenne ou les âges de transition. Eurostat März 1997

Mit 18 Jahren beginnen die heterosexuellen Beziehungen für 33 % der Jungen und 38 % der Mädchen regelmäßig zu werden.[14]

Dagegen ist die Ausübung anderer "verbotener" – und weitaus gefährlicherer! – Freuden wie der Genuss von Tabak, Alkohol und Drogen Besorgnis erregend: 28 % der 12- bis 19-Jährigen rauchen, mit 19 Jahren sind dies 50 %. Im Alter von 12 – 13 Jahren untersagen nach Aussagen der Kinder nur 44 % der Eltern ihren Kindern das Rauchen. Der Prozentsatz der sehr jungen Raucher (12 – 15 Jahre) hat dagegen im Vergleich zu den achtziger Jahren leicht abgenommen – sicher eine Folge der vorbeugenden Politik.

Im Alter von durchschnittlich 15,5 Jahren sind Jugendliche das erste Mal betrunken.

Fast der Hälfte der 15- bis 19-Jährigen wurde Cannabis angeboten, und 14 % haben es mindestens zehnmal zu sich genommen. Jungen, Jugendliche aus vermögenden Familien und Kinder aus Eineltern-Familien konsumieren es am ehesten.[15]

Bei den Jugendlichen, die gleichzeitig Tabak und Alkohol konsumieren, sind diese Verhaltensweisen Besorgnis erregend. Spezialisten sind auch aufgrund der Tatsache beunruhigt, dass der Konsum von Alkohol stärker als in der Vergangenheit bewusst auf ein Betrunkenwerden ausgerichtet ist. Ein erheblicher Teil der Jugendlichen zwischen 11 und 19 Jahren (45 %) aber konsumiert weder Tabak noch Alkohol.

Wie man weiß, sind risikoträchtige Verhaltensweisen kennzeichnend für Heranwachsende. Sie haben keinen pathologischen Charakter, es sei denn, sie fielen extrem aus dem Rahmen oder bestünden jenseits der Suche nach den eigenen Grenzen fort.

Symptome der Neigung zu Depressionen

Ebenso beunruhigend sind den Epidemiologen zufolge die beginnenden Symptome der Neigung zu Depressionen, ja sogar die Tendenz zu Selbstmord bei Jugendlichen.

---

[14] Choquet, M./Ledoux, S.: Adolescents. Enquête nationale. Analyses et prospective. INSERM (Hg.) 1995

[15] Zahlen aus: Baromètre santé-jeunes 1997 – 1998. In: "Le Monde", 25.11.1998

Im Gegensatz zu Gewalttätigkeiten, die mit dem Älterwerden abnehmen, wie im Folgenden dargestellt wird, verstärken sich die Indikatoren der Neigung zu Depressionen mit zunehmendem Alter:

- Unruhe bei 58 % der Mädchen und 39 % der Jungen (Alter: 18 Jahre),
- Nervosität bei 59 % der Mädchen und 38 % der Jungen,
- Apathie bei 33 % der Mädchen und 23 % der Jungen,
- Hoffnungslosigkeit im Hinblick auf die Zukunftsaussichten bei 36 % der Mädchen und 26 % der Jungen,
- das Gefühl, deprimiert zu sein bei 32 % der Mädchen und 13 % der Jungen,
- Schlafstörungen bei 54 % der Mädchen und 42 % der Jungen.[16]

Gewalttätigkeit bei Jugendlichen

In diesem Zusammenhang muss auch das Problem der Gewalttätigkeit bei Jugendlichen behandelt werden, das zunehmend die Behörden beschäftigt. Die Gesundheitsexperten sehen einen Zusammenhang zwischen den von Jugendlichen verübten Gewalttätigkeiten und einigen negativen Ausprägungen im Gesundheitszustand Jugendlicher.[17]

Einer von fünf Jugendlichen kann als gewalttätig angesehen werden, das heißt, er oder sie zeigt regelmäßig gewalttätige Verhaltensweisen oder beteiligt sich an Krawallen. Dies ist vor allem bei den Jungen (28 %) der Fall, aber auch die Mädchen sind davon nicht ausgeschlossen (14 %). Jugendliche ausländischer Herkunft sind häufiger gewalttätig (27 %) als Jugendliche französischer Herkunft (19 %). Diese Verhaltensweisen schwinden mit zunehmendem Alter, die Zahlen bewegen sich zwischen 32 % bei den Jungen im Alter von 11 Jahren und 19 % bei denen im Alter von 18 Jahren.[18] Diese Verhaltensweisen werden auch um so stärker negativ bewertet, je mehr sich der Jugendliche der Volljährigkeit nähert – ein Alter, angesichts dessen die Milde der staatlichen Institutionen schwindet.

---

[16] Vgl. bes. Choquet, M./Ledoux, S.: A. a. O. (panel collèges – lycées, 11 – 19 Jahre)

[17] Vgl. ebenfalls die Arbeit von Choquet, M.

[18] Vgl. die Analyse und die Statistik von M. Choquet in: Les Adolescents face à la violence. A. a. O.

Die an Heranwachsenden ausgeübten Gewalttätigkeiten nehmen dagegen mit dem Alter zu. Folglich steht die erlittene Gewalt als ein Faktor in engem wechselseitigem Verhältnis zum gewalttätigen Verhalten: 43 % der 11- bis 13-jährigen Opfer physischer Gewalt sind selbst gewalttätig. Diese Rate ist bei Opfern sexueller Gewalt noch höher. Es wird auch ein Zusammenhang der Gewalttätigkeit mit Alkohol-, Tabak- und Drogenkonsum gesehen. Aber noch stärker ist der Zusammenhang zwischen Gewalttätigkeit und dem Krankfeiern oder Selbstmordversuchen – so als ob die Gewalttätigkeit gegenüber einem anderen sich wieder gegen die eigene Person richten würde.

Selbstmorde und Selbstmordversuche

Jedes Jahr nehmen sich 1.000 Jugendliche im Alter von 15 – 24 Jahren das Leben. Obwohl diese Zahlen abnehmen, ist der Selbstmord nach den Autounfällen die zweithäufigste Todesursache bei Jugendlichen. Jährlich unternehmen 4.000 Jugendliche einen Selbstmordversuch. 60 % der Jugendlichen, die einen Selbstmordversuch unternommen haben, weisen gewalttätige Verhaltensweisen auf.

Seit 30 Jahren beobachtet man in den entwickelten Ländern eine Zunahme der Todesfälle bei den 15- bis 24-Jährigen, bei denen das Ableben auf gewalttätige Ursachen zurückgeht. Die Selbstmordrate hat zugenommen (in den USA hat sie sich zwischen 1950 und 1980 verdreifacht).

Die USA weisen im Hinblick auf diesen Punkt eine Besonderheit auf: Die Mordrate ist zehnmal höher als anderswo (10 auf 100.000 im Gegensatz zu 1 auf 100.000).[19]

[19] Vgl. den Artikel von Romer, C.: Traumatisme et violence, de la fatalité à la santé. In: Les adolescents face à la violence. A. a. O.

Sozialisierungsprobleme bei Jugendlichen: Gewalttätigkeit an Schulen und Jugendkriminalität

Ohne die Situation in Frankreich schwarz malen zu wollen, kommt man heute nicht umhin, die Institutionen im Hinblick auf die Jugendlichen in einer schwierigen Lage zu wähnen. Auch wenn die Fälle extremer Gewalttätigkeit bei Jugendlichen selten bleiben, auch wenn man, um sie zu verstehen, eine Reihe von Argumenten anführen kann (wie z. B. das angespannte soziale Klima, die verzweifelte Stimmung in den schlechten Vierteln, der Rückzug der Institutionen angesichts von Verhaltensweisen, die ihr traditionelles Funktionieren in Frage stellen), muss man zunächst das Ausmaß der gegenwärtigen Lage untersuchen.

Gewalttätigkeit an den Schulen

Die gewalttätigen Vorfälle an Schulen, die bis vor kurzem bei Untersuchungen vollständig ausgespart blieben, wurden kürzlich in einem parlamentarischen Gutachten ausgewertet.[20] Seit den achtziger Jahren hat sich das Phänomen gewalttätiger Übergriffe an den Schulen verstärkt, aber lange Zeit wurde das Lehrpersonal, das sich mit Gewalttätigkeiten konfrontiert sah, in gewissem Maße als mitverantwortlich betrachtet, und es wurde nicht gern gesehen, die Verwaltung über solche Vorfälle zu informieren. Die Verschlechterung der Situation während der letzten Jahre hat dazu geführt, dass dieser Zustand sowohl vom Lehrpersonal als auch von der Verwaltung nicht mehr länger hingenommen werden konnte und so unumgänglich zur Kenntnis genommen werden musste. Die Zahl der Streiks der Lehrerschaft ist sprunghaft angestiegen. Die Statistiken zeigen, dass die Schüler in großer Mehrzahl der Fälle gleichzeitig Täter und Opfer der Gewalttätigkeiten sind.

[20] Bericht des Senators J.-L. Lorrain: Violence scolaires. Ni fatalité, ni impuissance. April 1998. Veröffentlicht sind besonders Auszüge aus den Statistiken des nationalen Erziehungsministeriums von 1996 – 1997, die erstmals nationalen Charakter haben. Sie zeigen verschiedene Möglichkeiten auf, auf Gewalt an Schulen zu reagieren, berücksichtigen dabei auch die Ergebnisse der zahlreichen Untersuchungen und Erfahrungen.

Einige Zahlen zur Gewalttätigkeit an Schulen:

Erstes Anzeichen von Unregelmäßigkeiten: Das Schwänzen von Unterricht
an betroffenen weiterführenden Schulen: 36 %
an den Berufsschulen: 36 %
an den Gymnasien: 26 %

% der betroffenen weiterführenden Schulen durch:
verbale Gewalt: 60 %
körperliche Gewalt: 57 %
Beschädigung der Räumlichkeiten: 23 %
Schaden an Einrichtungsgegenständen: 23 %
Diebstahl und versuchter Diebstahl: 3 %
Schusswaffen: 2 %
Taschenmesser: 15 %
andere Waffen: 7 %

Von Gewalttätigkeiten in Mitleidenschaft gezogen
(an den weiterführenden Schulen):
Schüler: 70 %
schulische Einrichtungen: 13 %
Personal: 15 %
Eltern: 0 %[21]

In dieser Aufzählung wurden nur die bedeutenden Vorfälle erfasst; anderes Fehlverhalten (Randalieren, Lärm, Unaufmerksamkeit) blieben außer Acht.

Der Anstieg von Gewalttätigkeit an Schulen erstreckt sich auf die Gesamtheit aller Einrichtungen, auch wenn er in einigen, die als "ZEP" (zone d'éducation prioritaire: Vorrangige Ausbildungsbereiche) eingestuft sind und über besondere Mittel sowie besser bezahltes Personal verfügen, deutlicher festzustellen ist.

---

[21] Die Befragung ist an 5.816 weiterführenden Schulen (entsprechend 89 % aller Schulen) durchgeführt worden.

Das Nationale Bildungsministerium hat mit einer flächendeckenden Politik der Gewalt den Kampf angesagt: durch vorbeugende Maßnahmen, Bürgerkundeunterricht, Arbeit an internen Regelungen sowie durch das Zur-Verantwortung-Ziehen der Eltern und Schüler. Jede schwerwiegende strafbare Handlung, die gegen Sachen oder Personen gerichtet ist, muss den polizeilichen Dienststellen und den zuständigen Gerichten angezeigt werden.[22] Die Regierung hat kürzlich (im Juni 1998) an die Notwendigkeit erinnert, dass jede Straftat unverzüglich durch die Institutionen geahndet wird und dass das Prinzip anzuwenden ist, den Verursacher der Straftat zur Rechenschaft zu ziehen. Die Ministerin hat auch den Kampf gegen Erpressung an Schulen und das Ausufern der an Erstsemestern verübten Streiche (so genannte Deposition) aufgenommen, die in den letzten Jahren immer mehr zugenommen haben.

Durch ein Gesetz vom 17. Juni 1998 wurde die Deposition als Delikt neu eingestuft: Die von Studenten höherer Semester veranstalteten Depositionen nahmen immer mehr demütigende und gewalttätige Züge an. In der Vergangenheit konnte man sich auf Pseudo-Traditionen berufen und somit davon ausgehen, nicht bestraft zu werden, zumal auch nur Erstsemester davon betroffen waren.

Einen Schwerpunkt setzt die Regierungspolitik auch auf die verstärkte Kontrolle von Fehlstunden, da man weiß, dass damit erste Anzeichen für ein Lösen der Bindung zur Schule gegeben sein können.

Krise der Schule?

Hat eine Institution angesichts der zunehmenden Gewalttätigkeit reagiert, wenn sie davon betroffen war, so gehen die Erklärungen seitens der Soziologen auseinander. Manche zögern nicht, die Arbeitsweise der Schulen selbst

[22] Vgl. das Rundschreiben vom 2.10.1998 betreffend den Kampf gegen die Gewalt an Schulen und die Stärkung der Partnerschaften. Dieses Rundschreiben, das die Maßnahmen zur Prävention an den Schulen koordiniert, ist erschienen im Rahmen des Aktionsprogramms zum Kampf gegen die Gewalt an Schulen, das die Regierung am 5.11.1997 vorgestellt hat. Gleichermaßen gehört es zu den Bestimmungen vom 8.6.1998, die vom Rat für innere Sicherheit bzgl. der Kriminalität Minderjähriger herausgegeben wurden.

zu hinterfragen. Einigen Soziologen zufolge ist die Gewalttätigkeit von Jugendlichen eine Reaktion auf die schulische "Gewalt", auf die Verachtung, die den weniger Begünstigten oder den weniger Angepassten entgegengebracht wird, eine Reaktion, die letztendlich aus einem Gefühl des Ausgeschlossenseins resultiert, das innerhalb der Schule vorherrscht bei denjenigen, die keinen Erfolg haben und selbst für ihr Versagen verantwortlich gemacht werden.[23] In den letzten 20 Jahren hat die Schule immer mehr Jugendliche einer Generation aufgenommen, ohne im gleichen Maße ihre Funktionsweise zu modifizieren. Folglich variiert der Nutzen, den die Jugendlichen aus der Schule ziehen können, je nach sozialem Milieu und dem Grad der erfolgreichen Anpassung an die Funktionsweise der Schule. Der Soziologe F. Dubet unterstreicht außerdem den kulturellen Unterschied zwischen einem Großteil der Jugendlichen aus einfacherem Milieu und den Lehrenden, die mit ihnen in Berührung kommen, sowie die gegenseitige Nichtanerkennung der jeweiligen Wertesysteme, was auch eine gegenseitige Fehleinschätzung zur Folge hat.

Die Situation der Gymnasien

Der Beginn des Schuljahres 1998 war von Streiks größeren Ausmaßes an den Gymnasien gekennzeichnet. Dieser Streik hatte eine breit angelegte Untersuchung auf nationaler Ebene zur Folge, die im letzten Jahr durchgeführt wurde, aber zu keinen nennenswerten Ergebnissen kam. Bei dieser Gelegenheit und vor einem Hintergrund, der politisch nur schwer umrissen werden konnte, haben die Gymnasiasten öffentlich ihren wesentlichen Besorgnissen Ausdruck gegeben. Diese Besorgnisse sind besonders ernst zu nehmen: Die Gymnasiasten forderten mehr Lehrer, bessere Unterrichtsbedingungen, weniger Schüler pro Klasse. Sie rückten die Mängel des nationalen Bildungssystems in das öffentliche Bewusstsein – und das so überzeugend, dass sich die Lehrerschaft, die bei der Bewegung ursprünglich nicht beteiligt war, dieser mittlerweile angeschlossen hat, ohne deshalb ihre

[23] Vgl. Dubet, F.: Les violences à l'école. In: Regards sur l'actualité. Nr. 243/1998. Sonderheft: Jeunesse, violence et société, S. 41

Stärke und Autorität "wiedererlangen" zu können noch zu wollen. Die Eltern der Schüler und auch die öffentliche Meinung standen ihren Anliegen positiv gegenüber.

Dreißig Jahre nach den Ereignissen im Mai 1968 war dies nicht mehr die Stunde der Revolte, der Ton hat sich vollständig geändert. Es handelte sich nicht darum, gegen Autoritäten zu rebellieren, sondern gegen deren mangelnde Effizienz bei der Führung des allgemeinen Schulwesens zu protestieren. Die Links-Regierung konnte übrigens nicht anders, als die Stichhaltigkeit der Forderungen der Schüler zuzugeben und eine Antwort darauf zu versprechen.

Kriminalität von Minderjährigen

Während in Großbritannien dieses Thema schon immer die besondere Aufmerksamkeit der Behörden erregt hat, haben dagegen in Frankreich erst seit neuestem öffentliche Gutachten und Artikel von Soziologen Interesse an diesem Thema hervorgerufen: Die kürzlich erstellten Statistiken zeigen eine Verschlimmerung der Kriminalität bei Minderjährigen, wobei die Wachstumsrate besonders hoch ist. Die Zahl der Minderjährigen, die in Delikte verwickelt sind, ist von 48.162 im Jahre 1986 auf 87.406 im Jahre 1996 angestiegen, was einen Zuwachs um 80 % bedeutet.[24]

[24] Die Statistiken des Innenministeriums (betreffend die Zahl der an Delikten beteiligten Minderjährigen) haben sich gegenläufig zu denen der Justiz (Gerichtsurteile) entwickelt. Dies geht zurück auf das Gesetz vom 16.12.1992, nach dem Urteile gegen Minderjährige, die volljährig geworden sind, aufgehoben werden sollen. Zum anderen ist dafür die Amnestie verantwortlich, die infolge der Präsidentschaftswahlen 1995 erlassen wurde.

Die wesentlichen Vergehen, die Minderjährigen angelastet wurden, waren im Jahre 1996:

1. Diebstähle: 85.900
   Diese haben im Verhältnis zu 1974 einen Anstieg von 60 % erfahren, weisen also im Verhältnis zum allgemeinen Trend eine schwächere Tendenz auf.
   Unter den Diebstählen sind es die Raubüberfälle (x 4,9) und die Autoaufbrüche (x 2,9), die seit 1974 am stärksten zugenommen haben.

2. Zerstörungen und Beschädigungen: 17.647
   Diese haben eine starke Zunahme erfahren (x 3,7).
   1.682 Zerstörungen wurden durch Feuer oder Explosionen verursacht.

3. Verletzungen von Personen: 13.971
   Starke Steigerung seit 1974 (x 5).
   Unter ihnen 147 Morde (+ 90 %).

4. Rauschgift (Drogen): 11.354
   Dies ist die Art von Delikten, die den größten Zuwachs hat (x 16,7). Innerhalb von vier Jahren, zwischen 1993 und 1997, hat die Zahl der strafbaren Handlungen um 65 % zugenommen. Zugleich haben die Zahl der jugendlichen Kriminellen wie auch die Rate der Wiederholungstaten zugenommen.

Die Soziologen, die den Ursachen der zunehmenden Kriminalität nachgehen, stellen einen Rückgang der Kriminalität fest, die auf das Aneignen fremden Guts gerichtet ist, zugunsten der aus Spaß ausgeführten Diebstähle und vor allem der Zerstörungen, das heißt: zugunsten einer Gewalttätigkeit, die ihre Zweckbestimmung in sich selbst findet. Sie heben Gewalttätigkeiten hervor, die von Inszenierungen begleitet werden (wie im Falle der angezündeten Autos), wie sie in einigen Gegenden verbreitet sind, oder Gewalt, die auf Provokation aus ist, ob es sich dabei nun um Polizei oder das Personal von öffentlichen Transportmitteln handelt (das ebenfalls eine Autorität verkörpert). Hierunter fällt z. B. das Steinewerfen auf Busse.[25]

Die Zunahme der Jugendkriminalität konzentriert sich vor allem in den Gebieten, die mehrere Benachteiligungen gleichzeitig aufweisen: Schlechte Lebensqualität, Arbeitslosigkeit der Erwachsenen, Arbeitslosigkeit der unter 25-Jährigen, ein überdurchschnittlicher Anteil an Bevölkerung ausländischer Herkunft, der in ökonomischer wie auch kultureller Hinsicht schlecht "integriert" ist. In diesen Vierteln ist eine mafia-artige Subkultur entstanden: Die Sozialisierung einiger Jugendlicher ist geprägt von Kriminalität und der Zugehörigkeit zu Banden sowie Gruppen, die ein bestimmtes Gebiet regelrecht kontrollieren.

In den Vororten der großen Städte ist die Unsicherheit so groß, dass die öffentlichen Dienststellen oft im Streik sind und zusätzliche Mittel sowie eine Verstärkung des Personals fordern, um der Aggressivität einiger Jugendlicher und dem Bandenphänomen begegnen zu können.

Krise der Elternschaft?

Die Vorstellung, dass die Eltern ihren erzieherischen Aufgaben sowie der Aufsichtspflicht gegenüber ihren Kindern nicht gerecht werden, ist immer weiter verbreitet, einschließlich der politischen Linken. Psychoanalytiker, Kinderärzte und Elternvereinigungen beklagen einen Rückzug der Eltern, eine "Laisser-faire"-Haltung den Kindern gegenüber sowie in einigen Fällen die Unfähigkeit, eine Autoritätsrolle zu übernehmen, nämlich der Verweigerung eines Kindes mit Nachdruck zu begegnen. Einige Bürgermeister (insbesondere extrem rechte, aber nicht nur) haben die Möglichkeit ins Auge gefasst, den Eltern jugendlicher Krimineller Sanktionen aufzuerlegen, indem ihnen die Familienbeihilfen gestrichen werden. Dieses Problem geht weit über die benachteiligten Vororte hinaus und betrifft nach Meinung von Spezialisten die gesamte Bevölkerung. Die Eltern vermeiden Konflikte mit ihren Kindern, sogar dann, wenn sie selbst davon betroffen sind.

---

[25] Vgl. bes. die Analyse von H. Lagrange: La délinquance des mineurs et les violences. In: Regards sur l'actualité. A. a. O.

Da die Minderjährigen in rechtlicher Hinsicht vergleichsweise geschützt sind, insbesondere vor dem Erreichen des 13. Lebensjahres, möchten die Behörden die vorbeugende und erzieherische Rolle der Eltern wiederbeleben. So ruft ein Rundschreiben der Regierung zur Kriminalität Minderjähriger vom 8. November 1998 dazu auf, die Eltern zu mobilisieren.

In der Folge der Familienkonferenz vom Juni 1998 wurde eine interministerielle Delegation geschaffen, die mit 63 Millionen Francs (FF) dotiert wurde, um Orte für Eltern zu schaffen, an denen sie ihre Sorgen und Nöte loswerden können, und um ihnen zu helfen, ihre Rolle auszufüllen.[26] Elterngruppen sind tatsächlich schon seit den neunziger Jahren in mehreren französischen Städten entstanden.

Man wird aufgrund dieser Tatsachen mit härteren Maßnahmen der Institutionen gegenüber dem aggressiven Verhalten von Jugendlichen rechnen müssen, und einige sehen das Risiko, schon angespannte Situationen noch mehr zu radikalisieren, solche Situationen z. B., die eine große Verzweiflung zum Ausdruck bringen.

Zusammenfassung

Ausgehend von dieser kurzen Darstellung der Situation Jugendlicher in der französischen Gesellschaft, eröffnen sich zahlreiche Möglichkeiten für diejenigen, die über die Wirkung der Medien nachdenken.

Die Frage der Gewalt im Fernsehen ist Gegenstand regelmäßiger Überlegungen des CSA und der französischen Fernsehsender – vor allem im Rahmen des Kinder- und Jugendschutzes – und sollte die Einrichtung einer Klassifizierung von Werken und Sendungen zur Folge haben. Andere Möglichkeiten sollten ebenfalls verfolgt werden.

Darunter fällt die Darstellung der Jugendlichen in den Medien, die eine sensationsträchtige Tendenz aufweist. Hierzu gehört auch die Reaktion der Medien auf dramatische Ereignisse, an denen Jugendliche beteiligt sind: Es drängt sich der Eindruck auf, dass es sich als vergleichsweise lohnend erweist, im Fernsehen über Jugendliche aus den Vororten vor allem im Zu-

[26] Vgl. "Le Monde", 29./30.11.1998

sammenhang mit Scherben und Gewaltausbrüchen zu berichten – ein Vorwurf, der Journalisten gegenüber häufig erhoben wird.

Eine andere Richtung, in die gearbeitet werden müsste, ist die hinsichtlich der Rolle, die die imaginäre Gewalt in den Fernsehprogrammen, den Kinofilmen oder den Videospielen für Jugendliche übernimmt.

Dies ist eine Rolle, die nicht nur auf Gewalttätigkeiten bezogen werden muss, wie man sie beobachten kann, sondern auch auf Formen dieser Gewalt (überwiegend beschrieben als eine grundlose, spielerische Gewalt, die sich aber mehr und mehr gegen Personen und Institutionen richtet und die mich an das vorherrschende Modell der Darstellung von gewalttätigen Auseinandersetzungen in amerikanischen Programmen erinnert). Hier kann man auch und vielleicht am allerehesten einen Zusammenhang herstellen zwischen den düsteren und nihilistisch verzerrten Vorstellungswelten, die sich in erster Linie an Jugendliche richten, und den Symptomen der Depression, die einen großen Teil der Jugendlichen berühren. Diese Möglichkeiten konnten hier nur oberflächlich dargestellt werden.

In die Richtung eines internationalen Vergleichs zu arbeiten, könnte besonders hilfreich sein. Die (französische) Forschungsgruppe, die sich mit den Beziehungen zwischen Kindern und Medien beschäftigt (Groupe de recherche sur la relation enfants-médias – GRREM), hat bei der Europäischen Kommission ein Forschungsprojekt eingebracht, um das Verhalten der Jugendlichen gegenüber den Medien in verschiedenen europäischen Ländern zu untersuchen (Frankreich, Italien, Großbritannien, Schweden, Portugal, Spanien und Deutschland).[27] Ziel dieser ehrgeizigen Untersuchung ist es, über einen langfristigen Zeitraum hinweg die unterschiedlichen Faktoren, die zum Reifeprozess während des Jugendalters beitragen, zu untersuchen und zu bewerten. Hierbei sollen das spezifische Umfeld der Jugendlichen im jeweiligen Land, der soziale Rahmen, die audiovisuelle Landschaft und die Entwicklung der Familie berücksichtigt werden. Ein weiteres Ziel ist es, eine Vorstellung vom Stellenwert der audiovisuellen Kultur in der Jugendlichenkultur zu gewinnen. Eine solche Studie gäbe uns genauen Aufschluss über das Phänomen der Anpassung an die amerikanische Kultur, die

[27] Langzeitstudie auf europäischer Ebene: Les jeunes, les médias et l'Europe. Sous la direction de E. Auclaire, présidente du GRREM, coordonnée par E. Auclaire et E. Manna (Censis italienne)

über die in allen europäischen Ländern verfügbaren amerikanischen Programme transportiert wird, sowie über die spezifische Ausprägung, die diese in den jeweiligen Ländern hat. Diese Art von Studie würde die Studien zum gesellschaftlichen Nutzen vervollständigen. Die neueste dieser Studien, die Studie Himmelweit, wird uns bald die ersten Erkenntnisse liefern.

Stan Meuwese, Thea Meinema und Sharon Detrick

Die Jugend in den Niederlanden[1]

Allgemeines

In den Niederlanden wohnen 5,2 Millionen Menschen – das sind ungefähr 35 % der Bevölkerung –, die jünger als 25 Jahre alt sind. Die niederländische Jugend ist natürlich keine einförmige Masse, sondern ganz im Gegenteil sehr unterschiedlich: Vertreten sind Mädchen und Jungen aller Altersgruppen, die in der Stadt oder auf dem Land wohnen, eine niederländische oder andere Nationalität haben, gesund oder behindert sind, in reichen, wohlhabenden oder ärmlichen Verhältnissen leben.

Gibt es überhaupt noch gemeinsame Merkmale, die die Jugendlichen als Gruppe definieren? – Ja, zumindest zwei grundsätzlich geltende Kriterien lassen sich für die niederländische Jugend festmachen: Einerseits unterliegen sie alle dem Prozess des Heranwachsens, andererseits leben sie in verschiedensten Abhängigkeiten von den Eltern und von anderen Erwachsenen, und zwar in biologischer, emotionaler, juristischer, wirtschaftlicher Hinsicht. Die zwei gemeinsamen Merkmale sind eng miteinander verbunden: Die Abhängigkeit nimmt mit den Jahren ab, die Selbständigkeit nimmt zu. Das Heranwachsen richtet sich auf das Erwachsenwerden und auf einen selbständigen Platz in der Gesellschaft. Man kann ein allmähliches Zunehmen der Selbständigkeit beobachten: erst in der Wiege liegen, dann die ersten Schritte, im Wohnzimmer herumlungern, danach im ganzen Haus, an der Hand auf die Straße, brav auf dem Bürgersteig, der Versuch Fahrrad zu fahren, mit anderen spielen, in den Kindergarten gebracht werden und schließlich zur Schule. Später selbständig zur Schule gehen, eine Schule nach der anderen besuchen, die Ferien im eigenen Land und/oder im Ausland verbringen... Heranwachsen bedeutet: Sich die Welt Stück für Stück erobern!

Das Selbständigwerden verläuft nicht immer reibungslos, sondern manchmal auch ruckartig, bisweilen in völliger Ruhe und Frieden, in der Pubertät auch mit viel Emotionalität und Streitereien. Dieser Streit zwischen den Ge-

[1] Der Beitrag entstammt einer Sonderausgabe des Niederländischen Ministeriums für Volksgesundheit, Wohlfahrt und Sport.

nerationen ist fast schon natürlich. Die Selbständigkeit hat auch ihre formellen Seiten: juristische Volljährigkeit und finanzielle Eigenständigkeit.

Von diesem Prozess wollen wir hier berichten, um einen Eindruck davon zu geben, wie das Aufwachsen und Erziehen innerhalb der niederländischen Gesellschaft verläuft. Dem Leser wird sicherlich vieles bekannt vorkommen, da das Heranwachsen und die Erziehung dermaßen mit dem menschlichen Leben verbunden sind, dass es von Land zu Land nur wenige Unterschiede gibt. Erziehung ist jedoch auch Teil der eigenen Kultur, vom Tun und Lassen der Menschen, zu dem jede kulturelle Gruppe ihren eigenen Beitrag leistet.

Dieser Abriss aus dem niederländischen Jugendleben ist in Altersphasen eingeteilt. In logischer und chronologischer Reihenfolge werden die folgenden Phasen behandelt: 0 – 4 Jahre, 4 – 12 Jahre, 12 – 16 Jahre sowie 18 Jahre und älter. Je nach Wichtigkeit wird auf die Situation zu Hause, auf die Schule, Freizeit, Hilfe, Arbeit und Rechtsstellung eingegangen. Wir beginnen mit der Beschreibung eines allgemeinen Eindrucks, denn dieser bildet den Rahmen für das darauf Folgende.

Blick auf die Jugend der Niederlande

Was hält die niederländische Gesellschaft von ihrer Jugend, was hält die Jugend von der niederländischen Gesellschaft? Die Antworten darauf hängen ab von der Idee, die die Gesellschaft von sich selbst hat, weil die Jugend einerseits Spiegel der Gesellschaft ist und andererseits der Gesellschaft einen Spiegel vorhält.

Wer meint, dass unsere Kultur das neue Jahrtausend nicht überlebt, da die Welt durch Krieg, Ausbeutung von Rohstoffen, durch Umweltverschmutzung und zunehmende gesellschaftliche Aggression untergeht, wird in der Jugend die Bestätigung dieses Weltbildes finden: zunehmende Jugendkriminalität, kulturelle Abstumpfung durch zu viel Fernsehen, Desinteresse an sozialen Entwicklungen, Konsumverhalten, die Schule schwänzen usw. Jemand, der diese Symptome sieht, hat nicht Unrecht: All‘ dies kommt vor, aber die Unrichtigkeit liegt in der Unvollständigkeit.

Wer aktiv, bei seiner Arbeit engagiert ist, sich gesellschaftlichen Organisationen angeschlossen hat, sich wohl fühlt, der wird möglicherweise vieles davon in der Jugend wiedererkennen: eine Jugend, die sich an Friedens- und Umweltdemonstrationen beteiligt, mit viel Energie Sport treibt und trotz Fernsehen noch Hausaufgaben macht. Es besteht eine natürliche Besorgnis von einer Generation zur nächsten; man sieht Normen und Werte verloren gehen, man sieht überall Desinteresse, Faulheit, unsoziales Verhalten.

Aber wie sieht die Jugend die etablierte Generation? Altmodisch, eingerostet, bürgerlich?

Der Generationskonflikt existiert noch immer, er hängt aber auch vom Zeitgeist ab. Das kommt, weil viele Erwachsene meinen, dass sie jung aussehen müssen, sich jung fühlen müssen. Sie werden darin bestätigt von Werbung und Massenkommunikation. Die heutigen Erziehungsnormen werden oft im Sinne von "Verhandlungserziehung" formuliert, also nicht mehr: "Du tust das, weil ich es sage!", sondern: "Findest du nicht auch, dass es das Beste für dich ist?"

Derartige Bewertungen führen zu Unter- und Überströmungen. Etwas, was einen Teil der Gesellschaft zu beeinflussen scheint, ist in einem anderen schon wieder aus der Mode.

Die Kombination von Sorge und Besorgnis bestimmt die Haltung der Erwachsenengesellschaft gegenüber der Jugend. Junge Kinder sind rührend, von Heranwachsenden wird man belästigt. Die wirtschaftlichen Bedingungen können einen wichtigen Einfluss auf das Bild der Jugend haben. Auf dem Höhepunkt der letzten wirtschaftlichen Krise gab es ein zweideutiges Bild von der Jugend. Einerseits fand man junge Leute ohne Arbeit einfach faul, andererseits wurden die arbeitslosen Jugendlichen als überflüssig und bedrohlich angesehen. Wenn die wirtschaftlichen Entwicklungen aber eine positive Wendung nehmen und zu wenig Jugendliche für den Arbeitsmarkt vorhanden sind (wie es in den Niederlanden während der sechziger Jahre der Fall war), dann wird ganz anders über die Jugendlichen gesprochen. Nach dem Zweiten Weltkrieg richtete man einen sehr starken Appell an die Jugend, sich für den Wiederaufbau in den Niederlanden einzusetzen. Das führte zu einer großen Unterstützung von allerhand Jugendorganisationen durch die Behörden. In der Wohlstandssituation Mitte der sechziger Jahre verlangte die Jugend – unter dem Einfluss der anarchistischen Provo-Bewegung – einen größeren Einfluss auf die eigene Situation und die gesellschaftliche Entwicklung. Die hohe Jugendarbeitslosigkeit, die Teil der ökonomischen Krise als Folge der Ölkrise war, schwächte das gesellschaftliche Interesse der Jugend. Es könnte sein, dass die "Entgrünung" der Gesellschaft (weniger Jugendliche) die soziale Stellung der Jugend wieder verändern wird, ganz getreu dem Motto: "Wenig ist kostbar."

Die Jugendpolitik

Die Behörden kümmern sich auf verschiedene Weise um die Jugend. Die wichtigsten Gebiete sind: Erziehung, Rechtsposition, Arbeit und Einkommen sowie Sozialfürsorge. Die Zentralregierung erfüllt ihre Aufgabe in Zusammenarbeit mit den Behörden auf der Ebene der Provinzen und Gemeinden. Ausgangspunkte für die Jugendpolitik sind:

- primäre Verantwortlichkeit für die Familie und andere soziale Verbände,
- Interesse für die Jugend bei allen allgemeinen Maßnahmen,
- ergänzende Vorkehrungen und Maßregeln, falls erforderlich und
- konzentrierte Aufmerksamkeit für Jugendliche in Problemsituationen

Die Maßnahmen für den Umgang mit Problemgruppen orientieren sich einerseits daran, zukünftigen Problemen vorzubeugen, andererseits aber kümmert man sich um das, was vorher nicht zu seinem Recht kam.

Der Minister für Öffentliches Wohl, Gesundheit und Kultur hat eine koordinierende Aufgabe auf dem Gebiet der Jugendpolitik inne. Es gibt sogar eine spezielle Arbeitsgruppe aus Beamten des Ministeriums: die Abteilung Jugendpolitik.

Im Parlament ist eine spezielle Kommission für die Jugendpolitik vorhanden. Außerdem gibt es ein besonderes unabhängiges Beratungskollegium: den Rat für Jugendpolitik. Sozialwissenschaftliche Untersuchungen über Fragen, die die Jugend betreffen, liefern ebenso einen wichtigen Beitrag.

Zahlreiche private Organisationen und Vereine bieten ihre Hilfe an in den Bereichen Kinderschutz, Freizeitbeschäftigung und politische Bildung. Auch für den internationalen Jugendaustausch und für Jugendkontakte gibt es eine von den Behörden subventionierte Organisation: EXIS.

Aspekte des Jugendlebens

Das Leben der Jugend wird in den folgenden Kapiteln unterteilt in Wohnsituation, Unterricht, Freizeit, Hilfsmaßnahmen, Arbeit und Gehalt sowie die rechtliche Stellung. All‘ diese Aspekte sind im täglichen Leben miteinander verbunden, falls nötig, unterschieden nach Alter:
0 – 4 Jahre,
4 – 12 Jahre,
12 – 18 Jahre und
älter als 18 Jahre.

Wohnsituation: die Familie

Wie und wo wohnt die niederländische Jugend? Die Antwort ist nicht überraschend: Zu Hause, fast alle Kinder leben natürlich bei ihren Eltern.

0 – 4 Jahre

95 % der Kinder werden in einer "bestehenden Ehe", wie es im Bürgerlichen Gesetzbuch heißt, geboren. Früher war dieser Anteil noch höher, Kinder von unverheirateten Müttern waren selten. Eine Konsequenz der gesellschaftlichen Entwicklungen ist es, dass der juristische Unterschied zwischen einer formellen Ehe und dem Zusammenwohnen ohne Trauschein immer geringer wird.

Wo die Ehe im traditionellen Sinne Beziehung, Sexualität und Fortpflanzung miteinander verband, lässt sich mittlerweile eine Auflösung dieser drei Elemente beobachten, wie z. B. Sexualität ohne Fortpflanzung. Das bedeutet eine größere Auswahl an möglichen Lebensformen. Neue künstliche Fortpflanzungstechniken bieten nicht nur eine Lösung bei Unfruchtbarkeit, sondern eröffnen auch anderen Eltern, vor allem homosexuellen Paaren, die Möglichkeit, Kinder zu bekommen. Über dieses Thema wird allerdings immer noch heftig diskutiert.

Es kann festgestellt werden, dass trotz eines vielfältigeren Angebots an Möglichkeiten der größte Teil der Kinder noch immer innerhalb der klassischen Ehe geboren wird. Allerdings wird ein Drittel aller Kinder im Laufe des Lebens mit der Scheidung der Eltern konfrontiert.

Für viele Frauen in den Niederlanden bedeutet das Kinderkriegen einen Bruch in ihrer beruflichen Laufbahn. Der Arbeitsanteil von niederländischen Frauen im Berufsleben ist, verglichen mit anderen europäischen Ländern, ziemlich gering. Das wurde vor einigen Jahrzehnten noch positiv beurteilt: Das Einkommen von *einem* Arbeitnehmer reichte für die ganze Familie. Heute beobachtet man so etwas wie ein Einholmanöver, nämlich dass der Prozentanteil steigt. Das hat Folgen für das Kinderkriegen: aufgeschoben ist manchmal aufgehoben. Die Niederlande können auf keine Tradition zurückblicken, was Vorkehrungen betrifft, die es den Frauen erleichtern, Beruf und Kinder zu kombinieren, wie z. B. Kindertagesstätten oder Schwangerschaftsurlaub. Dies wird für die Zukunft Priorität haben.

Die Familie ist der sichere Ort, wo Kinder aufwachsen können. Glücklicherweise gilt das auch für viele Kinder. Ein sicherer, ein beschützter Ort, aber manchmal auch ein isolierter. Leider wurde es in den vergangenen Jahren immer deutlicher, dass die Familie für manche Kinder kein Ort der Sicherheit mehr ist. Aus der Abgeschlossenheit und Isolation vieler Familien erscheinen immer mehr Berichte – wenn auch nur mühsam – über Erscheinungsformen wie Kindesmisshandlung und Inzest. Diese Symptome können nicht so einfach erklärt werden, da die Hintergründe in Verbindung mit sozialen und individuellen Faktoren ein komplexes Ganzes bilden.

4 – 12 Jahre

Alles, was oben über das Leben in der Familie gesagt wurde, gilt natürlich auch für die Kinder der Altersgruppe von 4 – 12 Jahren.

Für diese Gruppe ist es besonders wichtig, dass sie genügend Freiheit bekommt, um in Ruhe draußen spielen zu können. Kinderpsychologen schätzen die Altersphase des "zur Schule gehenden Kindes" meistens als ziemlich ruhig ein. Sie liegt zwischen der Trotzphase des Kleinkindes und der Pubertät des Heranwachsenden. Es ist eine Phase des Heranwachsens, sie verläuft jedoch nicht ruckartig. In diesem Abschnitt wird die mehr oder weniger selbständige Erforschung der Umgebung erprobt.

Aus diesem Grund ist eine geschützte Wohnsituation gerade für diese Altersgruppe so wichtig. Man sollte diesen Kindern erlauben, sich auf Spielplätzen auszutoben, und ihnen die Möglichkeit zum Fahrradfahren geben.

Alle niederländischen Kinder lernen Radeln in diesem Alter: Ein bisschen wacklig am Anfang, manchmal mit Stützrädern, aber dann ein kräftiger Schubs von Vater oder Mutter, und – weg ist man. Beim Bauen von neuen Wohngegenden werden immer mehr die Interessen der Kinder berücksichtigt. Eine Straße kann zum Wohngebiet erklärt werden, einem Gebiet, in dem Autos langsam fahren und Fahrradfahrer bzw. Fußgänger bevorzugt behandelt werden müssen.

12 – 18 Jahre

Diese heranwachsenden Jugendlichen wohnen noch, bis auf wenige Ausnahmen, zu Hause. Das verläuft jedoch nicht immer ohne Probleme. In diesem ruckartigen Heranwachsen während der Pubertät kommt es vor, dass ein Jugendlicher sich selbständiger fühlt, als die Eltern es von ihr oder ihm annehmen. Daraus resultierende Konflikte können sich derart verschärfen, dass sie mit dem Weglaufen des Jugendlichen von zu Hause enden. In den Niederlanden reißen pro Jahr ungefähr 30.000 Jugendliche dieser Altersgruppe aus. Die meisten kommen allerdings auch wieder zurück. Sie gehen zu Freunden oder Familienangehörigen, um nach vielen Aufregungen und Vermittlungsbemühungen am nächsten Tag oder nach einigen Tagen wieder zurückzukehren. Ist man als Jugendlicher oder als Elternteil nicht gerade selbst betroffen, ist dies kein Ereignis, worüber man sich große Sorgen machen müsste. Allerdings muss für einen kleinen Teil dieser Ausreißer das Weglaufen als Signal dafür angesehen werden, dass große Probleme zwischen Kindern und Eltern vorliegen. Was jahrelang unterdrückt wurde, kommt urplötzlich zum Vorschein. In solchen Momenten ist es sehr wichtig, dass es Instanzen gibt, die diesen Jugendlichen bei der Problembewältigung helfen. Ein entscheidendes Motiv hierfür ist natürlich auch, zu verhindern, dass diese Jugendlichen an den Rand der Gesellschaft gedrängt werden und in die Drogen- und Rotlichtszene abrutschen.

In allen großen Städten der Niederlande gibt es deshalb Auffangzentren und Beratungsstellen für Jugendliche in Problemsituationen, aber wie sooft in solchen Fällen gibt es mehr Probleme als Lösungen.

Älter als 18 Jahre

Wer 18 Jahre alt wird, ist volljährig und kann auf eigenen Füßen stehen. Das bedeutet aber nicht, dass alle Jugendlichen an ihrem achtzehnten Geburtstag ihre Sachen packen und einen eigenen Hausstand gründen. Für viele junge Erwachsene ist es dafür noch zu früh, sie verfügen nicht über die nötigen finanziellen Mittel, und erschwingliche Wohnungen sind auch nicht ausreichend vorhanden. Aus diesem Grund wohnen noch viele 18-Jährige zu Hause. Das durchschnittliche Alter, in dem man sein Elternhaus verlässt, liegt bei 23 – 24 Jahren. Und dieser Durchschnittswert steigt voraussichtlich eher noch etwas an, als dass er niedriger werden würde.

Baumaßnahmen für neue Siedlungen und Renovierungspläne alter Wohngegenden berücksichtigen deshalb immer mehr den Bau so genannter HAZ-Einheiten: Haushalte für Alleinstehende und/oder für zwei Personen. Das sind kleine Appartements, die sich für die Gruppe der Jungerwachsenen eignen, obwohl sie oft ziemlich teuer sind. In den Niederlanden orientierte sich der Wohnungsbau besonders nach dem Krieg an eintöniger Quantität, soll heißen, es entstanden viele Familienwohnungen, dievertikal gestapelt (Hochhäuser) oder horizontal in Reihen geordnet wurden. Für diese Familienwohnungen gab es detaillierte Vorschriften von den Behörden, die die genaue Anzahl der Quadratmeter, der Schlafzimmer u. s. w. festlegten. Für die Jugendlichen versucht man jetzt Familienwohnungen in Einpersoneneinheiten umzubauen. Auch alte Schulgebäude, Kirchen und sogar ehemalige Wassertürme o. ä. werden zum Bau solcher Wohnungen genutzt. Für Studenten investiert man viel in Studentenwohnheime; denn das Campussystem (Studenten wohnen und arbeiten auf einem großen Universitätsgelände) besteht in den Niederlanden nicht.

Unterricht

Um das niederländische Unterrichtssystem zu verstehen, ist es wichtig, den Unterschied zwischen öffentlichem und privatem Unterricht zu erklären. In den Niederlanden wird eine prinzipielle und finanzielle Gleichstellung des vom Staat organisierten Unterrichts mit dem an privaten Institutionen praktiziert. Das wurde Anfang dieses Jahrhunderts nach einem lang andauernden Schulenstreit im Grundgesetz verankert. Der besondere private Unterricht entspricht dem Gedanken, dass die Eltern verantwortlich für die Erziehung ihrer Kinder sind und dass ihnen die Möglichkeit gegeben werden muss, sie in eine Schule ihrer Wahl zu schicken. Der öffentliche Unterricht dagegen ist Ausdruck der Verantwortlichkeit der Behörden, allen Kindern Unterricht anzubieten, unabhängig von ihrer Herkunft oder Lebensüberzeugung. Beide Werte werden gleichermaßen respektiert. Die finanzielle Gleichstellung von staatlichen und konfessionellen Schulen ermöglicht die Verwirklichung beider Prinzipien.

Basis der privaten Schulen ist zumeist die konfessionelle Lebenseinstellung. Fast alle tragen das Prädikat "katholisch" oder "protestantisch-christlich", aber es gibt auch jüdische Schulen. Die ersten islamitisch geprägten Bildungsstätten wurden erst kürzlich errichtet. Ungefähr 70 % der Schulen sind konfessionell, 30 % staatlich organisiert. In der Praxis wird der vom Staat angebotene Unterricht für Grundschulen von den Gemeinden, für weiterführende Schulen von den Gemeinden in größeren Städten (und von der zentralen Behörde in kleinen Städten) organisiert.

0 – 4 Jahre

Kinder im Alter von 0 – 4 Jahren gehen noch nicht zur Schule. Viele dieser Kleinkinder besuchen jedoch den Kindergarten oder eine Kindertagesstätte. Kinderbetreuung bedeutet – außer dass sie den Eltern die Möglichkeit bietet, Beruf und Kinder zu kombinieren – auch eine Bereicherung in der Erziehung. Kleinkinder können mit ihren Altersgenossen spielen, eine Möglichkeit, die sich durch die "Familienausdünnung" (weniger Kinder pro Familie) im familiären Alltag mehr und mehr verringert hat.

4 – 12 Jahre

In den Niederlanden besuchen alle Kinder zwischen 4 – 12 Jahren die Grundschule. Offiziell besteht eine Lernpflicht von 5 – 16 Jahren.

Die Grundschule ist in acht Jahresgruppen eingeteilt, aber nicht alle Schulen haben auch acht Klassen; die Größe einer Klasse beträgt ungefähr 30 Kinder, in vielen Schulen kombiniert man einzelne Klassen. Eine durchschnittliche Schule hat 140 Schüler, die acht Jahre dauernde Grundschule entstand in ihrer heutigen Form 1985 aus dem Kindergarten (Dauer: zwei Jahre) und der Grundschule (Dauer: sechs Jahre). Es gibt ungefähr 8.000 Grundschulen in den Niederlanden.

Pflichtfächer sind Rechnen, niederländische Sprache, Geschichte, Erdkunde, Sport (meistens lernen Kinder in diesem wasserreichen Land auch schwimmen), Verkehrserziehung und (in den höheren Klassen) Englisch.

Für Kinder, die schlecht sehen oder blind, schlecht hören oder taub sind, die körperlich oder geistig behindert sind oder andere Probleme haben, gibt es Spezialschulen mit qualifizierten Lehrern und kleineren Klassen.

Zur Zeit gehen etwa 1,4 Millionen Kinder in die Grundschule, ungefähr 100.000 Kinder besuchen Sonderschulen. Etwa 70.000 Menschen arbeiten an Grundschulen.

12 – 18 Jahre

Der sekundäre Unterricht, der sofort an die Grundschule anschließt, unterscheidet vier verschiedene Kategorien:

- Unterricht auf hohem Niveau (VWO)
  Dauer: sechs Jahre
  Vorbereitung auf ein Hochschulstudium,
- Unterricht auf mittlerem Niveau (HAVO)
  Dauer: fünf Jahre
  Vorbereitung auf die höhere Berufsausbildung,
- Unterricht auf niedrigem Niveau (MAVO)
  Dauer: vier Jahre
  Vorbereitung auf die mittlere Berufslaufbahn,

- Berufsschule
  Dauer: vier Jahre
  Vorbereitung auf die mittlere Berufslaufbahn.

Eine weiterführende Schule ist in der Regel eine Schulgemeinschaft, das heißt, dass verschiedene Unterrichtsformen in einer Schulorganisation zusammengeschlossen sind.

Die Berufsausbildung ist in fünf Kategorien eingeteilt: eine technische, ökonomische, landwirtschaftliche, eine den Haushalt betreffende und eine sozialpädagogische. Es gibt drei Stufen:

- elementare Berufsausbildung
  Dauer: vier Jahre
  Für Schüler von 12 – 16 Jahren,
- mittlere Berufsausbildung
  Dauer: drei Jahre
  Für Schüler von 16 – 19 Jahren,
- höhere Berufsausbildung
  Dauer: vier Jahre
  Für Schüler von 17 – 21 Jahren.

Diese Berufsausbildungen sind ganztägig, zudem hat man Gelegenheit, ein Praktikum zu absolvieren. Außerdem gibt es noch Kombinationsmöglichkeiten von (teils) lernen und (teils) arbeiten.

Die Niederlande zählen ungefähr 2,1 Millionen Schüler im Alter von 12 – 18 Jahren; es gibt ungefähr 2.500 Schulen, an denen 120.000 Lehrer beschäftigt sind. Jede Schule hat einen Mitbestimmungs-Ausschuss, der die Schulverwaltung berät. Außer Eltern und Lehrern können auch die Schüler diesem Ausschuss beitreten. Alle Eltern erhalten für ihre schulpflichtigen Mädchen und Jungen einen Geldbetrag, der abhängig ist von Alter und Anzahl der Kinder. Für Familien mit geringem Einkommen besteht zudem die Möglichkeit der Erstattung von Ausgaben für Schulbücher oder anfallender Fahrtkosten.

Älter als 18 Jahre

Der Tertiärunterricht bietet zwei Kategorien:

- den berufsbildenden Unterricht
  Dauer: vier Jahre
  Verschiedene Richtungen: technisch, ökonomisch, landwirtschaftlich, sozialpädagogisch, pädagogisch, nautisch, künstlerisch.
  Es gibt ungefähr 60 Schulen für den höheren Berufsunterricht mit 200.000 Studenten;
- den wissenschaftlichen Unterricht
  Dauer: vier Jahre (Basisausbildung)
  Verschiedene Fakultäten mit unterschiedlichen Studienrichtungen: medizinisch, juristisch, literarisch, philosophisch, sozialwissenschaftlich, technisch, theologisch, ökonomisch, agrarisch.
  In den Niederlanden gibt es 12 Universitäten mit insgesamt 165.000 Studenten.

Jeder Student kann von der Regierung ein Stipendium erhalten, das aus einem Basisbetrag besteht, der unabhängig vom Einkommen der Eltern ist und nicht zurückgezahlt werden muss: 600,- Gulden pro Monat für Studenten, die nicht mehr zu Hause wohnen und 260,- Gulden für Studenten, die noch bei ihren Eltern leben. Je nach Einkommen der Eltern kann dieser Betrag erhöht werden, davon muss ein Teil nicht zurückgezahlt werden, der andere wird als zinstragendes Darlehen vergeben.

Besondere Unterrichtsmaßnahmen

Es gibt verschiedene Instanzen, die die Aufgabe haben, den Unterricht zu unterstützen und weiterzuentwickeln:

- Spezielle Institutionen, die sich mit Schülern nicht niederländischer Herkunft oder Schülern aus weniger entwickelten Stadtteilen befassen

- Ca. 60 Einrichtungen (Schulbegleitungsdienste), die vor allem den Grundschulen bei der Erneuerung des Unterrichtsprogramms und bei der Betreuung von Schülern mit Problemen beistehen
- Zahlreiche Landesorganisationen, die auf dem Gebiet von Unterrichtsforschung, Lehrplanentwicklung, Lehrproben, Schulbau, audiovisuellen Medien tätig sind
- Instanzen, die die Jugendlichen bei der Schul- und Berufswahl beraten

Freizeit

Die Familie wird auch das erste Milieu genannt, die Schule das zweite und der Freizeitbereich das dritte. Der Freizeitbereich ist der Ort, wo Kinder und Jugendliche untereinander sind, wo sie Dinge tun können, die ihnen Spaß machen. Das "freie-Zeit-Erlebnis" verläuft mitunter äußerst unstrukturiert (einfach rumhängen) oder auch ziemlich organisiert (Teamsport).

Die Einmischung der Behörden in die Freizeitaktivitäten ist begrenzt, viel begrenzter als z. B. in das Unterrichtswesen oder die Rechtsposition. Die Behörden schaffen durch teilweise oder völlige finanzielle Unterstützung für private Organisationen verschiedenster Richtungen die Bedingungen, die nötig sind, damit diese ihre Aktivitäten organisieren können. Einige Jugendorganisationen unterstützt die Behörde in besonderem Maße, denn es liegt im Interesse der Gemeinschaft, die Jugend in bestimmte gesellschaftliche Gebiete einzuführen, wie z. B. den politischen Meinungsbildungsprozess und die Organisation des Arbeitswesens. Die Einmischung des Staates findet in den meisten Fällen auf lokaler Ebene statt: Es sind die Gemeinden, die für allerlei Freizeitaktivitäten finanzielle Zuschüsse bereitstellen, besonders auch auf sozial-kulturellem Gebiet.

Es ist unmöglich, einen vollständigen Überblick über die diversen Freizeitbeschäftigungen der niederländischen Jugend zu geben. Nicht alles, was die Jugend so treibt, wird von den Älteren geschätzt. Manche Freizeitaktivitäten nähern sich der Grenze des Verbotenen: Vandalismus, Graffiti usw.

0 – 4 Jahre

Ganz junge Kinder haben eigentlich keine Freizeit, da Freizeit im Gegensatz zu vorgeschriebenen Aktivitäten wie Schule und Arbeit steht.

Deshalb soll an dieser Stelle etwas mehr zum Thema Kinderbetreuung gesagt werden. Spielsäle für Kleinkinder und Kindertagesstätten z. B. haben die Aufgabe, die Kinder von Eltern zu betreuen, die weder auf ihren Beruf noch auf Kinder verzichten wollen. Zudem hat die Kinderbetreuung auch eine erzieherische Funktion, immerhin ist sie als Vorstufe zum richtigen Unterricht zu sehen.

Die Niederlande können, wie schon eingangs erwähnt, in puncto Kinderbetreuung auf keine lange Tradition zurückblicken. Es gibt auch nicht genügend Einrichtungen, in manchen Fällen kommen die Eltern nicht umhin, ihr Kind schon vor der Geburt in eine Warteliste einzutragen. Besonders unter dem Druck der Emanzipationsbewegung erwartet man für die Zukunft ein größeres Angebot an Kinderbetreuungsstätten. Auch die Eltern selbst müssen Maßnahmen ergreifen. Die Finanzierung kommt mit Hilfe des Staats zustande, aber auch von der Wirtschaft wird ein Beitrag gefordert. All' dies ermöglicht, die entsprechenden Vorkehrungen zu treffen, die die Qualität der Kinderbetreuung (hygienische Verhältnisse, geschultes Personal) garantieren. Zur Zeit gibt es insgesamt 20.000 Kinderbetreuungsstätten – mehr als die doppelte Anzahl wäre erforderlich.

4 – 12 Jahre

Kinder dieser Altersgruppe unternehmen nach der Schule alles Mögliche. Sie verbringen zwischen ein und zwei Stunden pro Tag vor dem Fernseher, da es ein großes Angebot an Kinderprogrammen gibt, z. B. in der Form von Zeichentrick- und Abenteuerfilmen. Aber auch ein ernsteres Programm wird angeboten, so z. B. eine tägliche Jugendtagesschau, die die Altersgruppe von 10 – 14 Jahren erreichen will. Sie besteht seit 1979 – ein Resultat des Internationalen Jahres des Kindes.

10 % des Fernsehangebots sind speziell für Kinder bestimmt, von denen die Hälfte Niederländisch spricht. Für Kinder werden manchmal ausländische Produktionen nachsynchronisiert, die Programme für ältere Kinder und

Erwachsene sind jedoch grundsätzlich untertitelt. Angesichts der Tatsache, dass viele Sendungen aus den Vereinigten Staaten kommen, lernen die Kinder fast automatisch die englische Sprache. Die meisten Kinder können sogar schon die nicht untertitelten Programme der Satellitensender verstehen.

Die beliebteste Tätigkeit der Kinder ist das Spiel draußen (29 %), gefolgt von aktivem Sport (26 %) und Fernsehen (16 %). Die favorisierten Sportarten der niederländischen Jugend sind Schwimmen, Schlittschuhlaufen und Fußballspielen (weil die Niederlande zu den wasserreichen Ländern gehören, überrascht die Vorliebe für die ersten beiden Disziplinen nicht!).

Wenn in einem harten Winter die Flüsse und Kanäle zufrieren, organisiert man im Norden des Landes eine große Schlittschuh-Tour von 200 km Länge. Tausende nehmen an dieser Tour teil, die durch elf alte Städte und Städtchen Frieslands führt.

Fußball wird auf der Straße und/oder innerhalb eines Vereins gespielt. Der Fußballbund ist der größte Sportverband. Aber auch andere Sportarten werden von der niederländischen Jugend betrieben. Besonders beliebt sind Hockey, Volleyball und Radrennen. Wenn ein niederländischer Sportler in irgendeiner Disziplin Weltruhm erringt, so ist das für zahlreiche Kinder der Grund, sich aktivdiesem Sport zu widmen. Auf diese Weise hat Antonius Geesink (Olympiasieger, Tokio 1964) Judo populär gemacht, Johan Cruyff und Ruud Gullit den Fußballsport, Hein Vergeer und Leo Visser das Schlittschuhlaufen und Joop Zoetemelk und Jan Janssen den Radsport. Die Niederlande sind schon seit Jahren Weltmeister im Korbball, einer Sportart, die in gemischten Teams (Mädchen und Jungen) mit einem Ball durch einen Rohrkorb bestritten wird. Das einzige andere Land, in dem Korbball gespielt wird, ist Belgien.

In jeder Stadt gibt es eine Musikschule, in der die Kinder gegen geringes Entgelt das Spielen eines Musikinstruments lernen können. Von dieser Möglichkeit wird eifrig Gebrauch gemacht.

12 – 18 Jahre

Sind die Eltern in die Aktivitäten ihrer jüngeren Kinder noch einbezogen, gehen die Mädchen und Jungen dieser Altersgruppe selbständig ihren Interessen nach. Der Sport nimmt dabei eine wichtige Stellung ein. Fast alle Sportarten sind den Altersgruppen entsprechend organisiert:

Bei Teamsportarten wie Fußball und Hockey sind die A-Junioren die Ältesten (16 – 18 Jahre), danach die B-Junioren (14 – 16 Jahre), die C-Junioren (12 – 14 Jahre) bis hin zu den F-Junioren im Alter von 6 Jahren.

In dieser Lebensphase wird das Ausgehen populär, so z. B. in die Disko und ins Kino. Die Niederlande haben ein Filmkontrollsystem, das sich auf die Jugend konzentriert. Alle Filme dürfen in einem der Öffentlichkeit zugänglichen Kino gezeigt werden, vorausgesetzt, die Zuschauer sind mindestens 16 Jahre alt. Soll ein Film auch für Jüngere zugelassen werden, muss er einer unabhängigen Institution, der Niederländischen Filmprüfungsstelle (Nederlandse Filmkeuring) zur Prüfung vorgelegt werden. Ein Film kann "für alle Altersgruppen", "für 12 Jahre und älter" und "für 16 Jahre und älter" zugelassen werden. Hierbei ist das entscheidende Kriterium die Schädlichkeit, die der Film für einen Jugendlichen haben kann. Auffallend ist, dass Filme auf Video, die in einer Videothek erhältlich sind, von dieser Kontrolle ausgenommen sind.

Im Alter zwischen 12 und 18 Jahren beginnen die Jugendlichen auch, sich für Kunst zu interessieren und besuchen Museen oder Theater. Für letztere (und auch für andere kulturelle Veranstaltungen) ist ein so genannter "kultureller Pass für Jugendliche" erhältlich, bei Vorlage bezahlt man weniger Eintritt. Der "kulturelle Pass" kann bis zum 25. Lebensjahr benutzt werden. Es bestehen Pläne, ihn "europäisch" zu machen, damit niederländische Jugendliche auch in anderen europäischen Ländern in den Genuss vergüns-tigter Eintrittskarten kommen können.

Wichtige Entscheidungen für die Zukunft, die klarere Herausbildung bevorzugter Freizeitbeschäftigungen, die erste selbständige Reise – das alles findet in diesem Alter statt. Hierin lag u. a. auch der Grund, eine Informationsbroschüre für Jugendliche herauszugeben. Unter dem Titel "16... oder so" (Auflage: 250.000 Exemplare) wird sie in den Schulen gratis an alle Jugendlichen verteilt.

Jugendliche zwischen 12 und 18 Jahren sitzen ebenfalls viel vor dem Fernseher. Eine andere bevorzugte Beschäftigung ist, einfach nichts zu tun und miteinander zu reden: die Mädchen mit ihren Freundinnen zu Hause in ihrem Zimmer, die Jungen draußen auf der Straße. Diese Gespräche gehen die Erwachsenen nichts an.

Älter als 18 Jahre

Die Selbständigkeit der Gruppe Jugendlicher, die älter als 18 Jahre ist, bestimmt auch ihre Freizeitbeschäftigung. Sie verbringen ihren Urlaub öfter im Ausland, entweder rein konsumierend an mediterranen Stränden oder etwas abenteuerlicher in Form von Fahrradferien oder Jugendaustauschprogrammen. Die nationale Organisation EXIS hilft den Jugendlichen bei internationalen Jugendkontakten. Die Niederlande waren schon immer an den Ereignissen im Ausland interessiert. Die Sprachkenntnis der niederländischen Jugendlichen ist nicht beeindruckend, aber dem Vergleich mit Jugendlichen anderer Länder können sie in diesem Punkt sehr wohl standhalten.

Die Jugend über 18 Jahre bildet auch den Kern der politischen Jugendorganisationen. Das sind selbständige Gruppierungen, die mit im Parlament vertretenen politischen Parteien verbunden sind. Die politisch interessierten Jugendlichen zeigen sich im Allgemeinen bemüht, andere Jugendliche für ihre Ideale zu begeistern und sie für den politischen Meinungsbildungsprozess zu interessieren.

Die politischen Jugendorganisationen sind auch an der europäischen Front aktiv. Neben den politischen gibt es auch Organisationen von arbeitenden Jugendlichen. Sie fungieren als Jugendabteilung von zwei großen zentralen Gewerkschaften, behalten aber ihre Unabhängigkeit. Sie repräsentieren sowohl die Interessen der jungen Arbeitnehmer als auch die der Jugendlichen ohne Arbeit. Kritisch folgen sie den Bemühungen, Themen wie Jugendarbeitslosigkeit, Mindestlöhne und Arbeitslosengeld für Jugendliche sowie die ganzen Entwicklungen, die den Wechsel von der Schule zur beruflichen Tätigkeit betreffen, in den Griff zu bekommen.

Dies ist nur eine Auswahl der Freizeitaktivitäten von niederländischen Jugendlichen. Es gibt viele junge Leute, die Fernsehen und Ausschlafen als den Gipfel des Freiseins empfinden. Andere wiederum sind sehr engagiert im Sport, in der Disko, spielen Violine oder bildhauern, arbeiten mit dem Computer oder joggen, pflegen Kontakte untereinander, sorgen für kranke Familienangehörige oder sammeln Geld für einen guten Zweck. Grundsätzlich gilt: Die meisten Jugendlichen finden das, was sie tun, ganz normal.

Hilfeleistung

Das Erwachsenwerden geht meistens von selbst, aber manchmal können Probleme auftauchen. Viele Jugendliche haben das Glück, nette Eltern zu haben, die deutlich, aber nicht zwingend sind, die ihren Kindern viel Aufmerksamkeit widmen, sie aber nicht mit ihren Zärtlichkeiten ersticken, die manchmal böse sind auf ihre Kinder, aber niemals gewalttätig werden.

Dennoch geraten viele Kinder in Schwierigkeiten, meistens ohne eigenes Zutun. Die Familie scheint nicht immer der sichere Ort zu sein, auf den Kinder ein Recht haben. Die Unsicherheit kann sich auch vergrößern durch eine schlechte Beziehung der Eltern zueinander.

Kinder können auch durch eine verspätete oder unzureichende Entwicklung Probleme bekommen. Manche sind seit ihrer Geburt in ihren geistigen Fähigkeiten oder körperlichen Möglichkeiten eingeschränkt. Diese behinderten Kinder, auch ihre Eltern haben ein Recht auf Unterstützung und Hilfe. Viele Probleme benötigen umfangreiche Maßnahmen der Hilfeleistung. Nicht immer werden die Eltern allein mit der Sorge fertig, trotzdem wollen sie meistens bei der Versorgung ihrer Kinder mit einbezogen werden. Mutter und Vater spielen eine wichtige Rolle beim Herausfinden des Problems in der Beziehung zwischen Kindern und ihnen selbst. Wenn die Eltern jedoch alle Mitarbeit verweigern, so ist es unumgänglich, dass die Kinder aus dem Familienverband entfernt werden.

Eine vollständige Übersicht aller Hilfsangebote ist nicht einfach. Selbst Eltern, Lehrer, Jugendarbeiter und Ärzte wissen nicht immer Bescheid über alle Möglichkeiten der Hilfeleistung. Viele Probleme gehen natürlich von selbst wieder vorbei. Wenn sich Kinder mit ihren Eltern streiten oder umgekehrt, selbst wenn ein Kind von zu Hause wegläuft, ist professionelle Hilfe nicht immer erforderlich. Ein Lehrer, ein Priester, ein Familienmitglied, ein Nachbar kann schon einmal Probleme aus der Welt räumen, indem er beiden Parteien gut zuhört.

Die These in den Richtlinien für Hilfeleistungen an Jugendliche ist: Hilfe muss so früh wie möglich, so leicht wie möglich, so nahe wie möglich und auch (was meistens nicht erwähnt wird) so billig wie nur möglich stattfinden – ein allgemein akzeptierter Ausgangspunkt, vorausgesetzt dass dabei nicht vergessen wird, Hilfe so früh wie möglich, trotz allem aber auch nicht zu früh anzubieten.

In den Niederlanden entstand eine Tradition, die drei Gruppen von Hilfeleistungen differenzierte. Entscheidend war, welche Hilfestelle zuerst eingeschaltet wurde. Man könnte es, ziemlich vereinfacht aber doch anschaulich, wie folgt umschreiben:

- Geriet ein Kind durch eine Straftat zuerst in Konflikt mit der Polizei, und schien mehr dahinter zu sein, so war der Weg über den Kinderschutzbund und den Kinderrichter in eine gerichtliche Jugendanstalt vorauszusagen,
- bemerkte der Hausarzt als Erster ein Problem innerhalb der Familie, so führte der Weg über eine jugend-psychologische Einrichtung in ein Kinderheim,
- trat jedoch ein Sozialarbeiter als erster Hilfeleister in Kontakt, dann war es nicht unwahrscheinlich, dass ein Kind in ein Internat mit sozialpädagogischen Zielsetzungen gesteckt wurde.

Die Politik der Behörden richtet sich auf diese drei Kreise, den gerichtlichen, den sozialmedizinischen und den sozialpädagogischen. Sie sollen aufeinander abgestimmt werden, um einem Kind in Problemsituationen die adäquateste Hilfe geben zu können. Man will auch dafür sorgen, dass das Aus-der-Familie-Nehmen von Kindern möglichst verhindert, stattdessen der Familie Hilfe angeboten wird. Aus diesem Grund sind Anstalten entstanden, die man semi-ambulant oder semi-resident nennen könnte, also Anstalten, in die ein Kind nach der Schule geht, dort an therapeutischen Gesprächen und Gruppentreffen teilnimmt, um abends wieder nach Hause zurückzukehren.

0 – 4 Jahre

Die wichtigste Einrichtung für die Gruppe der sehr jungen Kinder sind die so genannten "Beratungsbüros für Säuglinge und Kleinkinder", die in allen Gemeinden zu finden sind. Das sind sozial-medizinische Einrichtungen, die fast alle Kinder von Geburt an besuchen: Dort werden Gewichtskontrollen durchgeführt, Ratschläge zur Ernährung gegeben und notwendige Impfungen getätigt. Man zeigt sich bemüht, alle Fragen junger Eltern zu beantworten; denn die Kenntnis von der Entwicklung der Kinder ist bei den Eltern heute nicht mehr selbstverständlich vorhanden. Jede Familie hat durchschnittlich 2,1 Kinder. Die Erfahrungen mit dem Wickeln, den ersten Zähnen oder nächtlichem Weinen sind beschränkt und bleiben es auch, nur in Ausnahmefällen zeugen Eltern noch weitere Kinder nach den ersten beiden.

Durch die Beratungsbüros können schon früh Probleme eines Kindes entdeckt werden. Es gibt Einrichtungen, die auf regionaler Ebene zum Zweck der "Früherkennung" zusammenarbeiten. Für sehr junge Kinder mit Problemen gibt es "ärztliche Kindertagesstätten" und "ärztliche Kinderheime".

4 – 12 Jahre

Die Kinder werden während ihrer Grundschulzeit mehrere Male von einem Schularzt untersucht. Der Schularzt ist für den so genannten "Basisgesundheitsdienst" tätig, eine Instanz der Behörden auf medizinischem Gebiet, die präventiv arbeitet. Der Schularzt behandelt nicht, sondern überweist bei medizinischen Problemen an den Hausarzt und über ihn an andere medizinische Einrichtungen. Sind die Probleme sozialpsychologischer Natur, dann wird Kontakt aufgenommen mit einer "regionalen Einrichtung für ambulante psychiatrische und psychosoziale Gesundheitsfürsorge", in der eine spezielle Abteilung Kind und Familie sozialpsychologische Hilfe anbietet. Über solch' ein Institut kann man ein Kind z. B. – falls erforderlich – in einem Kinderheim unterbringen.

Außer der Vermittlung in ein Internat besteht auch die Möglichkeit der Unterbringung in einer Pflegefamilie. Eine Pflegefamilie ist eine gewöhnliche Familie, die bereit ist, ein anderes Kind aufzunehmen, so dass es zur Ruhe kommen und wieder Selbstvertrauen entwickeln kann. Eine Pflegefamilie muss also keine besonderen erzieherischen Qualitäten besitzen, vor allem muss sie dem Pflegekind Vertrauen, Sicherheit und Kontinuität geben können. Eine Pflegefamilie erhält eine Rückerstattung der Kosten, die jedoch keine Bezahlung für geleistete Dienste darstellt. Es gibt Instanzen, die dafür geeignete Familien aussuchen und bei ihrer Aufgabe begleiten. Neben "einfachen" Pflegefamilien besteht auch die Möglichkeit der "therapeutischen Familienunterbringung" innerhalb Familien mit einer deutlichen therapeutischen Aufgabe.

Auch werden Experimente im Sinne eines "Home-Training" gemacht – eine Methode, mit der Familien trainieren, ihre Kinder besser zu erziehen. Wenn die Probleme nicht zu dramatisch sind, kann ein Erzieher z. B. mit seinem eigenen Verhalten konfrontiert werden, indem man es per Videokamera aufnimmt und gemeinsam ansieht. Das Experiment zeigt überraschende und ermutigende Resultate.

12 – 18 Jahre

Die oben beschriebenen Vorkehrungen für jüngere Kinder gelten auch für die Jugendlichen von 12 – 18 Jahren. Doch lässt sich in dieser Altersgruppe auch eine größere Selbständigkeit auf dem Gebiet der Hilfeleistung beobachten.

Erwähnenswert ist das Kindertelefon, ein telefonischer Hilfsdienst für Kinder von 10 – 12 Jahren. Natürlich wird manchmal auch nur zum Spaß angerufen, aber in den meisten Fällen sind die Telefonate ernst gemeint. Es werden viele Fragen zum Körper und zur Sexualität gestellt, zur Liebe und zum "Geärgertwerden". Ein Anruf beim Kindertelefon ist oft das erste Mal, dass ein Kind sich zu Kindesmisshandlung oder Inzest äußert. Anonym darüber zu sprechen ermöglicht es, das Problem an anderer Stelle zur Diskussion zu bringen. Denn ein Kind kostet es viel Überwindung, gegenüber Fremden den Vater oder ein anderes Familienmitglied anzuklagen. Eine weitere Möglichkeit für Jugendliche, Probleme in der Familie zu lösen, bieten die Jugendberatungszentren, JACs genannt. Diese Beratungsstellen sind für alle Jugendlichen unkompliziert und kostenlos zugänglich, sie bieten Hilfe und Information. Viele Ausreißer kommen zu JAC, wenn sie nicht mehr weiter wissen. Das Vertrauen, das JAC bei den Jugendlichen genießt, hat den Beratungsstellen den Ruf eingebracht, "gegen die Eltern" zu sein. Es bleibt jedoch auch weiterhin wichtig, dass es Einrichtungen gibt, die das Vertrauen der Jugendlichen haben. Die JACs nehmen nur Kontakt mit den Eltern auf, wenn der Jugendliche damit einverstanden ist.

Darüber hinaus gibt es die "Beratungsstellen für Jugend und Familie", die dem einzelnen Jugendlichen allein oder zusammen mit den Eltern sozialpädagogische Hilfe anbieten.

Älter als 18 Jahre

Hilfsorganisationen für Jugendliche sind eigentlich für die in juristischem Sinne Volljährigen nicht mehr zuständig. Wer jedoch als Minderjähriger mit einem Hilfeprozess angefangen hat, erhält immer Gelegenheit, dieses zu beenden. Und wer von einem Jugendrichter gegen seinen Willen in ein Internat gesteckt wurde, der hat das Recht, dort auf freiwilliger Basis länger zu bleiben. Auch die JACs stehen den jungen Erwachsenen weiterhin offen.

In den Niederlanden ist das Drogenproblem ein Problem der jungen Erwachsenen und nicht der jüngeren Altersstufe. Trotzdem gibt es auch eine beschränkte Anzahl sehr junger Drogenabhängiger, und der Grund, warum jemand keinen Widerstand gegen Drogen entwickeln kann, ist sicherlich in dessen Jugend zu finden.

Die Politik der niederländischen Behörden gegenüber Drogenabhängigen zeichnet sich durch Sachlichkeit aus, nicht durch Toleranz oder eine Hexenjagd. Die Behörde betont den sozial-medizinischen Aspekt im Umgang mit den Abhängigen und den strafrechtlichen im Umgang mit dem Drogenhändler. Dies geschieht in der Hoffnung, dem Problem von zwei Seiten zu begegnen. Der sachliche Umgang äußert sich auch darin, dass man saubere Spritzen zur Verfügung stellt; damit will man verhindern, dass sich das gefürchtete Aids-Virus in dieser Risikogruppe weiter verbreitet.

Daneben konzentriert man sich darauf, die nicht abhängigen Jugendlichen über die Gefahren des Drogenkonsums aufzuklären. Alles in allem ist die Drogenpolitik insofern sinnvoll, als dass die Anzahl Drogenabhängiger einigermaßen zurückgegangen ist. Die Niederlande – das zeigt die Realität – sind kein Drogenparadies, nicht für niederländische Abhängige und schon gar nicht für Abhängige aus dem Ausland.

Arbeit und Einkommen

In unserer westlichen Gesellschaft ist die Arbeit einer der wichtigsten Maßstäbe für eine erfolgreiche Sozialisation. Es scheint, als ob der Prozess des Heranwachsens vollendet ist, wenn der Jugendliche eine Arbeitsstelle gefunden hat. Aus diesem Grund ist die Jugendarbeitslosigkeit ein sehr ernstes Problem, da so dem Jugendlichen die Chance, vollwertig in der Gesellschaft zu funktionieren, genommen wird. Man kann sagen: Je höher die Ausbildung, desto kleiner die Gefahr der Arbeitslosigkeit! Doch davon hat ein Jugendlicher wenig, der frühzeitig die Schule verlassen hat, sei es aus Desinteresse, aus Frustration, oder weil es bei ihm zu Hause keine Lerntradition gab, weil in der Schule die Eigenart dieses Schülers ignoriert wurde oder aus Enttäuschung, weil sie oder er für einen Zweig ausgebildet wurde, der durch Automatisierung verschwunden ist.

Die Altersgruppen von 0 – 4 Jahren und von 4 – 12 Jahren können ausgelassen werden, da Kinderarbeit in den Niederlanden glücklicherweise nicht vorkommt.

12 – 18 Jahre

Immer weniger Jugendliche dieses Alters arbeiten schon. Das Ausbildungsniveau steigt langsam, da immer mehr Jugendliche länger in der Schule bleiben oder eine aufbauende Ausbildung beginnen. Aber immer noch zu viele Jugendliche haben Schwierigkeiten mit dem Unterricht. Es fängt mit dem gelegentlichen Schwänzen an, danach wird systematisch geschwänzt, gefolgt vom definitiven Verlassen der Schule. Versuche, die Jugendlichen wieder zum Schulbesuch zu bewegen, spielen eine wichtige Rolle im Kampf gegen Jugendarbeitslosigkeit: Weggehen ist einfacher als zurückkommen.

In der Altersgruppe unter 18 Jahren arbeiten 55.000 Jugendliche, 20.000 sind ohne Arbeit. Das ist eine ziemlich begrenzte Zahl, die glücklicherweise seit dem Höhepunkt im Jahre 1984 langsam abnimmt. Das liegt zum Teil an der wirtschaftlichen Besserung, aber auch daran, dass die Jugendlichen etwas länger in der Ausbildung bleiben. Die Stellung der jüngeren Jugendlichen ohne Arbeit ist etwas besser als die der älteren. Die unter 18-Jährigen kommen frisch von der Schule und haben noch keine jahrelange Arbeitslosigkeit hinter sich. Außerdem sind sie für Arbeitgeber günstiger zu beschäftigen: Der gesetzlich geregelte Mindestlohn von 16- bis 18-Jährigen ist wesentlich niedriger als der von einem 23-Jährigen, dem der Mindestlohn für Erwachsene gezahlt werden muss.

Man erwartet, dass die Jugendarbeitslosigkeit als Folge demographischer Entwicklungen noch weiter zurückgehen, dass sie in bestimmten Gruppen allerdings fortbestehen wird:

- für Jugendliche mit einer (zu) niedrigen Ausbildung,
- für Jugendliche, die aus ethnischen Minderheiten stammen,
- für Mädchen,
- für Jugendliche aus bestimmten Bezirken (die alten, verarmten Bezirke der großen Städte) und bestimmten Regionen (besonders im Norden des Landes).

Bestimmte Berufsausbildungen geben den Jugendlichen mehr Chancen als andere:

- starke Ausbildungen: technische, wirtschaftlich-administrative
- schwache Ausbildungen: hauswirtschaftliche/pflegende, im Bereich des Sozialwesens, Kunstausbildungen.

Für alle Jugendlichen unter 21 Jahren wird ein neuer Plan eingeführt: der "Jugendarbeitsgarantieplan". Er hat das Ziel, dass allen Jugendlichen unter 21 Jahren, die länger als ein halbes Jahr arbeitslos sind, eine Tätigkeit in kollektiven Bereichen angeboten wird, was von den Gemeinden organisiert werden muss. Zu diesem Plan gehören Begleitung und Ausbildung. Jugendliche, die zu Hause wohnen, müssen wöchentlich 19 Stunden arbeiten; Jugendliche, die selbständig leben, 32 Stunden – ein Unterschied, der mit der Höhe des Arbeitslosengeldes der beiden Gruppen zusammenhängt. Es ist ein ehrgeiziger Plan, aber die Erfahrungen aus der Probezeit sind nicht negativ. Zudem wurde ein ähnliches Projekt auch in Schweden und Dänemark umgesetzt. Jugendliche, die arbeiten gehen, haben ein Recht auf den Mindestlohn für Jugendliche. Wer 23 Jahre alt ist, bekommt einen Mindestlohn für Erwachsene, von dem jedes Jahr ein bestimmter Prozentanteil abgezogen wird, so dass ein 16-Jähriger ungefähr 40 % dieses Betrags erhält. 15-Jährige dürfen überhaupt noch nicht arbeiten. Außerdem besteht ein Arbeitsverbot für noch Lehrpflichtige in dem Sinne, dass die Betroffenen zwei Tage zur Schule gehen müssen und drei Tage arbeiten dürfen.

Für die Jugendlichen unter 18 Jahren gibt es auch noch verschiedene Schutzmaßnahmen: So ist die Nachtarbeit verboten, die Arbeit an Sonn- und Feiertagen nur beschränkt erlaubt, das Hantieren mit gefährlichen Maschinen und Stoffen ebenfalls untersagt.

Älter als 18 Jahre

Alle speziellen Arbeitsmaßnahmen für Jüngere gelten nicht mehr ab 18 Jahren, vielmehr unterliegen Jugendliche dieses Alters denselben Bestimmungen wie alle anderen Arbeitnehmer. Ab 23 Jahren hat man ein Recht auf den vollständigen Mindestlohn.

Das Problem der Arbeitslosigkeit unter den Jungerwachsenen betrifft besonders diejenigen, die älter als 22 Jahre sind. Das ist die Gruppe, die auf dem Höhepunkt der Wirtschaftskrise arbeitslos geworden ist, aber nicht von der wirtschaftlichen Belebung profitieren konnte.

Rechtsposition

Kinder haben auch Rechte, obwohl manche Leute sich das nur schlecht vorstellen können, doch die rechtliche Stellung von Kindern ist nicht stark. Trotz der Einführung vieler Gesetze im letzten Jahrzehnt, die die Rechtsposition verstärkt haben, bleiben die Verbesserungen beschränkt. Auch die richterliche Gewalt, die die Aufgabe hat, die Gesetze anzuwenden und zu interpretieren, hat in verschiedenen Urteilssprüchen (Festnahme, Urteilsvollstreckung) allgemeine Aussprachen gemacht, die eine Bekräftigung der Rechtsstellung des Jugendlichen beinhalten. Es ist auffallend, dass sich das Familienrecht vor allem durch das In-Kraft-Treten des Europäischen Vertrags der Rechte des Menschen (Rom 1950) entwickelt hat. Besonders das darin aufgenommene "Recht auf Familienleben" hatte einen großen Einfluss. Dieser Begriff wurde von der niederländischen Gerichtsbarkeit sehr weitgehend ausgelegt. Die prinzipielle Gleichstellung von verheirateten und unverheirateten Paaren in Bezug auf ihre Kinder basiert auf diesem Begriff. Die Familiengesetzgebung kann nur mit Mühe der Rechtsprechung folgen.

Die Volljährigkeit ist die Basis der Rechtsstellung von Kindern. Seit dem 1. Januar 1988 ist das Alter für die Volljährigkeit von 21 Jahren auf 18 Jahre heruntergesetzt worden. Von einem europäischen Standpunkt aus gesehen ist das ziemlich spät. Die Unterhaltspflicht der Eltern für ihre Kinder bleibt bis zum 21. Lebensjahr bestehen.

Die Minderjährigkeit bedeutet, dass die Kinder unter elterlicher Macht stehen, dass sie im juristischen Sinne handlungsunfähig sind. Die elterliche Macht liegt nach niederländischer Gesetzgebung in der Hand beider Elternteile, die offiziell verheiratet sind. Handelt es sich um ein Elternteil, dann wird die Macht über das Kind als Vormundschaft bezeichnet und zum Wohl des Kindes ein "Gegenvormund" benannt. Seit 1984 (aufgrund einer Aussprache des höchsten niederländischen Richterkollegiums, dem Hohen Rat) dürfen auch unverheiratete Paare die gemeinsame elterliche Macht ausüben: Das gilt nicht nur für offiziell geschiedene Eltern, sondern auch für solche, die vor der Trennung ohne Trauschein zusammengelebt haben – vorausgesetzt, die Partner sind bereit, ihre Kinder gemeinsam zu erziehen. In einem solchen Fall spricht man von Co-Eltern.

Minderjährigkeit bedeutet auch, dass Kinder keine gültigen juristischen Handlungen ausführen können. Da aber – würde man dies in absoluter Konsequenz verwirklichen wollen – niemand unter 18 Jahren z. B. rechtskräftig einkaufen gehen könnte, gilt die Regel, dass ein Kind, das mit dem "Urteil des Unterschieds" und mit Zustimmung der Eltern handelt, doch rechtsgültige Handlungen verrichten kann. Diese Vorschrift läuft darauf hinaus, dass Kinder, ihrem Alter entsprechend, bestimmte Dinge selbst regeln können: 12-Jährige dürfen demnach also einkaufen gehen, 14-Jährige einen Kassettenrekorder kaufen, 17-Jährige ein Moped, aber 10-Jährige z. B. kein Auto. In der Praxis entstehen, was diese Vorschrift betrifft, kaum Probleme, zumal ein Geschäftsinhaber im Zweifelsfall immer die schriftliche Einwilligung der Eltern verlangen kann.

0 – 4 Jahre

Es gibt nur wenige Rechtsvorschriften, die sich speziell auf die jüngsten Kinder beziehen, z. B. gesetzliche Auflagen für Spielzeug, das für Kinder bis zu vier Jahren bestimmt ist: Der Gesetzgeber hat in diesem Punkt formuliert, dass beim Spiel mit solchen Gegenständen keine Verletzungsgefahr bestehen darf, bei der Herstellung keine gefährlichen Farbstoffe verwendet werden dürfen.

Kinder unter vier Jahren dürfen im Auto nur dann vorne sitzen, wenn sie in einem speziell geprüften Kindersitz Platz nehmen. Benutzen sie die öffentlichen Verkehrsmittel, werden sie gratis befördert. Sie müssen allerdings auf den Schoß des Erwachsenen, wenn kein Platz mehr frei ist.

4 – 12 Jahre

Mit fünf Jahren beginnt die Lernpflicht, die länger als zehn Jahre dauert. Bis zu zwei Kinder unter zehn Jahren dürfen von einer Person, die 18 Jahre oder älter ist, auf einem Fahrrad mitgenommen werden.

Ab dem 12. Lebensjahr ändern sich viele Vorschriften: Ein Kind ab zwölf muss vor Gericht angehört werden, z. B. in familienrechtlichen Angelegenheiten wie Ehescheidung, Änderung der Vormundschaft, Namensänderung oder Adoption. Das ist eine wichtige Anerkennung der Stellung von Kindern: Auch wenn die geäußerte Meinung nicht verbindlich ist, behandeln die Richter die formulierten Interessen des Kindes doch mit aller Ernsthaftigkeit und Respekt. Dabei wird z. B. nicht vergessen, dass es für ein Kind fast unmöglich ist, gegenüber dem Gericht zu entscheiden, ob es nach einer Scheidung lieber bei der Mutter oder beim Vater wohnen will.

Auch Kinder unter zwölf Jahren haben die Möglichkeit, sich zu Wort zu melden, es existiert jedoch keine Vorschrift, diese jungen Kinder vorzuladen.

Kinder unter zwölf sind strafrechtlich nicht haftbar: Sie können nicht gerichtlich belangt werden, wenn sie etwas getan haben, was strafbar ist.

12 – 18 Jahre

Jugendliche zwischen 12 und 18 Jahren, die straffällig geworden sind, müssen vor dem Kinderrichter erscheinen. Es gibt ein spezielles Kinderstrafrecht, das für die 12- bis 18-Jährigen angewendet wird. Das Kinderstrafrecht unterscheidet sich in einer Anzahl Verfahrensvorschriften (z. B. hinter geschlossenen Türen) und in der Art der Strafen, die verhängt werden können (z. B. maximal sechs Monate Zuchthaus, Aufnahme in eine Anstalt, ein Verweis oder eine alternative Strafe wie die Teilnahme an einem Arbeits- oder Lernprojekt). Jährlich geraten ungefähr 50.000 Jugendliche mit dem Gesetz in Konflikt.

Wer ins Kino gehen will, trifft drei Klassifikationen für den Eintritt an: "für alle Altersgruppen", "für 12 Jahre und älter" sowie "für 16 Jahre und älter".

Im Verkehr darf ein 16-Jähriger ein Moped fahren, für das kein Führerschein nötig ist, ein 18-Jähriger darf Auto fahren (Führerschein erforderlich).

Mit 16 Jahren kann man Mitglied einer Rundfunk- oder Fernsehstation werden (die Niederlande haben ein Rundfunk- und Fernsehsystem, in dem der größte Anteil der Sendezeit für Radio und TV auf die Organisationen mit den meisten Mitgliedern entfällt).

Mit 16 Jahren kann man ein rechtskräftiges Testament aufsetzen. Auch darf man in diesem Alter heiraten, wenn das Mädchen schwanger ist. Liegt keine Schwangerschaft vor, ist die Heirat erst erlaubt, wenn beide 18 Jahre alt sind.

Älter als 18 Jahre

Wer 18 Jahre wird, ist volljährig. Das bedeutet nach dem Prinzip juristischer Selbständigkeit: Man braucht keine Einwilligung der Eltern mehr. Die Eltern sind verpflichtet, für den Lebensunterhalt ihres volljährigen Kindes zu sorgen, bis es 21 Jahre alt ist. Auch anfallende Studienkosten müssen die Eltern tragen. Das hört sich einfacher an, als es in Wirklichkeit ist.

Wer 18 Jahre wird und noch zur Schule geht, hat, wie schon erwähnt, Recht auf eine staatliche Unterstützung. Diese Basisunterstützung (600 Gulden pro Monat, wenn der Jugendliche nicht mehr, 260 Gulden pro Monat, wenn er noch zu Hause wohnt) ist zum Leben zu wenig, deshalb wird von den Eltern erwartet, den Betrag aufzustocken. Ist dafür aber das Einkommen zu gering, besteht, wie schon beschrieben, die Möglichkeit weiterer staatlicher Unterstützung, teils gratis, teils als Darlehen. Dieses Studienfinanzierungssystem gilt für alle Studenten über 18 Jahre. Für Studenten bis 21 Jahre sind die Eltern aufgrund des Unterhaltsgesetzes verpflichtet, zuzuzahlen. Ist der Student älter, bestehen diese Ansprüche nicht mehr. Trotzdem unterstützen die meisten Eltern ihre Kinder auch weiterhin, um ihnen das Studium zu ermöglichen.

Wer ab seinem 18. Lebensjahr arbeitslos wird, hat Recht auf eine Arbeitslosenunterstützung; wer jünger als 18 ist und noch keine Arbeit finden kann, erhält selbst kein Arbeitslosengeld, aber die Eltern können auch für ein arbeitsloses Kind Kindergeld beantragen. Die Höhe des Betrags ist abhängig vom Alter, das Arbeitslosengeld ist ein Prozentsatz des Mindestlohns für Jugendliche. Die Regelung gestaltet sich ein wenig kompliziert, wie das folgende Beispiel zeigt: Ein 21-Jähriger, der juristisch, aber nicht wirtschaftlich selbständig ist, müsste ein Erwachsenen-Arbeitslosengeld erhalten. Dies ist jedoch auch abhängig vom Mindestlohn für Jugendliche (eine Regelung, die bis zum 23. Lebensjahr gilt). Diese Überschneidungen machen die Arbeitslosengeld-Regelung für die Gruppe der 18- bis 21-Jährigen bzw. für die der 21- bis 23-Jährigen verworren, zumal die Höhe der Zahlungen auch noch von anderen Faktoren abhängig ist, wie z. B., ob jemand zu Hause oder selbständig wohnt, allein oder mit einem Partner. Auch die Anzahl der Jahre, die man schon gearbeitet hat, ist entscheidend. Es zeigt sich: Die Niederlande haben zwar ein sehr fortschrittliches System der sozialen Sicherheit, gleichzeitig aber auch ein besonders komplexes.

Grundsätzlich gilt: Jeder, der nicht arbeiten kann (arbeitsunfähig ist), der keine Arbeit findet (arbeitslos ist), der für Kinder sorgen muss (z. B. ein allein stehendes Elternteil) oder pensioniert ist, hat in den Niederlanden ein Anrecht auf ein Mindesteinkommen.

Europäischer Jugendmedienschutz – sinnvoll, aber wie?

Frithjof Berger

Jugendmedienschutz als Gegenstand europäischer Politik und Rechtsetzung – Voraussetzungen, Chancen und Grenzen[1]

I. Jugendschutz in den Medien als europäisches Politikziel

Jugendmedienschutz ist als grundsätzliches politisches Ziel auf der Ebene der Rechtsetzung in Europa seit Ende der achtziger Jahre anerkannt: die entsprechenden Regelungen in der EG-Fernsehrichtlinie[2] und im Europäischen Übereinkommen über das grenzüberschreitende Fernsehen (i. F. kurz "Fernsehübereinkommen")[3], in ihrer Ursprungsfassung[4] beide im Jahre 1989 verabschiedet, belegen dies mit hinreichender Deutlichkeit.

Aufbauend auf diesen Regelungen, auf die noch näher einzugehen sein wird[5], hat es in der Folgezeit weitere regulative Ansätze gegeben: Das Ministerkomitee des Europarates hat eine Reihe von Empfehlungen verabschiedet, bei denen Fragen des Jugendschutzes eine tragende, wenn nicht die

---

[1] Die hier geäußerten Gedanken geben die rein persönliche Auffassung des Autors wieder.

[2] Richtlinie des Rates (89/552/EWG) zur Koordinierung bestimmter Rechts- und Verwaltungsvorschriften der Mitgliedstaaten über die Ausübung der Fernsehtätigkeit vom 3.10.1989; Amtsbl. EG 1989 Nr. L 298, S. 23 i.d.F. der Berichtigung. Amtsbl. EG 1989 Nr. L 331, S. 51; Text auch bei H. Höfling/B. Möwes/M. Pechstein: Europäisches Medienrecht (in Deutsch, Englisch und Französisch). 1991; grundlegend dazu vgl. J. Delbrück, ZUM 1989, S. 373 ff.; H. Goerlich/B. Möwes: Jura. 1991, S. 113, namentlich zum Jugendschutz J. Kreile, ZUM 1989, S. 407

[3] European Treaties Series Nr. 132, Text in Deutsch, Englisch und Französisch bei H. Höfling/B. Möwes/M. Pechstein: A. a. O. (Fußnote 2)

[4] Die EG-Fernsehrichtlinie ist geändert worden durch die Richtlinie 97/36/EG des Rates und des Europäischen Parlaments; Amtsbl. EG 1997, Nr. L 206, S. 60; zur Änderung des Fernsehübereinkommens und damit gleichzeitiger (Wieder-) Anpassung an die geänderte Richtlinie wurde vom Ministerkomitee des Europarates am 9. September 1998 ein Änderungsprotokoll zur Annahme durch die Vertragsparteien aufgelegt, das voraussichtlich im Oktober 2000 in Kraft tritt; zur Änderungsrichtlinie vgl. allg. A. Forrest: Rev. du Marché commune et de l'Union européenne. Nov. 1997, S. 595; M. Knothe/H. Bashayan: AfP 1997, S. 849; M. Schmitt-Vockenhausen, ZUM 1998, S. 337; speziell zum Jugendschutz in der Revision A. Bundschuh, in: tv diskurs 3/Dezember 1997, S. 5 ff. sowie das Gespräch mit dem Verfasser, in: tv diskurs 2/August 1997, S. 3 ff.

[5] Vgl. dazu unten bei IV

überwiegende Rolle spielten[6]; im Rahmen der Revision der EG-Fernsehrichtlinie im Jahre 1997 wurde nach eingehenden Diskussionen, nicht zuletzt über die verbindliche Einführung des so genannten V-Chip in Europa nach dem Vorbild der USA, der Jugendschutzansatz in der Richtlinie deutlich verstärkt[7], im Jahre 1998 schließlich hat der Ministerrat der Europäischen Gemeinschaft die "Empfehlung des Rates zur Steigerung der Wettbewerbsfähigkeit des europäischen Industriezweiges der audiovisuellen Dienste und Informationsdienste durch die Förderung nationaler Rahmenbedingungen in Bezug auf den Jugendschutz und den Schutz der Menschenwürde"[8] verabschiedet.

Insgesamt lässt sich daher ein breiter Grundkonsens in Europa darüber feststellen, dass in Regelwerken zum Europäischen Medienrecht und in politischen Instrumenten wie den bereits angesprochenen Empfehlungen dem Jugendschutzgedanken eine besondere Rolle zukommt.

II. Motive für die Aufnahme des Jugendschutzes in die europäischen Agenden

Diese besondere Rolle des Jugendschutzes im europäischen Fernsehrecht ist Ausdruck der Erkenntnis, dass die grenzüberschreitende Verbreitung von Medien, namentlich von Fernsehprogrammen, für viele Staaten in Europa auf Dauer politisch nur akzeptabel erschien, wenn die politische und dem folgend auch rechtliche Anerkennung des Jugendschutzgedankens in seiner grenzüberschreitenden Bedeutung die Basis für einen gemeinsamen Kampf gegen jugendgefährdende Medieninhalte legte. Solange die einzelnen Staaten damit rechnen mussten, dass bei einer freien, grenzüberschreitenden Verbreitung von Fernsehsendungen die nationalen Jugendschutzstandards

---

[6] Zu nennen sind hier namentlich die Empfehlung betr. den Vertrieb von Videofilmen mit gewalttätigem, brutalem oder pornographischem Inhalt (Recom. No. R (89) 7), zu Videospielen mit rassistischem Inhalt (Recom. No. R (92) 19), zur Darstellung von Gewalt in den elektronischen Medien (Recom. No. R (97) 19), zur Hassrede (Recom. No. R (97) 20) und zu Medien und der Verbreitung einer Kultur der Toleranz (Recom. No. R (97) 21)

[7] Vgl. dazu unten bei VI

[8] Amtsbl. EG 1998, Nr. L 270, S. 48

durch eine "Einstrahlung von außen" hätten obsolet werden können, war an die weitere rechtliche Verfestigung des "free flow of information"[9] durch die geplanten Rechtsinstrumente Fernsehrichtlinie und Fernsehübereinkommen nur schwer zu denken. In beide Regelwerkewurden daher Jugendschutzbestimmungen aufgenommen.

Einen davon abweichenden Ansatz hat die bereits angesprochene Empfehlung des Rates zum Jugendschutz und zum Schutz der Menschenwürde in den audiovisuellen Diensten und Informationsdiensten[10] in die Debatte aufgenommen: Effektiver Jugendschutz in den so genannten Neuen Diensten wird nun auch begriffen als Voraussetzung für ein Vertrauen der Nutzer in diese Dienste, das seinerseits Vorbedingung für deren schnelle und weite Verbreitung ist.

Der Ansatz ist angesichts der Debatte über die Verbreitung insbesondere kinderpornographischer Darstellungen im Internet in der zweiten Hälfte der neunziger Jahre durchaus verständlich. Er macht allerdings auch einen gewissen Wechsel der Zielrichtung der europäischen Jugendmedienschutz-Politik deutlich: ging es Ende der achtziger Jahre primär darum, die Akzeptanz der nationalen Regierungen und Parlamente und indirekt deren Wählerschaft für eine europäische Regelung dadurch zu gewinnen, dass Ängsten gegen einen Abbau nationaler Schutzsysteme begegnet wurde, tritt nun als zumindest gleichberechtigtes Motiv die Förderung der Akzeptanz des Mediums selbst hinzu.

III. Europäische Jugendmedienschutzpolitik und empirische Sozialforschung

Vergegenwärtigt man sich die politischen Bemühungen in der zweiten Hälfte der achtziger Jahre, ein europaweites Rechtsregime als Basis für eine grenzüberschreitende Verbreitung von Fernsehprogrammen zu schaffen, so stellt sich unweigerlich die Frage, von welchem Schutzverständnis die damals Verantwortlichen ausgegangen sind.

---

[9] Diese war in Europa an sich bereits durch Art. 10 der Europäischen Konvention zum Schutze der Menschenrechte und Grundfreiheiten vorgegeben.

[10] Siehe Fußnote 8

Rückblickend wird man den Autoren von Fernsehrichtlinie und Fernsehübereinkommen kaum die Stützung einer der Theorien der Medienwirkungsforschung[11] unterstellen können. Jugendschutz wurde in dieser frühen Phase der Entwicklung einer europäischen Medienpolitik als ein aus der nationalen Gesetzgebung bekanntes politisches Grundanliegen der Medienpolitik begriffen, das es auf der europäischen Ebene zu verankern galt. Der Fortbestand nationaler Standards, die Absicherung nationaler Regelungen gegen eine einebnende, deregulierende Funktion europäischer Normen stand im Vordergrund. Dabei kann auch nicht übersehen werden, dass die fernsehrechtlichen Regelwerke, die Ende der achtziger Jahre entworfen wurden, eine Vielzahl unterschiedlicher Regelungskomplexe abdecken sollten: der Schutz von Programmquoten stand ebenso zur Debatte wie die Harmonisierung grundlegender Standards des Werberechts. Die Jugendschutzregelungen in Richtlinie und Übereinkommen wurden nach dem Vorbild nationaler Regelungen entworfen[12], ohne dass eine eingehendere sozialwissenschaftliche Debatte des Entwurfs der Regelung vorausging.

Eine eingehendere Auseinandersetzung mit den sozialwissenschaftlichen Theorien zur Medienwirkungslehre wurde erst möglich im Rahmen einer vertieften Debatte einzelner Problemfelder durch fachspezifische Expertengruppen. Insbesondere lässt sich dies sagen für die Erörterungen der Expertengruppe im Europarat, die für den Lenkungsausschuss "Massenmedienpolitik" den Entwurf der Empfehlung zur Darstellung von Gewalt in den elek-tronischen Medien[13] erarbeitet hat. Diese Arbeitsgruppe hat in ihrer mehr als zweijährigen Tätigkeit z. T. sehr eingehend über die Ergebnisse der Medienwirkungsforschung diskutiert, sich letztendlich aber auf keine der derzeit in der Wissenschaft erörterten Theorie festlegen lassen. Grundkonsens

[11] Auf die einzelnen Theorien einzugehen, ist hier weder Anlass noch Raum; vgl. etwa den Überblick bei H. Selg, in: tv diskurs 2/August 1997, S. 50 ff. mit weiteren Nachweisen sowie das Gespräch mit H. Selg in: tv diskurs 6/Oktober 1998, S. 36 ff. und die Übersicht bei O. Selg, ebenda, S. 48 ff.; jüngst noch B. Freitag/E. Zeitter, in: tv diskurs 9/Juli 1999, S. 18 ff. zur so genannten Katharsis-These.

[12] So weisen z. B. H. Höfling/B. Möwes/M. Pechstein: A. a. O. (Fußnote 2), S. 76, darauf hin, die Jugendschutzregelungen in Art. 22 der Richtlinie und in Art. 7 des Übereinkommens seien weitgehend den damals geltenden Regelungen des Rundfunk-Staatsvertrags in Deutschland nachempfunden.

[13] Siehe Fußnote 6; der Lenkungsausschuss für Massenmedienpolitik des Europarates hatte diese Arbeitsgemeinschaft nach der 4. Medienministerkonferenz in Prag eingesetzt.

der Beteiligten war vielmehr, Gewaltdarstellungen auf dem Bildschirm als "potentiell jugendgefährdend" einzustufen und den eigenen Entwürfen sozusagen den Gedanken eines "Gefährdungsdeliktes" zugrunde zu legen.

IV. Gegenstände der Jugendschutz-Rechtsetzung

Sozusagen prototypisch für die Art der Rechtsetzung war Artikel 22 Abs.1 Satz 1 der Fernsehrichtlinie in ihrer ursprünglichen Fassung: "Die Mitgliedstaaten ergreifen angemessene Maßnahmen, um zu gewährleisten, dass Sendungen von Fernsehveranstaltern (...) keine Programme enthalten, die die körperliche, geistige und sittliche Entwicklung von Minderjährigen schwer beeinträchtigen können, insbesondere die Pornographie oder grundlose Gewalt zeigen." Im Kern enthält Artikel 7 des Fernsehübereinkommens eine vergleichbare Regelung, auch wenn die Norm rechtstechnisch anders gestaltet ist. Ferner werden in Artikel 22 Fernsehrichtlinie und Artikel 7 Fernsehübereinkommen auch die überkommenen Instrumentarien des Jugendschutzes auf nationaler Ebene (Sendezeitbeschränkungen, Verschlüsselung) angesprochen. Neben den jugendgefährdenden Inhalten "Gewaltdarstellungen" und "Pornographie" ist das Aufstacheln zu Hass aufgrund von Rasse, Geschlecht, Religion und Nationalität angesprochen.

Daneben enthalten beide Rechtsinstrumente aber auch spezielle Regeln für die Werbung, die sich an Kinder richtet. So sieht Artikel 11 Abs. 3 des Übereinkommens eher lapidar vor: "Werbung, die sich an Kinder richtet oder Kinder einsetzt, muss alles vermeiden, was deren Interessen schaden könnte, und muss deren besondere Beeindruckbarkeit berücksichtigen". Die Parallelregelung in Artikel 16 der Richtlinie ist insgesamt komplizierter gestaltet, ohne sich im Grundanliegen zu unterscheiden.

V. Die medienbezogenen Geltungsbereiche bestehender Regelungen

Die starke Betonung des Mediums "Fernsehen" in den bisherigen Ausführungen deutet bereits an, dass Jugendschutz als gemeineuropäisches Anliegen zwar grundsätzlich akzeptiert ist, dass sich die derzeitigen rechtsverbindlichen Regelwerke aber nur auf einzelne Medien beschränken.

Rechtsverbindliche Regelungen für den Jugendschutz kennen nur die zuvor angesprochene Fernsehrichtlinie und das Fernsehübereinkommen[14]. Die Richtlinie bindet als verbindliches Gemeinschaftsrecht alle Mitgliedstaaten der Europäischen Gemeinschaft, das Übereinkommen nur die Mitgliedstaaten des Europarates, die ihm ausdrücklich beigetreten sind.

Im Rahmen der Revision der Fernsehrichtlinie und des Fernsehübereinkommens ist eingehend über eine Ausdehnung des Anwendungsbereichs beider Rechtsinstrumente debattiert worden. Dies hätte die vorhandenen Regelungen des europäischen Jugendschutzes auf Bereiche außerhalb des traditionellen Fernsehens ausgedehnt[15]. Aus übergeordneten Erwägungen ist eine Erweiterung des Anwendungsbereichs in beiden Rechtsinstrumenten allerdings abgelehnt worden. Für andere Bereiche gibt es weder im Gemeinschaftsrecht noch im Rahmen der multilateralen Rechtsetzung des Europarates verbindliche Regelungen, einzig die Empfehlungen des Europarates greifen das Jugendschutzthema in anderen Medien auf, namentlich für den grenzüberschreitenden Vertrieb von Videofilmen und Videospielen[16]. Erst in der zweiten Hälfte der neunziger Jahre sind hier eine Reihe von Empfehlungen erarbeitet worden, die den Jugendschutz als ein für alle Medien relevantes "Querschnittsthema" aufgreifen: Zu nennen ist hier namentlich die Empfehlung zur "Darstellung von Gewalt"[17], aber auch die Empfehlungen zur "Hassrede"[18] und zur "Kultur der Toleranz"[19] in den Medien[20]. Aus-

[14] Die oben bereits angesprochenen Empfehlungen des Europarates entfalten keine Rechtsverbindlichkeit im Sinne einer strikten Pflicht zur Umsetzung ins nationale Recht, sie schaffen auch keine Berufungsmöglichkeiten für den Einzelnen; sie führen jedoch zu einer politischen Bindung der Mitgliedstaaten des Europarates, die angesichts der regelmäßig einstimmigen Verabschiedung nicht unterschätzt werden sollte.

[15] Vgl. dazu, namentlich zu den anfänglichen Forderungen des Europäischen Parlaments: epd-medien 12/96, S. 26

[16] Vgl. dazu die Empfehlung No. R (89) 7 und die Empfehlung No. R (92) 19 –. (Fußnote 6)

[17] Empfehlung No. R (97) 19

[18] Empfehlung No. R (97) 20

[19] Empfehlung No. R (97) 21

[20] Dabei darf nicht übersehen werden, dass diese Empfehlungen nicht allein auf den Jugendschutz abzielen – sie sprechen vielmehr Fragen von gesamtgesellschaftlichem Interesse an, die im Bereich des Jugendschutzes allerdings von besonderer Virulenz sind.

drückliches Ziel dieser Empfehlungen des Europarates war es, den bisherigen "Flickenteppich" von medienspezifischen Aussagen durch allgemeinere Standards zu ersetzen.

War das Instrument der Empfehlung über längere Zeit politisches Instrument der Wahl im Europarat, so hat in jüngster Zeit auch die Europäische Gemeinschaft dieses Mittel aufgegriffen. Angestoßen durch das Grünbuch der EU-Kommission zum "Jugendschutz und Schutz der Menschenwürde in den audiovisuellen Diensten und den Informationsdiensten" vom 16. Oktober 1996 hat der Rat am 24. September 1998 mit seiner Empfehlung an die Mitgliedstaaten und an die Unternehmen und anderen Beteiligten ein politisches Signal zu mehr Jugendschutz in den Neuen Diensten namentlich auf der Basis von Selbstregulierungsmechanismen gesetzt.

Diese Empfehlung versuchte die Lücke im Jugendschutz auf der Ebene der Europäischen Gemeinschaft zu schließen, die dadurch offensichtlich geworden war, dass man bei der Revision der Fernsehrichtlinie bewusst auf eine Ausdehnung des Anwendungsbereichs in den Bereich der Neuen Dienste verzichtet hatte. Absichtlich breit angelegt betrifft die Empfehlung daher die "audiovisuellen Dienste und die Informationsdienste", unabhängig von der Übertragungsart.[21]

VI. Die Debatte über verstärkten Jugendmedienschutz im Rahmen der Revisionsdebatten gegen Ende der neunziger Jahre

In der zweiten Hälfte der neunziger Jahre hat die Debatte über eine Weiterentwicklung des Jugendmedienschutzes wesentliche neue Impulse erhalten. Im Europarat wurden nach der Medienministerkonferenz in Prag die bereits mehrfach angesprochenen Empfehlungen[22] nach längeren Vorarbeiten 1997 verabschiedet.

Besonderes Gewicht für die weitere Debatte bekamen jedoch die Verhandlungen zur Revision der EG-Fernsehrichtlinie. Im Zuge dieser Verhandlungen wurde – insbesondere angestoßen durch Forderungen aus dem Europäischen Parlament – zum Teil mit Leidenschaft die Frage diskutiert, ob die

[21] So ausdrücklich im dritten Erwägungsgrund

[22] Vgl. Fußnote 6

Europäische Gemeinschaft dem Vorbild der Vereinigten Staaten von Amerika folgen und den so genannten V-Chip[23] als verbindliches Ausstattungsmerkmal für neue Fernsehapparate einführen solle. Nach schwierigen Debatten konnte das Parlament im Vermittlungsverfahren davon überzeugt werden, von diesem zweifellos "medienwirksamen"[24] Vorschlag Abstand zu nehmen, nachdem zuvor schon im Rat Konsens über die Ablehnung dieser Forderung erzielt worden war[25]. Die Reihe von Argumenten, die gegen die Einführung des V-Chip sprachen, behielten letztlich die Oberhand; sie können hier nur beispielhaft und kurz skizziert werden:

- Die Erfahrungen über den Austausch alter TV-Geräte gegen neue belegen, dass man mit einer Übergangszeit von acht bis zehn Jahren zu rechnen hat, in denen nicht mit einem solchen Chip ausgerüstete Geräte weiterhin genutzt werden.
- Sofern neue Geräte angeschafft werden, werden sie üblicherweise zunächst nicht im Kinderzimmer aufgestellt, dort werden oft sogar Altgeräte weiter genutzt.
- Gerade in der Übergangszeit hätte die Existenz des V-Chip die Veranstalter ermuntern können, in größerem Maße als bisher jugendgefährdende Sendungen zu verbreiten, da sie nun auf die technische Sperre und die Verantwortung der Eltern hätten verweisen können.

Immerhin führte die Debatte um die Einführung des V-Chip dazu, dass die Jugendschutzregelungen in der Richtlinie umformuliert, z. T. klarer gefasst wurden, dem Jugendschutz insgesamt größeres Gewicht zugemessen wurde[26]:

---

[23] In den Vereinigten Staaten war der "Violence-Chip", kurz V-Chip genannt, als Instrument des technischen Jugendmedienschutzes eingeführt worden.

[24] T. P. Gangloff sprach in tv diskurs 1/April 1997, S. 12 f. kritisch von einem "Spiegelgefecht für Wählerstimmen".

[25] In Deutschland hatten sich übereinstimmend u. a. der VPRT (vgl. epd-medien 81/96, S. 17 f.) wie die DLM (vgl. epd-medien 44/97, S. 26) gegen den V-Chip ausgesprochen.

[26] Vgl. dazu namentlich Bundschuh, A.: A. a. O. (Fußnote 4)

- Der bisherige Artikel 22 wurde in verschiedene Einzelregelungen aufgespalten und dabei die Pflicht zur Kennzeichnung von unverschlüsselten potentiell jugendgefährdenden Programmen eingefügt.
- Das Verbot von Sendungen, die zu Hass aufgrund von Rasse, Geschlecht, Religion oder Nationalität aufrufen, wurde in einen eigenen Artikel 22a übertragen.
- Der Europäischen Kommission wurden in dem neuen Artikel 22b spezielle Aufträge erteilt: zum einen soll dem Jugendschutz in den regelmäßigen Evaluierungsberichten der Richtlinie besonderes Augenmerk gewidmet werden, zum anderen wurde die Kommission beauftragt, eine Machbarkeitsstudie zur Einführung von technischen Systemen der elterlichen Kontrolle des Medienkonsums vorzulegen.

Diese Studie ist inzwischen fertig gestellt, und die Kommission hat jüngst in einer Mitteilung[27] an den Rat, das Parlament und den Wirtschafts- und Sozialausschuss ihre Schlussfolgerungen daraus gezogen. Sie laufen im Wesentlichen darauf hinaus, den technischen Jugendschutz künftig im Bereich der digitalen Verbreitung von Fernsehprogrammen zu nutzen und dabei im Schwerpunkt auf die Selbstregulierungsmechanismen der beteiligten Marktteilnehmer zu setzen. Eins der Ergebnisse der vom Oxford University Centre for Socio-legal Studies erarbeiteten Studie[28] war darüber hinaus die Feststellung, dass die Einführung des V-Chip nach amerikanischem Vorbild in Europa bereits auf technischer Ebene auf sehr große Hürden gestoßen wäre.

VII. Konsens im Prinzip – Unterschiede im Detail

Die bisherigen Aussagen könnten den Eindruck vermitteln, Europa hätte über die Einführung der zuvor genannten Regelwerke zumindest im Bereich des traditionellen Fernsehens einen gemeinsamen Standard für einen effek-

---

[27] KOM/99/371 FINAL vom 19. Juli 1999; abrufbar über die Internet-Seiten der EU-KOM zur audiovisuellen Politik

[28] Die sehr umfangreiche Studie ist – nur in Englisch – verfügbar im Internet: http://europa.eu.int/comm/dg10/avpolicy/key_doc/parental _control/index.html.

tiven europäischen Jugendschutz gefunden. Die genauere Betrachtung zeigt allerdings, dass dieser Eindruck täuscht.

Zwar erwecken die bereits angesprochenen Regelungen den Eindruck, man habe sich auf gemeinsame Standards geeinigt. Dass dies in Wahrheit nicht der Fall ist, erschließt sich dem Kenner der Materie zumindest in der Fernsehrichtlinie erst aus einigen für die Richtlinie untypischen Verfahrensregelungen. Gemeinhin setzt die Richtlinie Mindeststandards für in Europa verbreitete Fernsehsendungen, erlaubt es den Mitgliedstaaten der Gemeinschaft aber, für ihre "nationalen" Fernsehveranstalter strengere Vorschriften vorzusehen (z. B. in Deutschland: strenge Restriktionen für die Werbung in den öffentlich-rechtlichen Programmen). Die Einhaltung des von der Richtlinie vorgegebenen Mindeststandards hat allein der so genannte "Sendestaat" zu garantieren, das ist in der Regel der Staat, in dem der Veranstalter seinen Sitz hat. Eine Zweitkontrolle durch den "Empfangsstaat" kommt in diesem System, das auf dem allgemeinen gemeinschaftsrechtlichen so genannten "Ursprungslandprinzip" fußt, grundsätzlich nicht vor. Ebenso wenig wie deutsche Lebensmittelkontrolleure in den Niederlanden gemästete, dort geschlachtete und bereits lebensmittelrechtlich kontrollierte Schweine in Deutschland ein zweites Mal kontrollieren dürfen, können die deutschen Landesmedienanstalten kontrollieren, ob ein dänischer Sender, der in ein deutsches Kabel eingespeist wird, die Regelungen der Richtlinie erfüllt. Artikel 2 Abs. 2 der Ursprungsfassung der Fernsehrichtlinie[29] führte davon abweichend ein kompliziertes Verfahren für offensichtliche, schwerwiegende und wiederholte Verstöße gegen die Jugendschutzregelungen des Artikels 22 der Richtlinie ein: hier ist es unter bestimmten Voraussetzungen ausnahmsweise dem Empfangsstaat im Rahmen einer "Zweitkontrolle" gestattet, die Weiterverbreitung von jugendgefährdenden Sendungen auszusetzen. Im Ergebnis belegt die Existenz dieses nur schwer zu durchschauenden Verfahrens, dass eine Mindestharmonisierung im Bereich des Jugendschutzes durch die Fernsehrichtlinie gerade nicht gelungen ist.

Ein vergleichbares, tatbestandlich aber weiter gehendes Aussetzungsrecht des Empfangsstaats sieht das Fernsehübereinkommen vor. Es schränkt die Aussetzungsmöglichkeiten nicht allein auf die Verletzung der Jugendschutzregelungen in Artikel 7 des Übereinkommens ein, zählt diese Bestimmung

[29] In der 1997 geänderten Fassung ist die Regelung in Artikel 2a enthalten

aber ausdrücklich zu dem Katalog der Vorschriften, deren Verletzung schon kurze Zeit nach einer entsprechenden Demarche der empfangenden Vertragspartei an die sendende Vertragspartei eine Aussetzung der Weiterverbreitung rechtfertigt (nämlich nach zwei Wochen andauernder Verletzung, in der Mehrzahl der Fälle dagegen erst nach acht Monaten!).

Vergegenwärtigt man sich schließlich noch, dass trotz des parallelen Bestehens von Art. 22 der Richtlinie die Gewährleistung des Jugendschutzes in Artikel 7 des Übereinkommens einer der Gründe gewesen ist, die die Niederlande vom Beitritt zum Übereinkommen abgehalten haben, so wird der Dissens in Detailfragen im Jugendschutz in Europa bereits hinreichend deutlich.

Illustriert werden die Unterschiede aber auch durch die z. T. deutlich divergierende Jugendschutz-Freigabepraxis in den einzelnen europäischen Staaten. Vergleichende Übersichten belegen immer wieder, dass die Alterseinstufungen und Freigabeentscheidungen, bezogen auf denselben Film, in Europa sehr stark voneinander abweichen können[30]. Damit wird ein Haupthandicap im grenzüberschreitenden Jugendschutz in Europa begreifbar: Man mag zwar Konsens darüber herstellen, dass die Verbreitung von Pornographie jugendgefährdend sein kann (bzw. dass die Verbreitung bestimmter Formen von Pornographie jugendgefährdend ist) und dass sie deshalb unterbunden werden muss, die Auffassungen darüber, was Pornographie ist, weichen von einem europäischen Staat zum anderen allerdings deutlich voneinander ab[31].

Hinzu kommen auch offenkundige Unterschiede in der nationalen Schwerpunktsetzung: So treten etwa einige skandinavische Länder für ein liberaleres Regime zumindest in den "softeren" Bereichen der Pornographie ein[32],

---

[30] Vgl. die regelmäßigen Übersichten in tv diskurs, z. B.: tv diskurs 10/Oktober 1999, S. 4 f.

[31] Instruktiv insoweit etwa J. v. Gottberg in: tv diskurs 1/April 1997, S. 28 – 39, hier S. 31 f.: "Unter Pornographie verstehen etwa die Schweden etwas völlig anderes als die Deutschen oder die Engländer. Filme, die in der Bundesrepublik als eindeutig pornographisch bezeichnet werden, gelten in Schweden solange als Erotik-Programm, bis die dargestellten sexuellen Handlungen durch Druck oder Anwendung von Gewalt erzwungen werden."; vgl. auch zu den Problemen in der Praxis W. D. Ring, ZUM 1996, S. 448, 453 f. sowie F. Zirpins in: epd-medien 56/96, S. 6 ff.

[32] Mit Blick auf die dortigen liberalen Standards sendet z. B. der Pornosender Eurotica Rendez-Vous von Dänemark aus; vgl. St. Hofmeir in: tv diskurs 7/Januar 1999, S. 12 ff.; instruktiv zur Situation in Schweden siehe auch das Gespräch mit E. Wallander in: tv diskurs 6/Oktober 1998, S. 4 ff. ("Streng bei Gewalt, großzügig bei Sex")

gerade sie betonen dagegen im Unterschied zu vielen mitteleuropäischen Staaten[33] sehr viel stärker die Notwendigkeit von auf Jugendschutz abzielende Regelungen für die Werbung.

VIII. Europäischer Jugendschutz angesichts fortbestehender Unterschiede in den nationalen Regelungskulturen

Die gewachsenen Erfahrungen mit einer europäischen Medienpolitik über einen Zeitraum von eineinhalb Jahrzehnten begründen eine gewisse Skepsis gegenüber allzu einfachen Lösungen für den Jugendschutz auf europäischer Ebene.

Diese Skepsis wird nicht zuletzt genährt durch die Debatte über Regulierungsformen auf der Ebene der Gemeinschaft. Zwar hatte sich mit der Empfehlung zum Schutz der Jugend und der Menschenwürde in den audiovisuellen Diensten und in den Informationsdiensten ein gewisser Politikwandel hin zu einer größeren Offenheit des Gemeinschaftsrechts gegenüber Selbstregulierungsmechanismen[34] angedeutet. Zudem belegen die jüngsten Aussagen der Europäischen Kommission in ihrer Mitteilung nach Artikel 26b der Fernsehrichtlinie, dass die Kommission derzeit verstärkt auf das Instrumentarium der Selbstregulierung setzt.

Die Debatte über die Selbstregulierung im Medienbereich auf europäischer Ebene als allgemeines Instrument der Medienpolitik im ersten Halbjahr 1999 unter deutschem Ratsvorsitz hat allerdings deutlich gemacht, dass auch die Regelungskulturen gerade im Jugendschutz in den verschiedenen Staaten in Europa noch deutlich differieren.

Jugendschutz, basierend auf der Arbeit von – im Einzelnen sehr unterschiedlich strukturierten – Selbstkontrolleinrichtungen, wie sie in Deutschland seit Jahren selbstverständlich ist, stößt bei vielen anderen Staaten noch

33 Zur Bestimmung des Pornographiebegriffs in Deutschland jüngst noch sehr detailliert E. G. Mahrenholz, ZUM 1998, S. 525 ff.

34 In Deutschland spricht man traditionell von der "Selbstkontrolle", während im angloamerikanischen Sprachgebrauch regelmäßig von "self-regulation" die Rede ist. Auch in Deutschland findet der Begriff der "Selbstregulierung" mehr und mehr Verwendung, da er auch den wesentlichen Aspekt des Standard-Setting impliziert.

auf eine große Zurückhaltung. Dies lässt erwarten, dass die Debatte über die richtigen Instrumentarien des Jugendschutzes in den kommenden Jahren die politischen Gremien noch hinreichend beschäftigen wird.

IX. Perspektiven für die künftige Debatte in Europa

Eine Mindestharmonisierung der Jugendschutzstandards, die die Autoren der ursprünglichen Regelwerke des europäischen Fernsehrechts vielleicht noch vor Augen hatten, erscheint zehn Jahre nach Verabschiedung beider Regelwerke zumindest als kurz- oder mittelfristige Option wenig realistisch. Zu viele Aspekte sprechen dagegen:

- Die kulturelle Vielfalt Europas wird inzwischen als besonderer politischer Wert in einem zusammenwachsenden Europa begriffen. Nationale Vorstellungen des Jugendschutzes haben zu viele Verbindungen zu den nationalen kulturellen Wertvorstellungen, als dass die Betonung der kulturellen Vielfalt ohne Einfluss auf die Jugendschutzdebatte bleiben könnte[35].
- Auch in den Medien wächst die Erkenntnis, dass es in bestimmten Bereichen die europaweite "Allround-Lösung" auf absehbare Zeit nicht geben wird. So haben sich etwa Konzepte für europaweite Werbekampagnen auf der Basis eines europaweit geschalteten Werbespots in einigen Fällen als unrealisierbar erwiesen: Aussehen und Verhalten von Sympathieträgern in Skandinavien und in den mediterranen Ländern unterschieden sich in manchen Fällen zu stark.
- Mit einem zunehmend differenzierteren Verständnis dessen, was Jugendmedienschutz in der Gesellschaft bewirken kann und soll, wird auch mehr und mehr die Notwendigkeit seiner "Rückkoppelung" zu verschiedenen Aspekten der nationalen Gesellschaften verständlich: Wenn es zutrifft, dass Kindheit und Adoleszenz in Spanien anders verlaufen als

[35] Instruktiv etwa zur Abhängigkeit der Gewaltrezeption vom kulturellen Hintergrund H. J. Wulff in: tv diskurs 3/Dezember 1997, S. 62 ff.; nach J. Groebel dagegen ist die Abhängigkeit vom kulturellen Hintergrund bei der Beurteilung pornographischer Angebote noch sehr viel stärker als bei der von Gewaltdarstellungen – vgl. J. Groebel in: tv diskurs 3/Dezember 1997, S. 36 ff.

in Deutschland und in Deutschland anders als in Schweden, dann ist gegenüber einer kurzfristigen Harmonisierung von Jugendschutzstandards in Europa Skepsis angebracht.

- Jugendschutzkonzepte werden schließlich künftig einer fundierteren wissenschaftlich-politischen Begründung bedürfen als in der Vergangenheit. Die Feststellung, dass Erwachsene die Standards zum Schutz der Jugend festlegen, in deren Gefühls- und Verständniswelt sie sich nur teilweise hineinversetzen können, ließ sich bereits traditionellen Jugendschutzbestrebungen entgegenhalten. Sie gewinnt aber heute ein ganz anderes Gewicht angesichts einer sich sehr viel schneller als in der Vergangenheit ändernden Medienumwelt und angesichts der Tatsache, dass zumindest in Teilbereichen der Medien die Medienkompetenz der Jugendlichen größer ist als die ihrer Eltern.

Letztlich sind derzeit verschiedene Optionen für die künftige Debatte über den Jugendschutz in Europa absehbar:

- Das Gewicht des "Technischen Jugendschutzes" auf der Basis von elektronischen Klassifizierungs- und Filtersystemen wird im Zuge der Digitalisierung wachsen. Dies belegen auch die Studie der Europäischen Kommission zu Art. 22b der Richtlinie und die anschließende Mitteilung an den Rat, das Europäische Parlament und den Wirtschafts- und Sozialausschuss[36]. Zumindest für eine längere Übergangszeit wird man gleichwohl auf "flankierende" mehr rechtsverbindliche Regelungen oder wenigstens durch Selbstregulierung effektiv abgesicherte Standards kaum verzichten wollen und können.
- Die Chancen einer Harmonisierung im Sinne einer "Vollharmonisierung" von Jugendschutzstandards *allein auf regulativer Basis* sollten nicht allzu gut bewertet werden[37]. Gemeinsame Standards müssen sozu-

[36] Siehe Fußnote 27

[37] Zu diesem Ergebnis kommt auch die unter Fußnote 28 angesprochene Studie des Oxford University Centre for Socio-legal Studies sowie im Anschluss daran die vorgenannte Mitteilung der Kommission.

sagen "von unten" aufgrund eines regen Erfahrungsaustauschs der zuständigen Jugendschutzbehörden und -selbstkontrolleinrichtungen entstehen.

- Solange es für bestimmte Bereiche noch divergierende Jugendschutzstandards in Europa gibt, muss nach neuen Wegen des effektiven Jugendschutzes auf europäischer Ebene gesucht werden, die auch ohne eine Harmonisierung Wirkung entfalten. Die Aufnahme einer Regelung zur "gegenseitigen Anerkennung" von nationalen Schutzmechanismen für die Übertragung von gesellschaftlich bedeutenden Ereignissen im Free-TV in die jüngste Fassung sowohl der Fernsehrichtlinie als auch des Fernsehübereinkommens zeigt, dass es neben der früher angestrebten Harmonisierung nationaler Regelungen auch andere Wege gesamteuropäischer Rechtsetzung gibt, über deren Nutzbarmachung für den Jugendmedienschutz noch zu diskutieren sein wird.
- Gerade im Jugendschutz wird die Diskussion über die notwendige "Balance" zwischen staatlicher Regulierung, Kooperation zwischen staatlicher Regulierung und Selbstregulierung und einer staatsfernen Selbstregulierung einige Zeit in Anspruch nehmen. Dabei ist auch zu erwarten, dass es keine einheitlichen Lösungen für alle Medienbereiche geben wird: schon jetzt zeichnet sich ab, dass einzelne Bereiche sich einer staatlichen Überwachung (die notwendiger Aspekt effektiver staatlicher Regulierung ist) mehr entziehen als andere.

Anja Bundschuh

Europäischer Jugendmedienschutz – sinnvoll, aber wie?

Einleitung

Ausgelöst durch die Globalisierung von Kommunikation und die Verschmelzung der bisher getrennten Teilbereiche Rundfunk, Computer und Telekommunikation sowohl in technischer, wirtschaftlicher und inhaltlicher Hinsicht wird nicht zuletzt der traditionelle Rahmen des geltenden Medienrechts in Frage gestellt. Internet und vor allem die Digitalisierung ermöglichen eine Vervielfältigung von Verbreitungskanälen für Kommunikationsinhalte: über Internet sind – wenn auch zum heutigen Zeitpunkt noch in unzureichender Qualität – audiovisuelle Inhalte abrufbar, gleichermaßen können über Fernsehen Internetinhalte rezipiert werden. Rechtlich gesehen finden wir im Rundfunkbereich eine national ausgerichtete Regulierung, die sich bislang wenig weiterentwickelt hat. Die Kommunikation über Internet bzw. Computernetze hingegen ist durch neue Regelungsansätze, wie z. B. der Selbstregulierung durch Anbieter und Nachfrager gekennzeichnet. Der tatsächlichen Verschmelzung oder – gemäß dem aktuellen medienpolitischen Terminus – Konvergenz von Technik, Wirtschaft und Inhalten jedoch wird die aktuelle Regulierung nicht gerecht. Am deutlichsten wird dies, wenn man "Graubereiche" zwischen Telekommunikation und Rundfunk betrachtet: So werden Rundfunkinhalte, die individuell abgerufen werden (z. B. pay-per-view, near-video-on-demand), historisch begründet aufgrund ihrer Übertragung über Rundfunktechnik als Rundfunk behandelt. Wird derselbe Inhalt über Internettechnologie verbreitet, unterliegt er sehr viel gelockerteren gesetzlichen Bestimmungen. Organisatorische und programmliche Kontrollen, wie sie für traditionelle elektronische Angebote gelten, können im Internet (kaum) stattfinden. Diese Charakteristik von Regelungsansätzen in den neuen Medien wirft insbesondere im Bereich des Jugendschutzes interessante Fragen auf. Vor dem Hintergrund, dass Kinder bereits sehr früh mit Computer und Internet vertraut sind und permanent zwischen Computer und Fernseher wechseln, stellt sich z. B. die Frage, ob Jugendschutz sich nicht tendenziell "horizontal", d. h. medienunspezifisch realisieren lassen sollte. Vor dem Hintergrund, dass auch digitale Set-top-boxen den Zugang zum Internet ermöglichen (werden), erhält diese Frage aktuelle Brisanz.

Jugendmedienschutz ist nicht nur sinnvoll – sondern auch notwendig. Die Medien sind neben Elternhaus, Schule und dem Freundeskreis Teil der Sozialisation von Kindern und Jugendlichen. Nahezu 100 % der Kinder in der nordwestlichen Hemisphäre haben Zugang zu einem Fernseher, vor dem sie durchschnittlich drei Stunden täglich verbringen.

Über die Wirkung von Fernsehen und Medien auf Kinder ist sehr viel geforscht und geschrieben worden. Sicher ist, dass die Wirkung der Darstellung von Gewalt und Sexualität von individuellen Variablen des Rezipienten, seiner Sozialisation und seinem gesellschaftlichen Umfeld abhängt. Generalisierende Aussagen sind auch und insbesondere in einem grenzüberschreitenden Kontext nicht leistbar. Interkulturelle Unterschiede erhöhen die Komplexität einzelner Befunde. Unbestritten ist jedoch ein Wirkungsrisiko von medialen Darstellungen, wobei sorgfältig nach der Art der Rezeption (in der Gruppe – allein, Kino – Fernsehen – Internet etc., massenmedial/passiv rezipierend oder selektiv/aktiv rezipierend) differenziert werden muss.

Im Folgenden soll dargestellt werden, wie der Gesetzgeber in Europa das Thema Jugendschutz als Gegenstand ordnungspolitischer Aktivität behandelt hat und ob das gewählte Instrumentarium effektiv im Sinne des Jugendschutzes ist. Die Frage stellt sich, inwieweit dieser auf Fernsehen konstruierte Ansatz auf neue Medien erweiterbar ist, oder ob es nicht vielversprechender sein könnte, sich im Internet abzeichnende Ansätze auf das digitale Fernsehen zu übertragen.

Die Anfänge: Das geforderte Mehr an Staat

Mit einer gewissen Periodizität erlebt das Thema Jugendschutz Höhen und Tiefen in der öffentlichen Diskussion: Anfang der achtziger Jahre z. B. mit dem Aufkommen privater Rundfunkveranstalter und einer gerügten Vermehrung eines gewalthaltigen Programms in Europa oder ab Mitte der neunziger Jahre mit zunehmend über Internet zugänglichen illegalen Inhalten.

Dies ist jedoch kein typisches Thema der heutigen massenmedial geprägten Gesellschaft. Bereits seit Menschengedenken wurden mit jedem neu aufkommenden (Verbreitungs-)Medium (Alphabet, Schrift, Buchdruck, Kino, Fernsehen, Internet) negative Visionen vom Untergang der bis dahin bestehenden Medien und der Kultur beschworen. Die Inhalte selbst jedoch waren "vorher", wenn auch beschränkter, und damit nicht so leicht zugänglich.

Sehr früh wurde die Bedeutung von Gewalt- und Sexualitätsdarstellungen im Bereich von Nachrichten und Fiktion auch mit Blick auf eine gewisse Doppelmoral erkannt: auf der einen Seite als Gegenstand öffentlicher Kritik und auf der anderen Seite als Ursache eines bestimmten Publikumserfolgs. Die Zwiespältigkeit zwischen (verfassungsrechtlich) geschützter Kunst und "niederer Massenkultur" wird potenziert durch die fast unbegrenzte Zugänglichkeit zu derartigen Inhalten in unserer Multimedia-Gesellschaft.

Für den Gesetzgeber – heute wie damals – stellt sich zunächst einmal die Frage, wen bzw. welche gesellschaftliche Gruppe es durch gesetzliche Bestimmungen zu schützen gilt. Grundlage ist eine schwierige Abwägung zwischen Jugendschutz mit anderen – ebenfalls – zu schützenden Interessen wie z. B. der Informationsfreiheit jedes Einzelnen. Ein Erwachsener z. B. hat möglicherweise Interesse, so genannte für Jugendliche "schädigende" Inhalte zu konsumieren. Ein weiteres zu schützendes Recht ist die ebenfalls aus der Informationsfreiheit erwachsene Programmfreiheit eines Rundfunkveranstalters oder Content-Providers. Menschenwürde, Recht auf persönliche Freiheit, Recht der Erziehung durch Eltern und die staatliche Gemeinschaft stehen in einem Spannungsverhältnis mit dem Recht auf Informationsfreiheit, Recht der Selbstbestimmtheit, Kunstfreiheit.

Das Ergebnis dieser Abwägung bestimmt die Eingriffsintensität gesetzlicher Regelungen. Grundlage gesetzlicher Regelung ist das o. g. Gefährdungspotential medialer Darstellungen. Von einer Gefährdung als Legitimierung ordnungspolitischer Aktion wird regelmäßig dann ausgegangen, wenn ein sowohl individuell als auch gesellschaftlich als "normal" empfundener Zustand oder Prozess aus dem Gleichgewicht gerät und eine unerwünschte Entwicklung befürchtet wird. Es kann jedoch nicht Aufgabe eines pluralen Staats sein, zu bestimmen, was als "normal" und was als von diesem Richtwert abweichend zu bezeichnen ist, geschweige denn sittliche und moralische Vorstellungen vorzugeben. Dies ist vielmehr Aufgabe einer breiten gesellschaftlichen Diskussion sowie letztlich der elterlichen Erziehung. Nichtsdestotrotz ist der Gesetzgeber gegenüber der Gesellschaft verpflichtet, ein bestimmtes Maß an Rahmenregelung vorzugeben, welche die Richtschnur für den Jugendschutz darstellt. Dies geschah Mitte der achtziger Jahre auf europäischer Ebene durch Verabschiedung der EU-Fernsehrichtlinie. Fraglich ist jedoch, ob für eine Multimediawelt ein Ansatz gewählt werden soll in Fortführung traditioneller medienspezifischer Regulierung in Form von überwiegend positiven staatlichen Steuerungsnormen oder eher über die Anwendung allgemeiner, nicht medienspezifischer Regelungen zur gezielten Sicherung schutzwürdiger Interessen.

Die Verabschiedung der EU-Richtlinie "Fernsehen ohne Grenzen" 1989 und ihre Revision 1996

Bisher gelten für den Jugendmedienschutz überwiegend Prinzipien, die – historisch begründet – auf der Forderung nach einem Mehr an Staat aufbauen. Bevor auf europäischer Ebene innerhalb der EU, der mittlerweile 15 europäische Staaten angehören, das Thema Jugendschutz auf die politische Agenda gesetzt wurde, gab es in den sechs Mitgliedstaaten, die Anfang der sechziger Jahre Mitglied der Europäischen Wirtschaftsgemeinschaft (EWG) waren, auf nationaler Ebene gesetzliche Jugendschutzbestimmungen. Diese konzentrierten sich bis in die achtziger Jahre außerhalb des Rundfunksektors im Wesentlichen auf die Verbreitung jugendgefährdender Schriften, die Vorführung von Filmen und den Zugang dazu sowie auf den Zutritt zu öffentlichen Schank- und Vergnügungsstätten. Ebenso gab es – wenn auch mit erheblichen nationalen Unterschieden – nationale Systeme der Filmkontrolle und -freigabe. Im Rundfunkbereich bot sich ebenfalls ein höchst heterogenes Bild: teilweise gab es keine spezialgesetzlichen Regelungen (Dänemark, Luxemburg) oder sehr komplexe Lösungsansätze wie in Großbritannien oder Deutschland. Mit den seit Anfang der achtziger Jahre aufkommenden neuen Übertragungstechniken Kabel und Satellit wurde die Erwartung eines zunehmenden grenzüberschreitenden Sendeverkehrs verbunden.

Vor dem Hintergrund des im EG-Vertrag formulierten Ziels der Erschaffung eines gemeinsamen Marktes und auf Drängen aufkommender europäischer Rundfunksender sah sich die EG veranlasst, einer möglichen Diskriminierung und Wettbewerbsverzerrung durch ungleiche nationale Rechtssysteme entgegenzuwirken. Ziel war die Schaffung eines europäischen Binnenmarktes für die Dienstleistung Fernsehen, zu dessen Realisierung neben einheitlichen Bestimmungen für Werbesendungen, Urheberrecht und Verbraucherinteressen auch Regelungen für den Jugendschutz festgeschrieben wurden. Das Europäische Parlament drängte seit Beginn der Politikgestaltung Anfang 1982 darauf, einem offenen Meinungsmarkt und der Kommerzialisierung des Rundfunksektors nicht die öffentliche Sittlichkeit und damit die kulturelle Identität der Mitgliedstaaten zu opfern. So sollte eine europäische Rundfunk- und Fernsehrahmenordnung vor allem auch mit dem Ziel des Jugendschutzes erarbeitet werden. Das dieses bei den mehr als fünf Jahre andauernden Verhandlungen um die Fernsehrichtlinie jedoch zunehmend von mittelwichtig zu unwichtig und damit in den Hintergrund rückte, lag nicht zuletzt daran, dass die Fernsehrichtlinie später in erster Linie andere, nämlich primär wirtschaftspolitische Zielsetzungen verfolgte.

Die Europäische Kommission erachtete es zum Zeitpunkt der Konzeption der Richtlinie als nicht wahrscheinlich, dass ein unterschiedliches Verbotsniveau im allgemeinen Recht zum Schutz der öffentlichen Sicherheit den grenzüberschreitenden Sendeverkehr in der Gemeinschaft spürbar beeinträchtigen könnte. Dennoch konstatierte sie gleichzeitig einen Prozess des Wandels der sittlich-rechtlichen Auffassungen und damit eine verbundene Liberalisierung der geltenden Standards in den Mitgliedstaaten. Die Kommission legte erklärtermaßen besonderen Wert auf den Schutz der Jugend, so dass sie einen medienspezifischen Sektor aus dem allgemeinen Jugendschutzrecht heraus in ein harmonisiertes Rundfunkjugendschutzrecht auf der Basis von in allen Mitgliedstaaten geltenden Minimalstandards übertrug. Eine Angleichung – so die Kommission im Grünbuch "Fernsehen ohne Grenzen" – sei notwendig, da man erhebliche technische, finanzielle und praktische Probleme aufkommen sah, wenn die Weiterverbreitung ausländischer Programme im Inland auf der Basis (im empfangenden Inland) geltenden Rechts unterbunden bzw. Ausblendungen von Kabelnetzbetreibern gefordert werden würden. So müsste ein erheblicher Kontrollaufwand betrieben werden, müssten die für die Weiterverbreitung zuständigen Stellen kompetentes Personal vorhalten, um gegebenenfalls unzulässige Programme zu blockieren. Abgesehen davon würde der freie gemeinschaftliche Sendeverkehr beeinträchtigt, wenn der Empfang von Programmen oder deren Weiterverbreitung unterbunden würde. Letztlich würden damit unterschiedliche rechtliche nationale Bedingungen – statt zu gleichwertigen Bedingungen für den Programmwettbewerb – zu einem nationalen Flickenteppich in Europa führen.

Nachdem die Europäische Kommission ihren ersten Richtlinienvorschlag 1986 vorgelegt und an Parlament und Rat zur Beratung übermittelt hatte, ließen sich zwei Lager identifizieren. Zum einen wurde ein grundsätzlicher Vorbehalt gegen eine Regelung von Jugendschutz vorgebracht. Die gewählte Formulierung – Verbot der Ausstrahlung von Pornographie und unmenschlicher, sinnloser Gewaltdarstellung bzw. eine Beschränkung der Zugänglichkeit für Jugendliche für Sendungen, die ihre körperliche, geistige oder seelische Entwicklung beeinträchtigen können, in Form von Sendezeiten oder technischen Maßnahmen – würde nicht ausreichen, um einen effektiven Jugendschutz zu gewährleisten: man solle auf eine Regelung verzichten. Im Übrigen würde die Kommission mit dieser Regelung ihre Kompetenz überschreiten und die Rundfunkausübungsfreiheit der Veranstalter beeinflussen bzw. beschränken. Auf der anderen Seite wurden Stimmen laut, die eine detailliertere Aufzählung der Tatbestände forderten. Letztendlich einigte man sich sehr frühzeitig auf eine Formulierung, die u. a. zum Schluss der Verhandlungen als Druckmittel im politischen Bargaining, insbesondere zu den Quotenregelungen, eingesetzt wurde.

Als Herz der Richtlinie wurde das auch für den Jugendschutz bedeutsame so genannte Ursprungslandprinzip festgeschrieben. Dies besagt, dass Sendungen und Programme, die den Gesetzen in ihrem Ursprungsland, d. h. in dem Land, in dem sie zugelassen sind, entsprechen, bei der Weiterverbreitung außerhalb des Ursprungslandes nicht eingeschränkt werden dürfen. Die Programmkontrolle, und damit die Überprüfung, ob das ausgestrahlte Programm mit den geltenden Gesetzen konform ist, findet ebenfalls in dem Land statt, in dem die rundfunkrechtliche Lizenz ausgestellt wurde. Eine bedingte Ausnahme wurde jedoch für den Jugendschutz festgeschrieben. Wenn es zu einem offensichtlichen, ernsten und schwerwiegenden Verstoß gegen die Jugendschutzbestimmungen der Richtlinie kommt, kann das Empfangsland unter bestimmten prozessualen Bedingungen die Weiterverbreitung vorübergehend aussetzen.

Die Umsetzung in den EU-Mitgliedstaaten

Das von der EU vorgegebene Jugendschutzmodell besteht aus drei Elementen. Die spezifische Ausgestaltung der europäischen Rahmengesetzgebung obliegt den Mitgliedstaaten, die nationale Wertvorstellungen und kulturelle Besonderheiten in die nationale Gesetzgebung verankern. Ausgangspunkt der europäischen Vorgaben ist die Klassifizierung von Inhalten nach ihrer Geeignetheit für Kinder und Jugendliche bestimmter Altersstufen. Institutionen der Filmklassifizierung bzw. Rundfunkveranstalter selbst bestimmen die Geeignetheit audiovisueller Inhalte je nach Art der Verbreitung. Die Verbreitung von Inhalten über das Fernsehen wird dabei an die Einhaltung bestimmter Sendezeiten gebunden. Unterschieden werden muss zwischen illegalen Inhalten, die im Fernsehen unter keinen Umständen verbreitet werden dürfen, und schädigenden Angeboten, die Kinder in ihrer körperlichen, geistigen und seelischen Entwicklung beeinträchtigen können. Ziel ist es, zu Zeiten, in denen Kinder und Jugendliche üblicherweise fernsehen, die Ausstrahlung von jugendbeeinträchtigenden Inhalten zu vermeiden. Alternativ zu der Wahl der Möglichkeit der Sendezeitenprogrammierung bietet die Richtlinie den Einsatz technischer Mechanismen.

Unterschiede in der gesetzlichen Umsetzung

Die Festschreibung eines europaweiten Jugendschutzstandards in Art. 22 der Fernsehrichtlinie hat die Harmonisierung der nationalen rechtlichen Bestimmungen zum Ziel. Jedoch ergeben sich bereits bei der Umsetzung der europäischen Bestimmungen aufgrund der unterschiedlichen Gegebenheiten der nationalen Mediensysteme unterschiedliche Umsetzungsstrategien und damit -ergebnisse. So existieren erhebliche Divergenzen bezüglich der "Barriere" Kommunikationsfreiheit: Die skandinavischen Rechtsordnungen z. B. in Schweden, Dänemark und Finnland gewähren einen höheren Schutz der Kommunikationsfreiheit (im Verhältnis zum Jugendschutz) als z. B. Großbritannien, Frankreich oder Deutschland. In ersteren dominieren positive Programmverpflichtungen für Kinderprogramme. Letztere sind eher bereit, nicht-kommunikationsbezogenen Werten, wie z. B. dem Jugendschutz, den Vorrang zu geben. Ausdruck findet dies in ausführlichen Formulierungen negativer Jugendschutztatbestände und einem damit verbundenen Kontrollmechanismus. Rundfunkrechtliche Spezialgesetzgebung greift – abgeschwächt in den o. g. skandinavischen Ländern – die Konstruktion der EU-Richtlinie auf. So sind in fast allen Ländern die Sendeverbote der Richtlinie für Pornographie und sonstige schwer beeinträchtigende Programme (z. B. sinnlose Gewalt) rundfunkrechtlich verankert. Ausnahmen bilden z. B. Frankreich und England, die Sendeverbote allgemeingesetzlich festgeschrieben haben. Auch die Verankerung von Sendebeschränkungen findet weitgehend durch wörtliche Übernahme der europäischen Bestimmungen statt. Frankreich und England sind insofern interessant, als dass sie die Verankerung von Jugendschutz-Lösungsansätzen auf die untergesetzliche Ebene verschieben und es der Aufsichtsbehörde zuschreiben, in Form von Richtlinien oder Pflichtenheften Jugendschutzstandards festzuschreiben.

Von zunehmender Bedeutung mit Blick auf das digitale Fernsehen ist die Wahl technischer Hilfsmittel als Jugendschutzinstrumentarium. Bereits für das analoge verschlüsselte Fernsehen (Pay-TV) hat die EU-Kommission in der Verschlüsselung der Programme und ihrer Entschlüsselung durch Einführen der Smart-Card eine erschwerte Zugangsmöglichkeit für Kinder und Jugendliche zu möglicherweise schädigenden Programmen anerkannt. Für das digitale Pay-Fernsehen haben sich innerhalb der EU im Wesentlichen zwei Modelle "technischer Hilfsmittel" herausgebildet: eine so genannte "Kindersperre" ermöglicht Eltern, aktiv bestimmte Kanäle vor dem Zugriff ihrer Kinder zu sperren. Ebenso können während der Abwesenheit der Eltern diese den Zugriff auf bestimmte Fernsehkanäle für eine begrenzte Anzahl von Stunden sperren. Nur durch die Eingabe eines vierstelligen PIN-Codes kann die Kindersperre wieder aufgehoben werden. Dieses Modell wird in allen europäischen Ländern praktiziert und ist Bestandteil der digitalen Set-top-boxen, die für den Empfang von verschlüsselten Programmen erforderlich sind. Als einzige Ausnahme wird in Deutschland seit 1999 zusätzlich die veranstalterseitige Jugendschutzsperre praktiziert. Die Veranstalter von digitalem Pay-TV sind laut Beschluss der Landesmedienanstalten verpflichtet, Filme, die nicht für Kinder unter 16 bzw. 18 Jahren geeignet sind, vor 22.00 bzw. 23.00 Uhr vorzuverschlüsseln. Jede derartige, einzelne Sendung wird aufgrund der Vorverschlüsselung durch den Veranstalter als schwarzer Bildschirm erscheinen und kann nur durch Eingabe eines speziellen Jugendschutz-PIN-Code entschlüsselt werden. Diese auf Einzelprogramme bezogene Verschlüsselung wurde mittlerweile gesetzlich festgeschrieben. Nach einem zwei Jahre andauernden Praxistest (bis zum Jahr 2001) wird der Gesetzgeber erneut prüfen, ob aufgrund der Wirksamkeit der Vorverschlüsselung die bisher zusätzlich verpflichtend einzuhaltenden Sendezeitgrenzen aufgehoben werden können.

Unterschiede bei der Kontrolle

Der Erfolg eines wie auch immer ausformulierten Gesetzesprogramms hängt aber nur z. T. von der theoretischen Ausgestaltung ab. Entscheidend wird die Effektivität durch das tatsächliche Verhalten der dafür zuständigen Kontrollinstitutionen sowie durch die Akzeptanzbereitschaft der Normadressaten, also der Veranstalter bestimmt.

Die Mitgliedstaaten sind angehalten, die Schaffung der zur Klassifizierung der Inhalte und der Programmkontrolle notwendigen Institutionen zu ermöglichen. Die Vielfältigkeit der Rundfunksysteme innerhalb der EU spiegelt sich in einer großen Heterogenität der Aufsichtsstrukturen zur Programmkontrolle wider. Jedes Land verfügt zwar über eine Institution, die für die Aufsicht der Veranstaltung von Rundfunk zuständig ist. Jedoch unterscheiden sich die Zuständigkeiten und Kompetenzbereiche erheblich. So gibt es in der Mehrzahl der EU-Mitgliedstaaten Kontrollbehörden, die sowohl für den öffentlich-rechtlichen als auch für den privaten Rundfunk zuständig sind. Die wenigsten der Behörden haben so große Kompetenzen wie die englische, deutsche oder französische Institution. Unterschiedlich geregelt ist ebenfalls die Anbindung an den Staat. Eine Anbindung an die Exekutive, also an Ministerien, ist sowohl verstärkt in Skandinavien sowie in Südeuropa zu finden, eine Anbindung an die Legislative, insbesondere für den öffentlich-rechtlichen Rundfunk, in Spanien und Italien. Selbiges heterogenes Bild ergibt sich bei der Betrachtung der Institutionen zur Filmklassifizierung. Auch hier sind erhebliche Unterschiede bzgl. der Kompetenzen (Kino, Video, Fernsehen) gegeben.

Ein weiteres wichtiges Element bei der Beurteilung der Effektivität eines gesetzlichen Instruments ist die Konsequenz, mit der die per Gesetz zur Verfügung stehenden Sanktionsinstrumentarien angewendet werden. In Europa dominiert im Jugendschutzbereich eine Aufsichtsstrategie, die mit "Reparieren durch Ausbalancieren" beschrieben werden kann. Bis auf die skandinavischen Lösungsansätze greift diese Kontrolle erst nach der Ausstrahlung des Programms (ex-post). Ein nachhaltiger Erfolg dieser Missbrauchsaufsicht wird regelmäßig über die Verhängung von Sanktionen im Verletzungsfall angestrebt werden, von denen jedoch in Europa nur marginal Gebrauch gemacht wird. Die Gründe für dieses – auch als weiche Regulierungsstrategie bezeichnete – Vorgehen sind insbesondere im Jugendschutzbereich auch darauf zurückzuführen, dass kein allgemeingültiger Konsens über die Maßstäbe und Kriterien der zu beaufsichtigenden Inhalte vorliegt. Die unterschiedlichen Institutionen, die sich jeweils auf nationaler Ebene mit Jugendschutz auseinander setzen, verwenden dabei zumeist unterschiedliche, medien- und verbreitungsspezifische Kriterien. Insgesamt ist europaweit durch-gängig ein mangelnder Konsens über die Anwendung der Bestimmungen zur Beschränkung von Gewalt- und Sexdarstellungen im Fernsehen zu kon-statieren. Dies ist in erster Linie auf die verschiedenen nationalen Rechts- und Politiktraditionen in der Europäischen Union zurückzuführen. Eine weitere Katalysatorfunktion nimmt die höchst subjektivierte Perzeption dessen, was jugendschutzgefährdend ist oder nicht, ein. Eine Objektivierbarkeit ist im Bereich einer Evaluierung von Inhalten und einer sich daran anschließenden verallgemeinernden Aussage über ihre Geeignetheit für bestimmte Altersstufen kaum zu erreichen.

Im Übrigen stehen nationale Wert- und Moralvorstellungen einer erfolgreichen Realisierung der europäischen Harmonisierungsbestrebung entgegen. Eindrucksvolle beispielhafte Konfliktfälle des internationalen Programmaustauschs lassen sich in den letzten Jahren im Bereich der Satelliten-Erotik-Programme finden. Im Gegensatz zur Darstellung von Gewalt hat die Ausstrahlung von Erotikprogrammen im grenzüberschreitenden Programmaustausch symptomatische Schwächen der Jugendschutzbestimmungen der Fernsehrichtlinie verdeutlicht. Die Fernsehrichtlinie verbietet zwar die Ausstrahlung von pornographischen Inhalten im Fernsehen, jedoch divergieren die Auslegungen des Begriffs "Pornographie" in Europa maßgeblich, so dass z. B. in Frankreich oder den skandinavischen Ländern Inhalte im Fernsehen ausgestrahlt werden können, die in Deutschland oder England den Pornographietatbestand erfüllen.

Die Revision der Fernsehrichtlinie

Im Rahmen der Revision der Fernsehrichtlinie, die 1995 eingeleitet wurde, wurden weitere Elemente Teil des europäischen Jugendschutzansatzes. So müssen nach Maßgabe der 1997 verabschiedeten Richtlinie nun jugendgefährdende Sendungen vor ihrer Ausstrahlung akustisch angekündigt oder während der Dauer der gesamten Sendung durch optische Mittel gekennzeichnet werden. Diese Bestimmung befindet sich gerade in der Umsetzung in den Mitgliedstaaten. Die Einfügung dieser Bestimmung war insbesondere aus deutscher Sicht aufgrund ihres fragwürdigen Effekts aus jugendschützerischen Gesichtspunkten (Verbotene-Frucht-Effekt) und ihrer Sinnhaftigkeit vor dem Hintergrund geltender Sendezeitgrenzen sehr umstritten, jedoch letztlich nicht zu verhindern.

Noch heftiger diskutiert wurde jedoch die von einigen Europaparlamentariern geforderte Einführung des so genannten V-Chip. Die Mitgliedstaaten sollten aufgefordert werden, die ihrer Rechtshoheit unterliegenden Fernsehveranstalter aufzufordern, alle ausgestrahlten Programme gemäß der Klassifizierung der Programme unter Berücksichtigung des möglichen Schädigungsgrads für Minderjährige zu kodieren. Mittels eines in alle Fernsehgeräte einzubauenden Chip sollen die kodierten Programme erkannt und bei aktiviertem Chip für Kinder und Jugendschutz in einen schwarzen Bildschirm verwandelt werden. Diese Forderung war derart umstritten, dass lediglich ein Prüfauftrag festgeschrieben wurde.

Die Kommission hat eine Studie in Auftrag gegeben, deren Ergebnisse im Frühjahr 1999 veröffentlicht wurden. Mit dieser Studie zu "parental control of television broadcasting" wurde über die Messung der Effektivität des V-Chip eine Formulierung von Elementen für künftige Lösungsansätze für die digitale Zukunft unternommen. Die Studie greift zu Recht auf, dass es zwei verschiedene, alternativ zu realisierende Möglichkeiten des Jugendschutzes gibt. Diese Wahlmöglichkeit wurde – mit Blick auf seit Mitte der achtziger Jahre in Europa aufkommende Pay-TV-Veranstalter – bereits in die erste Fassung der Fernsehrichtlinie festgeschrieben. Das Europäische Parlament versuchte anlässlich der Revision – vergeblich –, diese Wahlmöglichkeit zu beseitigen und sowohl die Einhaltung von Sendezeiten als auch die Sperrung von Inhalten mit technischen Mitteln festzuschreiben.

Die Ergebnisse der von der Kommission vorgelegten Studie bezüglich des V-Chip sind eindeutig: der in den USA 1996 im Telecommunications Act für alle neuen Fernsehgeräte verbindlich vorgeschriebene V-Chip ist eine momentane Lösung, zugeschnitten auf die USA und Kanada, wobei auch hier Widerstand von Sendern wie z. B. der NBC laut wurde, die sich an dem Rating-Mechanismus nicht beteiligt. Eine Übertragung auf Europa – so die Studie – scheitert bereits an der technologischen Machbarkeit aufgrund erheblicher Unterschiede der analogen Rundfunkübertragung in den USA und Europa. Im Übrigen sei davon auszugehen, dass die analoge Rundfunkübertragung in Europa kurz- bis mittelfristig auslaufe und vollständig durch die digitale ersetzt werde.

Zusammenfassend lässt sich festhalten, dass der Jugendschutzansatz der EU in Form der Bestimmungen der Fernsehrichtlinie bereits für das Fernsehen nur unzureichend sein Ziel erreicht hat. Der zentrale Grund für das Scheitern einer Harmonisierung liegt im Wesentlichen in der Unerschütterlichkeit des auf nationale Werte ausgerichteten Bezugsrahmens, der eine national orientierte Umsetzung des Jugendschutzes dominiert.

Auch das europarechtliche Instrument der gegenseitigen Anerkennung der Fernsehrichtlinie (Art. 2) erreicht schnell die Grenzen seiner Effektivität, wie die Problemfälle des internationalen Programmaustauschs am Beispiel der Satelliten-Erotik-Programme deutlich machen. Es ist daher fraglich, ob diese beiden Instrumentarien im Multimedia-Zeitalter eine bessere Erfolgschance haben werden.

Der Weg weg vom Staat

In Anbetracht der seit einigen Jahren auf der politischen Agenda stehenden Konvergenz von Rundfunk, Informationstechnik und Telekommunikation sowohl in technologischer, ökonomischer und inhaltlicher Hinsicht, ergibt sich nun mit Blick auf den Jugendschutz ein interessanter Aspekt:

In der Internet-Welt zeichnet sich ab, dass sich ein individualisierter, im Wesentlichen auf die Initiative der Eltern bauender Ansatz zum Jugendschutz durchsetzen wird. Dieser basiert auf zwei der oben identifizierten

Elemente, nämlich einer neutralen Inhalte-Klassifizierung auf der Basis einer Inhaltebeschreibung (bisher: Web-site; zukünftig technisch wohl ebenfalls möglich: chat-rooms, news-groups) sowie eines im Internet-Browser implementierten technischen Mechanismus, der eine Abbildung individualisierter Rating-Systeme ermöglicht.

Im traditionellen, analogen Rundfunkbereich (Free-TV) überwiegt – wie oben dargestellt – die Kombination der Klassifizierung von audiovisuellem Material in Form einer Altersempfehlung und einer damit verbundenen Sendezeitbeschränkung. Für den Bereich Pay-TV ergibt sich europaweit teilweise eine Lockerung der Sendezeitbeschränkung bzw. eine Lockerung der Ausstrahlung von jugendschutzrelevantem Inhalt, die mit dem erschwerten Zugang über das Conditional Access begründet wird.

Im nun entstehenden digitalen Rundfunkbereich treten neben die Weiterführung von Free-TV und bisherige Pay-TV-Formen (Pay-per-Channel in der Regel gegen eine monatliche Abonnement-Gebühr) neue Nutzungsformen wie pay-per-view oder video-on-demand. Hier ergeben sich per se deutlich unterschiedliche Möglichkeiten in der Gewährung des Zugangs zu bestimmten Inhalten. Weiterhin unterscheiden sich diese zunehmend individualisierten Nutzungsformen, die auf einen individuellen Abruf von audiovisuellem Material zurückgehen, von der herkömmlichen passiven Nutzung von (Fernseh-)Inhalten. Es findet eine Annäherung an die im Internet übliche Nutzung von Inhalten statt, bei der nicht zuletzt Sendezeiten keinen Sinn mehr machen.

Neue Perspektiven

Mit Blick auf die Entwicklung und der europaweit bevorstehenden Einführung der digitalen Übertragungstechnik hat die von der Kommission in Auftrag gegebene Studie festgestellt, dass der Spielraum für die effektive Nutzung technischer Maßnahmen wesentlich flexibler sei. Gleichzeitig müsse jedoch verhindert werden, dass Regierungen und marktstarke Industrievertreter den Klassifizierungprozess – wie in Amerika bei der Einführung des Rating-Systems für den V-Chip durch die Motion Picture Association of America (MPAA) geschehen – dominieren. Sofern es mehrere Anbieter von Rating-Systemen gäbe (sog. Third-Party-Rating) und es technisch (Kapazitätserwägungen) machbar wäre, diesen einen Zugang über eine Set-top-box zum Verbraucher zu ermöglichen, müsse garantiert werden, dass dieser diskriminierungsfrei alternative Modelle zulässt. Es sei davon auszugehen, dass in den Mitgliedstaaten bestehende Klassifizierungsmechanismen durch Institutionen der Filmklassifikation bzw. durch die Rundfunkveranstalter selbst beibehalten werden.

Die Idee eines zusätzlichen "Third-Party-Rating" verkörpert indes den Wunsch nach einer staatsunabhängigen, von der Gesellschaft oder Teilen der Gesellschaft ausgehenden Initiative, Jugendschutz zu individualisieren. In der entstehenden Wissens- und Informationsgesellschaft ist dies letztendlich aufgrund der Informationsflut und -komplexität der wohl einzig gangbare Weg. Die in der Internet-Welt sich durchsetzende Idee bestätigt dies: Auf der Basis des so genannten PICS-Systems ist es möglich, unterschiedliche Rating-Systeme zu verwenden. PICS garantiert als technische Schnittstelle, dass unterschiedliche Rating-Systeme auf allen Browsern "gelesen" werden können. So genannte "Metadaten"-Labels können genutzt werden, die Inhalte von Web-sites individuell zu beschreiben. Weiterhin gibt es die Möglichkeit, diese Labels so einzusetzen, dass "positiv" nach Seiten gesucht wird, die mit dem individuell gewählten "Positiv"-Profil übereinstimmen. Entsprechend können durch das "negative" Verfahren Web-Seiten geblockt werden, die mit dem gewählten "Negativ"-Profil übereinstimmen.

Die sich letztendlich daraus ergebenden Regulierungen richteten sich traditionell noch nach den Übertragungsmodalitäten. Dies wird in Zukunft nicht mehr ausschlaggebendes Kriterium sein können. Den Rezipienten wird es letztlich nicht interessieren, über welchen Weg er zum Inhalt kommt. Bedeutet dies, dass es nun einheitliche Klassifizierungsstandards für die unterschiedlichen Vertriebswege Internet, Fernsehen, Kino, Video, DVD geben soll/muss? Mit dieser Hypothese eröffnete die Europäische Kommission Mitte 1998 auf der Basis einer Empfehlung des Rats zum Jugendschutz und Schutz der Menschenwürde in audiovisuellen und Informationsdiensten eine Diskussion zwischen Institutionen der Film- und Videoklassifikation, Fernsehveranstaltern, Content-Providern und Aufsichtsbehörden. Von Anfang an war klar, dass trotz der erheblichen Notwendigkeit, den Jugendschutz zu verbessern und die Menschenwürde zu achten, gleichzeitig nicht vergessen werden darf, dass es sich bei schädigenden Inhalten in der Regel um Inhalte handelt, die Erwachsenen durchaus zugänglich gemacht werden dürfen. Auch war klar, dass es keine starren Systeme geben darf, da es Eltern ermöglicht werden sollte, ein an das Entwicklungsstadium des jeweiligen Kindes angepasstes Jugendschutzniveau zu verwirklichen.

Es stellte sich jedoch bald heraus, dass die bisher verwendeten Klassifikationsmethoden, aus denen bestimmte Altersfreigaben oder Verkaufs- und Vertriebsbeschränkungen für die jeweiligen Verbreitungswege (Kino, Fernsehen etc.) resultieren, nicht analog für Online-Dienste und Internet anwendbar seien. Dagegen sprächen vor allem die Globalität des Internets und die permanente, selektive Abrufbarkeit von Inhalten.

Nicht zuletzt die Ergebnisse eines im April 1999 von der deutschen EU-Ratspräsidentschaft und der EU-Kommission durchgeführten Seminars zum Thema Selbstkontrolle verdeutlichen, dass die Grenzen staatlicher Regulierung im Jugendschutzbereich in den Medien längst erreicht sind. Vor dem Hintergrund der sich im Internet-Bereich abzeichnenden, viel versprechenden Selbstkontroll-Ansätze wird die EU-Kommission sich verstärkt dem Thema Selbstkontrolle widmen.

Untersucht werden soll die Frage, ob – aufbauend auf den sich abzeichnenden Entwicklungen im Internet-Bereich – beschreibende Kriterien auch für das Fernsehen entwickelt werden können und welcher Grad an Kohärenz dieser Kriterien mit den Internet-Kriterien anzustreben ist. Die Kommission versteht sich dabei selbst als Moderator und Initiator des Dialogs zwischen den beteiligten Kreisen und wird ein besonderes (möglicherweise auch finanzielles) Gewicht auf die Förderung der Medienkompetenz legen.

Weiterhin hat die Kommission im Februar 1999 einen mehrjährigen Aktionsplan zur Förderung einer sicheren Internet-Nutzung durch Bekämpfung illegaler, schädigender Inhalte im Internet aufgestellt. Mit den vier Aktionslinien "europäisches Netzwerk von Hotlines/Selbstregulierungsinstitutionen", "Filter und Rating", "Unterstützung" und "Maßnahmen zur Schaffung von Bewusstsein" wurde ein Budget von 25 Millionen EURO mit Start im Jahre 2000 festgelegt. Auch hier dominiert der Gedanke, mittels Selbstinitiative der Industrie einen zukunftssicheren Ansatz für den Jugendschutz zu schaffen. Gleichzeitig muss insbesondere im Bereich der illegalen Inhalte versucht werden, die Arbeit der Strafverfolgungsbehörden und der Polizei durch Verbesserung der internationalen Zusammenarbeit zu optimieren. Grundlage einer Erfolg versprechenden Arbeit ist es aber, eine gemeinsame interkulturelle Basis dafür zu erlangen, was als illegaler Inhalt zu bezeichnen ist. Regelmäßig muss mindestens das Verständnis über nationale Belange geschaffen werden, um im Rahmen der Kooperation der Justiz bei der Bekämpfung illegaler Inhalte im Internet Erfolge verbuchen zu können.

Die Kommission hat im Rahmen des Aktionsplans "Internet" u. a. das Projekt INCORE ins Leben gerufen. Ziel von INCORE ist es, durch regelmäßige Expertentreffen ein zunächst europaweit akzeptables System der Selbstkontrolle im Internet zu erarbeiten. Als Ausgangspunkt wurden Schlüsselkriterien ermittelt, die jedem Selbstregulierungsmodell zugrunde liegen sollen: oberste Priorität hat die Garantie der Meinungsfreiheit, Zensur muss unterbunden werden. Bei gleichzeitiger Berücksichtigung europäischer kultureller und sprachlicher Besonderheiten darf die globale Entwicklung des Internets nicht verhindert werden. Mit Blick auf die Verwirklichung des europäischen Binnenmarktes dürfen durch neu zu schaffende Selbstkontrollmechanismen keine Hindernisse für einen freien Wettbewerb bzw. für die Dienstleistungsfreiheit aufgebaut werden. Schließlich muss auch sichergestellt werden, dass die Rating-Praxis im Internet kontrolliert und so ihre Angemessenheit garantiert wird.

Die Komplexität des Systems wird umso höher, je umfassender das System sämtliche Inhalte, die bestimmte Individuen potentiell gefährden könnten, auffangen möchte. Auf dem bereits in der Internetwelt gebräuchlichen RSACi-System aufbauend, sind die vier wesentlichen Kategorien Sex, Nacktheit, Sprache und Gewalt, wobei jede Kategorie stufenweise von der extremen bis zur abgeschwächten Ausprägung unterteilt werden kann. Weitere Kategorien könnten sein: die möglichen Gefährdungen, die vom dargestellten Gegenstand (Zigaretten, Drogen, Selbstmord etc.) ausgehen.

In enger Abstimmung mit dem offiziellen Projekt der Kommission – jedoch praxisnäher und daher viel versprechender – wurde im April 1999 die ICRA (Internet Content Rating Association) in London gegründet. Das Ziel: Die

Entwicklung eines weltweiten Rating-Systems auf der Basis bereits bestehender Systeme wie rsac, NetNanny etc. Die Gründungsmitglieder (AOL Europe, Bertelsmann Stiftung, British Telecom, Demon Internet, EuroISPA, IBM, Internet Watch Foundation, Microsoft, Software & Information Industry Association, T-Online) führen die Arbeiten von RSACi (Recreational Software Advisory Council's Internet Rating System) weiter. Auf der Basis eines Fragebogens soll binnen eines Jahres weltweit eine Einstufung des Inhalts von Web-sites nach inhaltlichen Kriterien erfolgen. Die Kriterien basieren auf der bisherigen akademischen Forschung und den Erfahrungen mit Rating-Systemen. Das System für die Inhaltsbewertung, das in allen Ländern der Welt kulturell akzeptabel sein soll, wird ICRA mit Kinderschutzvereinigungen, Verbraucherverbänden und weiteren Interessierten erarbeiten. Im Gegensatz zu bisher vor allem im Film- und Fernsehbereich genutzten Altersfreigaben, die letztendlich auf einer subjektivierten Entscheidung einzelner oder weniger (Gremien-)Mitglieder von Institutionen der Filmklassifikation beruhen, kann eine Beschreibung des Inhalts einer Web-site vergleichsweise objektiver erfolgen. Eine Subjektivierung erfolgt erst zum späteren Zeitpunkt mit der Entscheidung des Rezipienten vor dem Hintergrund seiner persönlichen Bedürfnisse und Wertvorstellungen sowie seiner Eingebundenheit in eine nationale Kultur. Dieser definiert über das Setzen seines persönlichen Profils im Browser, welche Inhalte auf seinem Bildschirm sichtbar werden sollen. Die Freiwilligkeit des Einsatzes (der Technik genauso wie möglicher inhaltlicher Rating-Systeme) sowohl durch Content-Provider als auch Verbraucher beugt einer Verletzung des Rechts auf Informationsfreiheit vor. Die insbesondere in Amerika als höchstes Verfassungsgut geltende "free speech" ist somit im Internet nicht verletzt, gleichzeitig haben Eltern und sonstige Interessengruppierungen differenzierte Möglichkeiten, den Zugang zu bestimmten Inhalten zu verhindern. Die Einstufung der Inhalte erfolgt durch die Webmaster der ICRA angeschlossenen Unternehmen. Bisher werden über 100.000 Web-sites mit RSACi, jetzt ICRA, geratet. RSACi's Rating-Systeme sind sowohl über den Netscape Navigator als auch den Microsoft Internet Explorer mittlerweile 95 % der Internetnutzer zugänglich.

Zukunftsweisende Kriterien für die Konstruktion eines neuen Jugendschutzansatzes für Multimedia, der einer weltweiten Nutzung stand hält, sind daher zum einen die Objektivität der Inhaltebeschreibung als Basis der Ratings sowie die Freiwilligkeit ihrer Erarbeitung und Anwendung. Die Initiative für PICS und ICRA ging von der Industrie aus und zeigt gleichzeitig die Notwendigkeit industrie-geleiteter Selbstkontrolle. Staatliche Intervention fand hier – wie im Übrigen auch im Print-Bereich – nicht statt. Einem Zeitungsredakteur vergleichbar, obliegt dem Online-Redakteur oder Webmaster die Aufgabe, Inhalte für die Veröffentlichung zu bestimmen. Gleichzeitig fällt der Internet-Nutzer wie auch der Zeitungsleser die individuelle Entscheidung, welche Inhalte er konsumieren möchte.

Ausblick

Die bereits Fakten schaffende Globalität des Internets und die mittelfristige Ausbreitung des digitalen Fernsehens sowie deren Konvergenz zwingt zu einem Neuansatz bei der Lösung von Jugendschutzfragen in Europa. Erste zukunftsweisende Ansätze sind oben genannt worden. Gerade auch das Aufkommen der digitalen Technologien und die damit einhergehende Revolution der Rezeption von Kommunikationsinhalten rücken das Thema Jugend- und Verbraucherschutz in den Mittelpunkt der Debatte um eine erfolgreiche und interessenausgleichende Realisierung der Informationsgesellschaft. Zum ersten Mal werden weltweit Regierungen und Gesellschaften umfassend gewahr, dass nationale Grenzen und traditionelle Regulierungsmechanismen keinen Bestand mehr haben. Eine Lösung kann daher auch nur bedingt in regional begrenzten Gebieten – wie z. B. der EU – gesucht und gefunden werden. Die negative Tragweite von starren und nicht zukunftsgerichteten Regulierungen ist umso erheblicher, als die konvergierenden Kommunikationsforen Internet und Fernsehen nicht mehr nur ausschließlich Unterhaltungs- und Informationsmedien sein, sondern viel tiefgehender in individuelle, gesellschaftliche und ökonomische Abläufe eingreifen werden. Es steht außer Diskussion, dass zur Bekämpfung illegaler Inhalte in der Multimediawelt, wenn schon nicht abschließend auf inhaltlicher Ebene, so doch auf prozeduraler Ebene weltweit ein lückenloses Netz gegen Kriminalität geschaffen werden muss. Hier kommt dem Staat und supranationalen Organisationen neben der Internet-Welt und -industrie eine tragende Rolle zu. Hinsichtlich schädigender Inhalte gilt es, die notwendige Sicherung nicht kommunikationsbezogener Werte wie z. B. des Jugendschutzes überlegt in Einklang zu bringen mit der Informations- und Meinungsfreiheit sowie dem Schutz von Investitions- und Innovationsanreizen für die Industrie auf dem Weg ins dritte Jahrtausend. Der Staat wird – und das ist, wie in den vorliegenden Ausführungen erläutert, offensichtlich – im Informations- und Wissenszeitalter zunehmend seine Einflussmöglichkeiten zum Schutz seiner Bürger verlieren. Stattdessen wird die Selbstverantwortung sowohl von Inhalteanbietern als auch -nutzern zunehmendes Gewicht bei der Gestaltung eines Ordnungsrahmens gewinnen. Vor diesem Hintergrund muss der oben geschilderte Ansatz auf eine breite konsensuale Basis gestellt werden. Je globaler über Jugendschutz diskutiert und Kompromisse festgeschrieben werden sollen, desto offener und flexibler müssen diese Rahmensetzungen sein. Dies bedeutet z. B. für die Schaffung global kompatibler Rating-Systeme eine höchstmögliche Nachvollziehbarkeit der Kriterien, d. h. Objektivität bei der Beschreibung von Inhalten. Die weitere Verwendung der deskriptiven Informationen über einen Inhalt auf europäischer oder nationaler Ebene bzw. auf der Ebene des einzelnen Haushalts kann über die Schaffung von bestimmten individualisierten oder an die Bedürfnisse von einzelnen Gesellschaftsgruppen, regionalen Subsytemen etc. angepassten Filtern stattfinden. Die technische Kompatibilität ist beispielsweise im Internet über PICS gewährleistet. Es obliegt dabei dem einzelnen Staat oder supranationalen Organisationen, als Moderator zwischen den betroffenen Kreisen die Ausgestaltung je nach nationalen Bedürfnissen zu realisieren. Letztendlich sollte die Übernahme von Verantwortung durch jeden Einzelnen nicht als Last, sondern als Chance begriffen werden.

Die Autorinnen und Autoren

Frithjof Berger
Regierungsdirektor; Referent beim Beauftragten der Bundesregierung für die Angelegenheiten der Kultur und Medien; Mitglied zahlreicher Gremien der EU und des Europarats, die sich mit Rundfunkrecht beschäftigen, u. a. deutscher Vertreter im Lenkungsausschuss "Massenmedienpolitik" des Europarats und hier mehrere Jahre Vorsitzender der Arbeitsgruppe "Portrayal of violence in the electronic media".

Régine Boyer
Leitende Wissenschaftlerin bei dem nationalen Institut für pädagogische Forschung, dem Institut national de recherche pédagogique (INRP) in Paris mit dem Forschungsschwerpunkt: Soziologie der Jugend, im Besonderen von Schülerinnen und Schülern; zahlreiche Veröffentlichungen zu Pädagogik und Jugend.

Prof. Dr. Christian Büttner
Projektleiter an der Hessischen Stiftung Friedens- und Konfliktforschung (Frankfurt); Honorarprofessor an der Evangelischen Fachhochschule (Darmstadt); Kuratoriumsmitglied der Freiwilligen Selbstkontrolle Fernsehen e. V. (Berlin); langjährige Supervisions-, Fort- und Weiterbildungstätigkeit für pädagogische Fachkräfte; zahlreiche Veröffentlichungen zu Medien und Sozialpädagogik.

Dr. Anja Bundschuh
Zuständig für europäische Medienpolitik bei der KirchGruppe (München); davor Europa-Referentin im Verband Privater Rundfunk und Telekommunikation (VPRT); Lehrauftrag an der Universität Düsseldorf, zahlreiche Veröffentlichungen im medienpolitischen Bereich.

Cornelius Crans
Seit 1989 Direktor der Niederländischen Filmprüfstelle (Nederlandse Filmkeuring) in Den Haag; seit 1996 ständiges Gastmitglied des Kuratoriums der Freiwilligen Selbstkontrolle Fernsehen e. V. (Berlin); Mitglied der Internationalen Ausschüsse "Group of Filmregulators" und "INCORE".

Prof. Dr. Wilfried Datler
Leiter der Arbeitsgruppe Sonder- und Heilpädagogik am Institut für Erziehungswissenschaften der Universität Wien; Analytiker im Österreichischen Verein für Individualpsychologie; zahlreiche Veröffentlichungen zu Fragen im Grenz- und Überschneidungsbereich von Psychoanalyse, Pädagogik, Heilpädagogik und Psychotherapie.

Sharon Detrick
Ehemaliger Mitarbeiter des Niederländischen Ministeriums für Volksgesundheit, Wohlfahrt und Sport.

Joachim von Gottberg
Geschäftsführer der Freiwilligen Selbstkontrolle Fernsehen e. V. (Berlin); bis 1994 Ständiger Vertreter der Obersten Landesjugendbehörden bei der Freiwilligen Selbstkontrolle der Filmwirtschaft (FSK).

Paul van Heeswyk
Psychotherapeut, im Besonderen für Kinder und Jugendliche; zahlreiche Veröffentlichungen über die Psyche von Kindern, Jugendlichen und Eltern.

Sophie Jehel
Mitarbeiterin im Bereich Jugendschutz der französischen Prüfstelle für Fernsehen und Radio, dem Conseil Superieur de l'Audiovisuel (CSA); zahlreiche Veröffentlichungen zu Gewalt im Fernsehen, im Besonderen auch zu dem Einfluss amerikanischer Gewaltdarstellungen.

Ingrid Kromer
Erziehungswissenschaftlerin; langjährige Praxis in der offenen und verbandlichen Jugendarbeit; seit 1993 wissenschaftliche Mitarbeiterin im Österreichischen Institut für Jugendforschung in Wien.

Thea Meinema
Ehemalige Mitarbeiterin des Niederländischen Ministeriums für Volksgesundheit, Wohlfahrt und Sport.

Dr. Verena Metze-Mangold
Bereichsleiterin hr-Koordination/Intendanz, Hessischer Rundfunk (hr) in Frankfurt; davor Leiterin der Presse- und Öffentlichkeitsarbeit sowie Medienforschung im hr; seit 1982 Mitglied der Deutschen UNESCO-Kommission; von 1995 – 1998 Vorsitzende des Fachausschusses "Kommunikation, Information und Informatik"; seit 1996 Vizepräsidentin der Deutschen UNESCO-Kommission; zahlreiche Veröffentlichungen, im Besonderen auch zur Medienpolitik.

Stan Meuwese
Ehemaliger Mitarbeiter des Niederländischen Ministeriums für Volksgesundheit, Wohlfahrt und Sport.

Bernhard Natschläger
Mag. phil.; Studium der Pädagogik und Psychologie an der Universität Wien; mehrere Jahre Tutor am Institut für Erziehungswissenschaften der Universität Wien; Mitglied der Österreichischen Jugendfilmkommission beim Bundesministerium für Unterricht und Kunst; freier Film- und Medienjournalist, redaktioneller Mitarbeiter beim ORF.

Dr. Christian Palentien
Diplom-Pädagoge; mehrjährige Tätigkeit an der Fakultät für Gesundheitswissenschaften der Universität Bielefeld; heute Wissenschaftler an der Fakultät für Pädagogik der Universität Bielefeld; Vorstandsmitglied des Zen-

trums für Kindheits- und Jugendforschung; Tätigkeit am Institut für Bevölkerungsforschung und Sozialpolitik der Universität Bielefeld.

Prof. Jack Sanger
Direktor des Centre for Organisational Research (COR) an der Anglia Polytechnic University in Chelmsford, Essex.

Heide Tebbich
Pädagogin; seit 1993 Mitarbeiterin des Österreichischen Instituts für Jugendforschung Wien in den Bereichen Wissenschaft und Dokumentation.

Dr. Hans-Jürgen Wirth
Diplom-Psychologe; Psychoanalytiker (DPV); zur Zeit selbständig als Psychoanalytiker und Verleger; Priv.-Doz. am Fachbereich Psychologie der Universität Bremen.

Margit Datler

Die Macht der Emotion im Unterricht

Eine psychoanalytisch-pädagogische Studie

2012 · 244 Seiten · Broschur
ISBN 978-3-8379-2186-1

Emotionen beeinflussen unser Wahrnehmen, Denken und Handeln, wenngleich wir uns dessen oft wenig bewusst sind.

Emotionen haben daher auch einen bedeutenden Anteil daran, ob schulische Prozesse – im Großen wie im Kleinen – gelingen oder misslingen. Welche Einflüsse haben dabei die Gefühle der Lehrerinnen und Lehrer? Welcher Zusammenhang besteht zwischen ihren Emotionen und denen der Schülerinnen und Schüler? Und wie kann man zu diesen emotionalen Prozessen Zugang finden?

Im vorliegenden Buch wird dargestellt, in welcher Weise sich die Psychoanalytische Pädagogik seit ihren Anfängen mit diesen Fragen auseinandergesetzt hat. An vielen konkreten Beispielen aus dem Schulalltag wird gezeigt, wie mithilfe aktueller Konzepte die Dynamik schwieriger schulischer Situationen besser verstanden und die Professionalität schulischen Denkens und Handelns gesteigert werden kann.

Helmuth Figdor

Scheidungskinder – Wege der Hilfe

7. Aufl. 2011 · 272 Seiten · Broschur
ISBN 978-3-932133-09-1

Figdor zeigt, wie Eltern ihren Kindern bei ihrer Trennung helfen können, wie die angesichts neuer Partner der Eltern auftretenden Probleme zu lösen sind und auf welche Weise es Therapeuten und Beratern gelingt, die Eltern zu befähigen, ihren Kindern die notwendige Hilfe auch wirklich geben zu können.

»Das Buch ist mehr als ein marktgängiger Ratgeber. Es bietet wichtige, in die Tiefe der Gefühle gehende Einsichten, die der Verfasser aus professioneller Praxis selbst gewonnen und die er im Fundus des modernen psychoanalytischen Wissens verankert hat. Die Lektüre ist ein Gewinn, nicht bloß für Scheidungseltern und für Fachpädagogen, sondern für alle, die über die emotionale Welt der Eltern-Kind-Beziehungen belehrt sein wollen.«

Caritas-Mitteilungen für die Erzdiözese Freiburg

Helmuth Figdor

Kinder aus geschiedenen Ehen: Zwischen Trauma und Hoffnung

9. Aufl. 2012 · 253 Seiten · Broschur
ISBN 978-3-8379-2198-4

Wie wirkt sich eine Scheidung langfristig auf die psychische Entwicklung der Kinder aus? Welche Gefahren, aber auch welche Chancen birgt sie? Figdor beschreibt die individuell verschiedene Psychodynamik des kindlichen Scheidungserlebens in Abhängigkeit von der Hilfestellung, die das Kind durch die Umwelt, vor allem durch die Eltern, erfährt, und kommt zu der Einsicht, dass sichtbare Symptome nichts über tatsächliche Belastung, Bewältigung und langfristige Auswirkungen aussagen.

»Das Buch stellt zum einen ein theoretisches Grundlagenwerk für professionelle Hilfe dar, ist aber zugleich auch ein hilfreicher und anschaulicher Ratgeber für Betroffene, die mit der Scheidungssituation von Kindern verantwortlich umgehen wollen.«

Thomas Bohrmann in Papa-Ya, Nr. 7/2010

www.ingramcontent.com/pod-product-compliance
Ingram Content Group UK Ltd.
Pitfield, Milton Keynes, MK11 3LW, UK
UKHW040023200726
13854UKWH00001B/333

9 783932 133923